한국어로 내려온
New Bible

새로운
성 경

제104권

7부 | 총10부

하얀마음

하나님 말씀 중에서

1. 사랑의 하나님

- 세상을 창조하신 하나님은 모두를 사랑하신다. 인간만 특별히 더 사랑하지 않고, 우주 만물을 다 똑같이 사랑하신다. 그러니 하나님이 창조하신 천지 만물과 화친하고, 미물까지도 소중히 대하라.

- 하나님은 특정 종파나 민족만을 더 사랑하지 않으신다. 자기 자신만 구원받겠다는 욕심을 버리고, 자기 종파만 구원받는다는 편협한 교리에서 벗어나야 한다. 종파를 초월해서, 모두를 사랑하라.

- 원수까지 사랑하라 했으니, 이 세상에 사랑하지 못할 자가 누가 있겠는가? 종파가 다르다고 해서 부모 형제와 원수처럼 지내는 자는 인간의 근본을 모르는 자다. 가장 가까운 가족부터 사랑할 때 남도 진심으로 사랑할 수 있다.

- 한 사람을 원수같이 생각하던 마음에서 사랑하는 마음으로 돌리면, 자기 자신의 마음이 가장 기쁘고 행복하다. 하나님께서는 인간의 마음속에 무거움이 없이 기쁘고 행복한 삶을 살기를 바라신다.

- 이웃을 "내 몸처럼" 사랑하라 했으니, 마지막 한 장 남은 천국의 티켓도 이웃에게 양보하라. 자기 중심적인 신앙에서 벗어나서 남을 위해 살아야 한다.

- 독초도, 약초도, 이단도 사탄도 천사도 다 필요하기에 존재한다. 독초일지라도 극소량을 사용해서 생명을 살릴 수 있고, 약초라 하더라도 남용하면 생명을 잃을 수 있다.

- 세상 모든 것을 명약으로 활용하는 것은 인간의 지혜에 달렸다. 어떤 것이든 어떤 사람이든 적재적소에 꼭 필요한 명약으로 승화시키라.

- 사탄도 이단도 천사도 모두 하나님의 주관하에 존재한다. 진정한 하나님의 백성은 사탄과 마귀까지도 감화시켜서 천사로 거듭나게 한다.

2. 기도

- 하나님은 인간의 생각까지 모두를 다 알고 계신다. 우리의 소원도 이미 알고 계시기에, 소원의 기도를 할 필요가 없다. 우리가 받을 자격이 되면 내려 주신다.

- 죄를 짓고 아무리 회개를 해도 용서받지 못한다. 도둑질한 자는 용서해 달라고 기도하고, 도둑맞은 자는 도둑을 잡게 해 달라고 기도하면, 공의의 하나님은 누구의 편에 서시겠는가?

- 자기가 잘못한 것은 그 사람에게 직접 갚고 용서를 구하라. 그가 용서하면 하나님도 용서하신다. 땅에서 매면 하늘에서도 매이고, 땅에서 풀리면 하늘에서도 풀리는 이치다.

- "회당에서 기도하지 말고 골방에서 기도하라" 했다. 눈에 보이는 골방이 아니라, 골방과 같이 고요한 마음이다. 잡념을 버리고 하나님을 향해 마음을 집중하며, 사랑하고 용서하는 아름다운 생각만 나오도록 하라.

- "두드리면 열릴 것이다." 하는 것은 육의 소원을 위해 두드리라는 것이 아니라, 진리의 깨달음을 얻기 위해 두드리라는 것이다.

- 기도하는 방법: 생활 속에서 수시로 기도하는 삶을 살아야 한다.

- "저의 죄를 용서하여 주옵소서." 하는 회개의 기도를 하라.
- 범사에 "하나님! 감사합니다." 하라. 현재 가진 것에 감사하며, 과욕하지 말라. 자기 노력 이상의 것을 더 갖고자 기도하는 것은 도둑놈심보다. 공의의 하나님은 각자 노력한 만큼 주신다.
- "하나님 뜻대로 살아가겠나이다." 하며 마음의 각오를 다지라.

- 기도는 하나님의 말씀을 받아서 "행하는 것"이다. 하나님이 계심을 굳건히 믿고, 하늘을 향하여 한 점 부끄럼 없이 사는 삶 자체가 가장 위대한 기도이며, 삶이 곧 예배다.

3. 지도자

- 똑같이 사랑한다는 말을 해도, 순수하게 하는 말은 천사의 말이지만, 사기 쳐서 재산을 가로채려고 하는 말은 사탄의 말이다.

- 종교 지도자가 아무리 훌륭한 설교를 해도, 신도의 재물을 거둬서 더 큰 교회를 짓고 자기의 부귀영화를 바라며 설교하면 사탄의 가르침이 된다.

- "저희 교회는 만원사례요, 믿음은 다 같으니 이웃의 개척 교회에 가서 예배를 드리시오." 하며, 이웃 교회의 부흥을 먼저 생각하여 제 신도를 보내는 종교 지도자가 있다면 그를 따르라. 그가 하나님의 사랑을 실천하는 자다.

- "부자가 천국에 들어가는 것은 낙타가 바늘구멍을 통과하는 것보다 더 힘들다" 하였거늘, 지금의 교회에서는 부자가 되기만을 기도하고 소원하니, 이는 곧 천국을 포기하고 지옥 행 열차의 티켓을 사는 것과 같다.

- 예수는 빈손이었다. 종교 지도자가 예수보다 더 호화롭고 편안하게 살아간다면 잘못된 것이다. 부귀영화와 명예를 바라는 자는 절대로 갈 수 없는 좁고 협착한 길이 종교 지도자의 길이다.

- 종교 지도자는 유리로 비춰 봐 한 점의 부끄러움이 없이 살아야 한다. 의식주도 직접 일해서 해결하고, 예수의 가르침과 행함을 그대로 따라야 한다.

- 종말은 없다. 지금의 잘못 가는 종교 집단에게만 종말이 있다. 보이지 않는 하나님은 보이는 육의 종말은 관여하지 않으신다. 환경 파괴로 인간이 스스로 멸망을 자초하는 것이다. 종파끼리 싸우기 전에, 무너진 인성을 바로잡고 지구의 몸살을 해결하는 데 뜻을 모으는 게 급선무다.

4. 성전이란

- 이 세상 자체가 하나님께서 만드신 성전이다. 자연보다 더 아름다운 성전이 있는가? 보이는 건물이 성전이 아니라, 성스러운 마음가짐이 성전이다.

- 반석 위에 교회를 지으라 했다. 지상의 단단한 돌은 인간이 쪼갤 수 있으나, 마음속의 굳은 결의는 세상 무엇으로도 쪼갤 수 없다. 바르고 굳건한 믿음으로 성경의 가르침을 실천하는 것이 마음의 반석 위에 교회를 짓는 것이다.

- 손으로 지은 건물의 교회에 모여서 복음을 전하는 것이 아니라, 교회를 개인과 가정에 심어 주어야 한다. 무너지고 부서지는 건물을 짓지 말고, 마음속에 영원히 불변하는 참진리의 교회를 지으라.

5. 십계명

- 십계명은 인간이 죽어서 반드시 통과해야만 하는 열 개의 관문이다.

- 부모를 공경하지 아니한 자는 "네 부모를 공경하라." 하는 제5계명의 관문이 열리지 않으니 구원받을 수 없다.
- 살인, 간음, 거짓, 우상 등의 나머지 계명도 마찬가지다.

- 십계명은 하나님의 친필이다. 모기소리만 한 하나님의 음성이라도 들어 보겠다고 여기저기 찾아 헤매지 말고, 십계명부터 암송하고 지키라.

- 십계명은 영혼을 구원하는 양식이며, 십계명을 지키는 것이 구원을 받는 길이다. 인간이기에 지키고자 노력하고 또 노력한다면 지킬 수 있다.

- 십계명을 지키고 천사처럼 아름답게 살아가는 그 마음 하나면 세상에 이루어지지 않는 것이 없다.

6. 보물

- 하나님은 재물이 아니라 우리의 마음을 받으신다. 사랑을 실천하며 천사처럼 변하는 마음이 하나님께 바치는 보물이다.

- 보이지 않는 하나님께 재물을 바치려 하지 말고, 너희를 길러 준 부모에게 용돈드리고, 찾아뵙고, 효성을 다하라. 그것이 하나님께 효도하는 것이다.

- 하늘에는 선과 악의 창고가 있다. 자기 창고에 선이 많으면 천국으로 구원을 받고, 악이 많으면 심판받아 지옥으로 간다. 그것이 바로 "선한 일을 행한 자는 생명의 부활로, 악한 일을 행한 자는 심판의 부활로" 나오는 것이다.

- "선악과를 따먹지 말라"는 것은 양심을 지키라는 것이다. 선과 악을 구분할 수 있는 양심을 최초에 인간에게 주셨다. 선한 열매는 취하고, 악한 열매는 버리며, 양심에 비추어 부끄럼 없는 삶을 살아가라.

- 가장 작은 거짓말을 하지 않고, 가장 작은 죄를 짓지 않으며, 가장 작은 선행을 하고, 가장 작은 악행을 멀리하는 것이 율법의 일점 일획도 빠뜨리지 말고 다 지키는 삶을 사는 것이다.

7. 우상

- 박물관에 있는 불상은 하나의 예술품이다. 그 조각품에 대고 제 소원을 빌 때 우상숭배가 된다. 십자가라 하여도 그 앞에서 소원을 빈다면 우상숭배하는 것이며, 하나님께 소원을 빈다면 하나님을 우상으로 전락시키는 것이다.

- 지금 기복신앙에 젖어 있는 모든 사람이 우상 앞에 절을 하고 있다. 조각품을 우상이라며 파괴하지 말고, 네 마음속에 있는 욕심의 우상을 무너트리라.

- 생수를 약초가 먹으면 약을 만들고 독사가 먹으면 독을 만든다. 같은 성경을 봐도 선한 지도자는 신도를 천사로 만드는 데 활용한다. 그러나 욕심이 가득한 지도자는 재물을 거두어들여 제가 부귀영화를 누리는 데 악용한다. 그가 바로 성경을 우상숭배의 도구로 전락시키는 거짓 선지자다.

- 성경을 한 획도 빼거나 더하지 말라는 것은, 그 가르침을 빠트리지 말고 온전히 지키라는 것이다. 성경 속에서 자기에게 유리한 구절만 보는 것은, 자기에게 불리한 구절들을 빼 버리는 것이다. 믿음이 제일이요, 행함은 구원과는 관계없다는 것은 자신에게 유리한 쪽으로 성경을 악용하는 것이다.

- 진정한 종교 지도자는 종파에 관계없이 어떤 종파든 어떤 책이든 접하고 보고 깨우쳐 견문을 넓히도록 인도한다. 참진리를 모르고 자신이 없는 자가 남을 이단이라며 배척하고, 신도들의 눈과 귀를 가린다.

8. 예수

- 예수의 재림은 없다. 예수가 다시 온다 해도, 과연 누가 그를 예수라고 믿겠는가? 예수와 같은 삶의 행함이 곧 예수의 재림이다. 각자 모두가 "재림 예수"가 되는, 차원 높은 믿음으로 가야 한다.

- 예수는 "주여 주여 하지 말고, 아버지의 뜻대로 행하라"고 했다. 예수가 전한 하나님의 뜻이 곧 "길이요, 진리요, 생명"이며, 그 가르침이 예수의 보혈처럼 소중한 것이다. 예수를 믿는 것은, 예수의 가르침을 믿고 따르는 것이다.

- 예수는 낮은 자로서 만백성을 섬기고자 했다. 만나는 모든 사람을 다 하나님이라 생각하라. 돈을 벌수록 겸손하고, 높은 지위를 얻을수록 낮아지라.

- 예수는 종파를 만들지 않았다. 인간이 만든 종교와 인간의 교리를 따르지 말고, 예수를 통해 전한 하나님의 참진리를 연구하고 따르라.

- 예수가 2천 년 전에 만백성을 위해 죽었으니, 지금 이 땅에는 예수의 가르침대로 사는 천사만 존재해야 한다. 예수가 죽어 가면서 바란 것은 만백성이 천사가 되어 예수의 자리를 채워 주는 것이지, 지금과 같이 재물을 바치면서 중언부언 제 소원만을 비는 백성들을 바란 것이 아니다.

9. 구원

- 천사가 사는 천국에는 천사만 갈 수 있으니, 천사 같은 마음을 길러야 한다.

\- "천국 열쇠를 네게 주리니 땅에서 무엇이든지 매면 하늘에서도 매일 것이라" 했다. 땅에서 천사같이 사는 자가 하늘에서도 천사가 되어 천국에 들어간다. 모든 사람에게 천사같다는 말을 듣는 삶을 살아야 한다.

- 천사의 곱고 아름다운 마음은 부모를 공경하고 어른을 어른으로 대접하는 데에서 출발한다. 효도하는 자는 형제와 화목하게 지내기에 가정이 화목해지고, 이웃과 화목해지고, 국가가 화목해지고, 온 인류가 화목해진다.

\- 그러므로 지상의 아름다운 소왕국은 가정에서부터 이루어야 한다.

- 선택된 14만 명만 구원받는 것이 아니라, 천사처럼 변하고자 하는 14만 명을 기초로 온 인류가 천사처럼 거듭나는 영적인 개혁이 시작되는 것이다.

- 천 년에 걸쳐서 하늘에서 이루어진 것같이 이 세상을 낙원으로 만들어, 만백성이 지상의 천국에서 살다가 죽어서 그대로 하늘의 천국으로 들어가는, 영원한 지상 낙원을 건설하는 것이 하나님의 계획이다.

\- 이것이 구약과 신약에 이어 "새로운 성경"으로 역사하시는 하나님의 창조의 완성이다.

- 지금의 믿음으로 구원받을 수 있다면 그 길을 가라. 그러나 자신이 없다면 하나님께서 직접 내리신 160권의 "새로운 성경"을 읽고 구원의 길을 보라!

하나님 머리말씀

이 새로운 성경을 읽는 너희 모두는
이 율법에 따라 행하면 영원히 구원받을 것이니라.

너희 인간이 수년, 수십 년, 평생
성서를 공부하고 기도하는 것은
하늘나라 나의 곁으로 오고 싶은 소망일진대,

몇천 년 전의 너희 인성과 생각이
지금의 너희와는 판이하게 다르니,

꺾여 가고 병들어 가는 너희를 고칠 수 있는 길은,
오늘 내가 선지자에게 내리는 새로운 성경과 같이
너희가 변화되는 것뿐이니라.

나의 예수가 태어난 것처럼
내가 아들 선지자를 선택하여
나의 새로운 성경을 온 세계에 전하고자 하니,

묵은 것은 버리고 새로운 것은 취하여,
너희 모두는
'여호와 하나님! 저의 죄를 용서하여 주옵소서.'
하는 기도문으로 기도하고, 죄를 뉘우치라.

이 새로운 성경은
수천 년간 내려온 성서를 요약한 것이니,
너희는 이 책을 정독하여 쉽게 깨달음을 얻고,
이대로 실천하여 하늘에 오르라.

대역자 머리말

■ 하나님의 율법을 지키는 선지자로 선택을 받도다.

저는 남들처럼 그저 열심히 살아온 평범한 사람이었습니다. 그러나 50대 중반에 사업에 실패하여 많은 부채에 시달렸으며, 건강도 악화되어 눈이 잘 안 보이고, 걷기도 어렵고, 두통이 심해서 잠을 이룰 수 없는 고통의 나날을 보냈습니다. 그때 제가 선택할 수 있는 것은 육의 삶을 끝내는 길뿐이었습니다.

죽기 직전에 그동안에 죄를 지은 이들에게 용서를 빌고 인생을 끝내기로 작정하였습니다. 어려서부터 지은 죄를 빌고 빌다 보니 끝이 없었고, 죽음으로도 그 많은 죄를 용서받을 길이 없다는 생각에 하염없이 눈물이 흘렀습니다. 그 순간 '재래식 화장실의 구더기는 죄를 짓지 않는데, 나는 인간으로서 구더기만도 못한 삶을 살았구나.' 하는 생각이 들면서 괴로움에 몸부림칠 때, 갑자기 하나님의 음성이 들렸습니다.

"나는 여호와 하나님이니라. 너는 십계명을 암송하고 내가 내려 주는 메시지를 받아 책으로 만들어 만백성을 구하라." 하시며, 제 눈을 손으로 문지르게 하시고, 아픈 머리와 다리를 손으로 두드리게 하셨습니다. 그러고 나니 눈도 잘 보이고 걸을 수 있었으며 머리의 통증도 말끔히 낫게 되었습니다. 그때부터 십계명을 암송하고 나면 들려주시는 말씀을 기록하였고, 1999년 8월부터 2004년 7월까지 권당 288쪽, 총 160권을 받아서 "새로운 성경"이라는 책으로 펴내게 되었습니다.

그러한 저에게 죽기보다도 힘든 길이 시작되었습니다. 모든 교인들이 저에게 사탄이요, 이단이요, 악마요, 마지막 시대에 온 거짓 선지자라 하면서 공격하였고, 저를 짐승을 보듯이 대하는가 하면, 편협한 종교 지도자들의 선동으로 신도들이 이 책을 직접 읽어 보고 평가할 기회마저 막아 버렸습니다. 그래서 하나님의 말씀을 세상에 내는 데 많은 어려움을 겪으며, 피를 토하는 심정으로 책을 전하고 있습니다.

그러나 아무리 인간의 힘으로 막으려 해도, 하나님의 뜻이 세상에 전해지는 위대한 역사는 계속될 것입니다. 책으로 전해지는 "하나님의 말씀"은 세상 끝날까지 항상 우리와 함께하실 것입니다. 사람은 죽어도, 책에 기록된 말씀은 영원히 남으니까요.

■ 따뜻한 실천

하나님께서는 어려운 사람들에게 삶의 터전을 마련해 주고, 미래를 열어 주는 것을 기뻐하십니다. 어려운 이웃이 스스로 자립할 수 있도록 이끌어 주는 것이 진정으로 이웃을 돕는 것이라고 말씀하셨습니다. 그래서 일자리가 없는 제자들에게 작은 사업장을 만들어 주는 "달란트 사업"을 하고 있습니다. 식당, 반찬 가게 등을 차려 주고, 기존의 어려운 사업장이 자립할 수 있도록 돕고 있습니다(커피숍, 미용실, 의상실 등).

하나님께서는 교회에 나와서 모든 시간과 재물을 쏟기를 원하지 않으시고, 그 시간과 재물을 교육에 투자하여 스스로 미래를 열어 가기를 원하십니다. 그래서 제때 공부하지 못한 제자들에게 학업을 이어 가도록 하였습니다. 중화요리 주방장을 하며 초등학교 검정고시부터 공부하여 2012년에 방통대를 졸업한 36세 남성, 만학도들의 2년제 중학교에 입학해서 2007년에 명지대학을 졸업한 38세 여성, 중학교 검정고시를 시작으로 숭의여자대학을 졸업한 47세 여성 등이 있습니다. 그밖에도 많은 제자들에게 나이를 초월하여 배우고 깨우쳐서 사회 속의 당당한 일원이 되도록 인도하고 있습니다.

학자금 대출로 힘겨워하는 젊은이들을 위해 "따뜻한 바람 장학회"를 발족하여(2016년 12월) 대출받은 학자금 전액을 매월 갚아 주고 있습니다. 또한, 다문화 가정을 위해 "다문화 가족 랜드"를 조성하여, 각종 시설을 무료로 활용하도록 하고 있습니다.

이러한 따뜻한 실천이 아직은 미약합니다. 그러나 책의 수입이 늘고, 저와 뜻을 같이하는 분들이 늘어나면 계속 확대할 것입니다. 지도자로서 신도의 재물을 헌금으로 거둬들여 착복하는 것이 아니라, 하나님께서 기뻐하시는 일에 사용하도록 중매 역할만 하며 살아가고자 합니다. 이런 제가 과연 사탄이고 이단인가요? 하나님께서 기뻐하시는 일이라면, 저에게 사탄이라 하든 거짓 선지자라 하든 굽히지 않고 실천해 나갈 것입니다.

끝으로, 일상의 삶 속에서 "지금 내가 하는 행동이 과연 하나님께서 기뻐하실까, 슬퍼하실까?" 생각하고, 매사에 하나님께서 기뻐하시는 길을 택하기 바랍니다. 교회에 모여서 집단적으로 예배 드리는 것이 아니라, 개인이나 가정 단위로 새로운 성경을 읽어 스스로 깨우치고 그대로 행하면 충분합니다. 그것이 마음속에 성전을 짓고, 신령과 진정으로 예배 드리는 길입니다. 그러면 천국의 문에 들어서게 됩니다.

2017. 2. 1.

하나님 말씀 대역자 김용철

차 례

십 계 명

이 책은 십계명을 암송하고 나면 내려 주시는 "하나님의 음성"을 듣고 그대로 받아쓴 기록입니다. 하나님께서 십계명을 모세에게 내려 주셨지만, 그것은 만백성에게 내려 주신 것입니다. 마찬가지로 이 책의 모든 말씀도 저에게 내려 주셨지만, 만백성 각자에게 들려주시는 말씀입니다. 여러분도 이 책을 접할 때마다 십계명을 암송하고 나서 정독해 주시기 바랍니다.

제일은, 너는 나 외에는 다른 신들을 네게 있게 말지니라.
제이는, 너를 위하여 새긴 우상을 만들지 말고, 또 위로 하늘에 있는 것이나, 아래로 땅에 있는 것이나, 땅 아래 물 속에 있는 것의 아무 형상이든지 만들지 말며, 그것들에게 절하지 말며, 그것들을 섬기지 말라.
제삼은, 너는 너의 하나님 여호와의 이름을 망령되이 일컫지 말라.
제사는, 안식일을 기억하여 거룩히 지키라.
제오는, 네 부모를 공경하라.
제육은, 살인하지 말지니라.
제칠은, 간음하지 말지니라.
제팔은, 도적질하지 말지니라.
제구는, 네 이웃에 대하여 거짓 증거하지 말지니라.
제십은, 네 이웃의 집을 탐내지 말지니라.

나 여호와가 존재함을 믿는 그 자체가 구원의 길에 들어서는 기본이요, 근본이며, 나의 새로운 성경을 가슴에 안고 정독하는 자, 반석 위에 서서 하늘에 오르는 찬란한 빛을 보게 되는 영광을 얻게 됨이니라. 진정 나를 따르고 믿는 자는 감히 사탄이나 마귀도 근접하지 못하느니라.

〈하나님 말씀〉

2003년 9월

7,463 번째 하나님 말씀

2003년 9월 8일 12시 49분

1 사랑하는 나의 아들아!
2 "네, 아버님! 말씀하옵소서."
3 나의 성령이요, 나의 귀한 이 뜻이요,
하늘의 뜻을 내가 나의 아들을 통하여
세상에 내려보냄이니, 그 뜻을 제일
먼저 듣는 자요, 그를 듣기 위하여 조
용히 앉아 있는 그 여인의 모습이 바
로 천사이니, 그보다도 더 아름다움이
없음이니라.
4 그러니 세상에 한 명의 의인이 있을
때 내가 세상을 얻은 것과 같다 말했
듯이,
5 나의 아들을 통하여 가슴을 졸이며
모두를 태워 내리는 나의 성령을 듣기
위해 조용히 앉아 있는 그 여인의 모
습이 바로 천사의 모습이요, 이 세상
을 밝게 비추는 그 모습이니라.
6 그를 보는 나 여호와의 기쁨이 이루
말할 수 없음이니라, 사랑하는 나의
아들아!
7 그리하여 내가 나의 법전에 기록하여
이 뜻을 전함이니, 모든 나의 백성이
나의 성령이요, 나의 기도 소리를 듣
는 그 마음이 그를 닮아야 할 것이며,
그와 같은 마음으로 경청해야 함을
잊지 말라 전하라.
8 그것이 너희가 사는 길이요, 구원의
길이요, 하늘에 오르는 그 역사함이라
는 것을 그들에게 깊이 깨우쳐 주라.
9 모든 것은 저 자신이 주역이 되어야
하며 제가 가장 주인이기 때문이니,
10 저 자신이 다소곳이 앉아 그를 듣고
깨우치며 변화의 마음을 역사하여 제
마음을 다스려 나가는 그것이 바로 주
인 역할이요, 주역이 됨이니, 내 뜻을
행하는 자임을 알라 그리 전하라.
11 너희는 알아야 할 것이니라.
12 육신의 부활이요, 육신의 형체로써 재
림하는 역사는 없음이니라.
13 나의 아들 예수가 세상에 재림한다 하
여 육신의 부활이요, 육신의 형체로써
재림하는 그와 같은 역사를 기다리는
꿈에서 깨어나야 할 것이니라.
14 지금 다소곳이 앉아 내가 내리는 나의
성령을 음미하며, 그를 듣고 제가 어
찌 지키며 어찌 가야 할 것인가를 생
각하여, 제 악습을 버리며 제 생각을
버리고 바로 가고자 하는 그 여인이
바로 무엇인 줄 알겠느냐?
15 재림이요, 부활의 역사의 기초요, 기
본이라는 것을 잊지 말라.
16 모두는 너희 자신이 주역이기 때문이
니라.
17 모든 것은 너희 마음속에 있는 생각
이요, 너희가 살아가는 그 생각이요,
이 세상에 존재함이라는 것은 너희 마
음에 달렸기 때문이니라.
18 너희의 마음을 어찌 다스리느냐에 따
라 구원이요, 구원이 아니라 함이 거
기에 있는 것을 어찌 모르느냐?
19 나의 성령으로써 임하여 너희는 각자

자신이 다시 태어남이니라.
20 그러니 나의 성령이요, 나의 강론이
요, 나의 법전을 읽지 않고 너희가 어
찌 다시 태어날 수 있단 말이더냐?
21 예수의 재림이요, 부활이요, 그와 같
은 것에 구원의 천국에 오고 못 오는
것이 달렸음이 아니니라.
22 예수가 재림하고 부활하여 너희를 구
원하는 것이 아니요, 지금 조용히 고
개 숙여 나의 강론을 경청하며 나의
기도 소리를 듣고 제 마음을 다스려
나가는 하나의 아름다운 여인의 마음
이 바로 무엇이더냐?
23 그것이 천국에 오고 못 오는 그와 같
은 본보기요, 그것이 바로 기본임을
너희는 알아야 할 것이니라.
24 너희 자신의 마음속에 있는 너희 자
신이 변화됨에 모든 것이 있음을 알
아야 할 것이니라.
25 너희 자신이 주체이며 주역이며 모든
것의 주역의 역할이니라.
26 무대에서 연극을 하는 주역이 그 연기
가 시원찮으며 그가 나타나지 아니한
다면, 과연 그 연극은 살 수 있겠느냐?
27 그리고 관중은 그들에게 환호를 보내
며 그들과 같이 더불어 웃고 즐기는
시간을 갖겠느냐?
28 조역들로써 아무리 몸단장을 하며 그
들이 무대에 서서 무엇을 이루고자 한
다 해도, 주역이 빠진 그것을 보는 관
중은 환호가 없을 것이며 기쁨이 없을
것이며, 오늘 참석한 그 의미를 잃을
것이니라.
29 재림이요, 부활이요, 구원이라는 이
모든 것은 주역인 너희 자신에게 달
렸으며, 그는 곧 너희 마음에 달렸으
며,
30 너희 마음을 어찌 다스려서 나의 성령
이 너희 가슴에 임하느냐, 그리하여
너희가 새로운 생명으로 다시 태어나
느냐 하는 그것이 바로 구원이요, 부
활이요, 재림이니,
31 머리 숙여 다소곳이 나의 성령이요,
나의 뜻을 받드는 그 여인의 아름다운
모습이요, 그 마음이 바로 부활이요,
재림의 역사요, 다시 태어나는 역사를
이루는 것임을 만백성에게 전하도록
그리하라, 사랑하는 나의 아들아!

7,464 번째 하나님 말씀

2003년 9월 9일 08시 18분

1 사랑하는 나의 아들아!
2 "네, 아버님! 말씀하옵소서."
3 너희가 집단과 집단 간에 시시비비요,
전쟁하며 또는 국가와 국가 간에 서로
얽히고설킨 전쟁을 함이니라.
4 그러니 그 전쟁에서 지는 자의 말로는
과연 어떠한가?
5 패자의 그 말로는 너희가 말할 수 없
을 것이니라.
6 그러니 인간 세상에서 전쟁하는 것도
그와 같이 목숨을 다 바쳐 싸우는 것
이 군인이요, 그 조직에 있는 병사들
이 임하는 자세이니라.
7 너희는 지금 나의 피조물 만백성을 구
원하기 위하여 나의 법전을 세상에 전
하는 그와 같은 역사를 함이니, 너희
는 세상의 모든 병사를 상대로 하여
오늘 전쟁을 하는 것이라는 경각심을

갖지 못하며, 마음 자세를 그리 다스
리지 못하는가?
8 너희는 어떠한 병사보다도 어떠한 국
가 집단보다도 크고 정신무장이 되어
있는 병사들과 전쟁하는 것이니라.
9 그러니 그와 같이 큰 적을 놓고 전쟁
하는 자들인 너희의 마음 자세는 과연
어떠하던가?
10 오늘부터 너 또한 전쟁에 임하는 지휘
관으로서 전쟁에 임하는 병사의 마음
으로써 마음 자세를 다스리지 아니하
면 너희는 결코 나의 법전을 만백성
에게 전할 수 없다는 것을 알아야 할
것이니라.
11 모두 임의로 이루어지며 그저 세월이
지나면 이루어질 것이라 생각해서는
아니 될 것이니라.
12 이제 나의 법전을 읽고 깨우친 백성
너희는 모두 다 전쟁터에 나간 병사의
각오로, 그 전쟁에서 이기고 지는 승
자가 되었을 때와 패자가 되는 것보다
도 더 무서운 결과로, 너희가 승자가
되었을 때와 패자가 되었을 때 얻고
잃는 것이 큼이니라.
13 다만, 너희는 상대국이 일개의 한 나
라가 아니요, 이루 말할 수 없이 방대
한 연합군에 대하여 작은 한 나라가
지금 전쟁을 하고 있음이니,
14 누가 보아도 이것은 바람 앞에 등불과
같으며, 그 등불이 싸움하는 것과 같
은 형국이니라.
15 그러니 너희가 얼마만큼 심지가 굳으
며 마음이 단단히 굳어져야만 이 전쟁
에서 이길 수 있단 말이던가?
16 너의 제자들에게 전하라.
17 너희는 연합군과 싸우는 일개 작은 나
라의 병사들이니, 너희의 정신 무장이
얼마나 무섭게 되어야만 이 전쟁에서
이길 수 있는가를,
18 너희는 오늘부터 전투에 나가는 그 병
사들의 마음으로 너희 자신을 다스려
야 할 것이며, 너 또한 그러하며,
19 너의 제자 모두 다 전쟁터에 나가는
병사들의 그 마음이요, 그 일전으로
인하여 국가가 존속하고 존속하지 못
하는 그와 같은 역사를 너희가 가지
고 있다 생각해야 할 것이니라.
20 오로지 너희는 나의 뜻을 위해 싸우는
첨병이요, 하늘의 병사들이니라.
21 그러니 하늘의 병사들이 나 여호와의
명에 의하여 지상군과 싸움을 함이니,
너희는 거기서 성령으로 임하는 그 역
사를 바라는 것이 아니라,
22 너희가 지상군이 아니요, 하늘의 군사
로 선택된 것이니, 천군으로서 기꺼이
목숨을 바치는 그와 같은 마음 자세로
가야 할 것이니라.
23 이 동양의 작은 나라는 남북으로 대치
하였으며 남북으로 갈라져 있느니라.
24 그리고 북한에 있는 그 여성들의 전투
적인 자세요, 또한 젊은 남성들의 전
투적인 그 자세보다도 너희가 더 강
한 전투 자세로 이끌어 나가야 함을
내가 나의 법전에 기록하여 전함이니,
이건 나의 명령이니라.
25 남북이 대치해 있어, 이북이라는 그
나라요, 그 나라의 여성들이 가진 전
투적인 자세, 그리고 젊은 남성들이
조국을 위하여 가진 그와 같은 전투
자세보다 열배 백배 더 강한 마음으

로써 너희가 천군으로서 임무를 역사
한다는 그와 같은 각오를 하지 아니
하면 아니 될 것이니라.
26 너를 따르는 그 제자들은 남북이 대치
해 있는 이북의 여성들의 그 전투적인
자세요, 남성들의 전투적인 그 자세를
항상 그 머릿속에 기억하고 너희가
그와 같은 마음으로 싸워야 한다 함을
잊지 말라.
27 그러니 너희가 그와 같은 정신 자세
로써 무장되지 아니하면 아니 될 것이
니,
28 오늘서부터 너도 무장을 다시 할 것이
며, 모든 나의 백성, 너를 따르는 제
자, 그 모두가 무장을 다시 하고 강한
의지로써 싸우는 그 마음을 갖지 아니
하면 아니 된다 그리 전하며, 그와 같
이 변한 생활로써 돌변해야 함을 잊
지 말라.
29 그때만이 너희가 성과를 거둘 수 있
으며, 천군으로써 임무를 다할 수 있
음이니,
30 너를 따르는 가장 가까이 있는 제자들
부터 다시 마음의 무장이요, 정신 무
장을 하여 항상 전투에 임하는 그와
같은 병사들의 마음 자세로써 그들이
지켜 가도록 그리 명하라, 사랑하는
나의 아들아!

7,465 번째 하나님 말씀

2003년 9월 9일 08시 26분

1 사랑하는 나의 아들아!
2 "네, 아버님! 말씀하옵소서."
3 너희는 나의 아들 예수가 육으로 재림
하며 성령으로 재림하여, 어떠한 형태
로든 재림하여 너희를 구분하며 버릴
자와 천국에 오를 자를 선별한다고 그
리 말하고 있음이니라.
4 그리하여 너희는 수천 년 동안 나의
아들 예수의 재림으로써 모든 역사를
하고 있는 것이니라.
5 그러나 너희는 알아야 할 것이니라.
6 너희는 나 여호와가 항상 같이하고 있
으며 나의 아들 예수 또한 너희와 더
불어 항상 같이하고 있음을 알아야 할
것이며, 예수 또한 항상 너희와 같이
행하며 지금 너희가 역사하는 그 모
든 것을 다 지켜보고 있음을 알아야
할 것이니라.
7 나 여호와가 너희에게 멀리 있는 것이
아니요, 너희와 항상 같이 숨 쉬고 너
희 마음속에 같이 있음을 잊어서는
아니 됨이니 그리 알라.
8 그러니 어떠한 형체로 세상에 내려오
며 육의 형태를 보이고 부활을 하며
어떠한 형체로써 너희에게 보여 주는
그와 같은 역사는 이제는 없을 것임을
알라.
9 이미 세상에 내려와 너희와 더불어
같이하고 있음이니라.
10 다만, 너희는 영의 눈이 멀어 있으며
영의 눈이 뜨여 있지 아니하기 때문
에, 너희는 그 욕심의 뿌리를 버리지
못하여 그 욕심이 너희 눈을 가리고
있기 때문에 너희는 그걸 보지 못하
는 자들이니라.
11 그리하여 너희는 귀가 있어도 듣지를
못하며 눈이 있어도 보지 못하는 것뿐
이요, 영의 눈이 멀어져 있기 때문이

라는 것을 알라.
12 너희가 성령으로써 거듭나는 그와 같
은 역사를 할 때, 나의 아들 예수요,
나 여호와가 이미 세상에 내려와 있음
을 알 수 있으며 너희와 같이하는 것
을 알게 될 것이니라.
13 너희는 인간으로 보내진 나의 아들 예
수를 보지 못하고 그러한 행위를 했음
이니라.
14 나의 아들 예수가 세상에 내려왔음이
니, 그것이 나의 아들이요, 내가 너희
를 구원하기 위하여 나를 대신하여 보
낸 그 아들을 너희는 영의 눈이 열리
지 아니하였기 때문에 그를 보지 못했
으며,
15 시기와 질투와 그 욕심이라는 그 뿌리
가 너희의 귀와 눈을 모두 가렸음이
니라.
16 그리하여 너희가 사악한 자가 되어
나의 아들을 그리 고통스럽게 죽음으
로 몰고 가는 그 행위를 주저 없이 했
으며, 그를 사탄이요, 이단이요, 마귀
라 그리 몰아붙였음이니라.
17 그러니 너희가 나의 아들을 볼 수 있
는 영안이 없듯이 모든 백성이 지금
도 영의 눈이 열리지 아니하였으니,
참진리요, 하늘의 뜻이요, 나 여호와
가 내리는 나의 법전이 세상에 내려가
며 나의 아들을 통하여 너희를 구원하
는 마지막 시대에 심판의 이 결과를
내려보내도 너희가 예수를 죽게 했듯
이 알지 못하며 보지 못하는 그와 같
은 형국이니라.
18 그리고 아는 자가 극소수가 있다 해
도, 너희 자신의 기득권 때문에 욕심
이라는 그 뿌리에 의하여 너희 자신이
그 길을 선택하지 아니하며, 악의 뿌
리요, 사탄의 손을 들고 그 명에 의하
여 움직이는 그와 같은 나의 백성으로
변해 가는 것이 너희이니, 이를 어찌
해야 한단 말이던가?
19 우리 부자는 너희와 항상 같이하고 있
거늘 그를 못 보듯이, 내가 모두를 태
워 마지막 내려보내는 나의 법전 또한
너희가 보지 못하며, 나의 아들 예수
를 그리 죽게 했듯이, 그보다도 더 사
악한 방법으로 오늘 몰아가는 것이
너희임을 어찌 모르는가?
20 그리고 너희는 몇천 년의 세월이 흐른
다음에 정녕 그는 나의 아들이었으며
그 법전은 나의 성령이라 하며 울고불
고 통곡하며,
21 그리하여 또 나의 아들이요, 나의 법
전이 세상에 내려가는 것은 너희가
지은 죄를 용서해 주고 너희를 구원
하기 위하여 내려온 것이라 울고불고
그와 같은 광란의 짓을 또 역사할 것
이니, 내가 그걸 그대로 묵과하지는
아니할 것임을 알라.
22 너희 자신이 나의 성령으로써 영원한
새 생명으로써 다시 태어나며 거듭나
고자 한다면 바로 예수의 재림이요,
부활의 역사를 이루는 것같이, 바로
그와 같은 것이니라.
23 너희 스스로 예수의 재림과 같이 영원
한 새 생명으로 태어나는 그와 같은
역사의 그 길을 가야 할 것이니 그리
알라.
24 너희가 그 길을 가려는 백성이라면 지
금의 성경이요, 지금의 종교 집단의

가르침이요, 그들의 설교요, 강론으로
써는 그를 알아듣지 못하며 그 길을
갈 수 없기에,
25 내가 너희에게 하늘에 오르는 길을
볼 수 있는 나의 법전을 길잡이요, 안
내자로서 만들어 세상에 내려보냄이
니라.
26 이 소중하고 귀한 보배요, 보물을 사
탄이요, 이단이라 하여 저버리는 너희
는, 육의 세상에 보이는 것은 그걸 위
하여 모두를 다 바치나, 영원히 사는
하늘나라에 올 수 있으며 영원히 사는
세상에 태어나는 그 생명의 양식은 보
지 못하고 짓밟고 짓이기는 그와 같은
어리석은 삶을 사는 것이 너희이니라.
27 이제 제3의 시대는 나 여호와가 직접
내려 감을 너희는 알아야 할 것이니
라.
28 이는 곧 너희가 말하는 하나님 말씀이
요, 창조주 말씀만 너희를 구원하며
성령으로 임하여 너희를 인도한다는
그와 같은 뜻의 역사가 지금 너희 소
원대로 이루어지는 것이니라.
29 너희가 그리 기도하고 원하는 하나님
의 말씀이요, 창조주의 말씀만이 너희
를 구원할 수 있으며 하늘에 오를 수
있다 하여 그 말씀을 기다리는 너희
소원이요, 그 간곡한 뜻을 들어,
30 내가 지금 마지막 너희를 심판하는
나의 법전을 세상에 내려보내 창조주
의 말씀이요, 하나님의 말씀이라는 이
책을 만들어 하늘에서 너희에게 내려
보냄이니라.
31 그리하여 책표지에도 '하늘에 오르는
길'이요, '하나님! 말씀하옵소서'라는
명칭을 붙여 지금 나의 성령을 너희에
게 내려보내 깨우치고자 하여,
32 말로써 전하면 이를 너희가 믿지 않
을 것이며 따르지 아니할 것이니, 책
으로써 내가 이렇게 만들어 너희에게
전하거늘,
33 어찌하여 너희는 구원의 길을 오르려
하지 아니하고 나의 뜻을 거역하는 삶
을 살며 그와 같은 길만을 가려 하며
그리 가는가?
34 이제 나의 법전을 보고 바로 서는 그
와 같은 깨달음을 얻어야 할 것이니
그를 잊지 말라.

7,466 번째 하나님 말씀

2003년 9월 9일 08시 35분

1 사랑하는 나의 아들아!
2 "네, 아버님! 말씀하옵소서."
3 너를 찾아와 나의 법전을 듣고가며 그
리고 강론을 듣고 너를 따르는 그 제
자들이 떠남에 대하여 너는 가슴 아픈
마음으로써 생각하지 말라.
4 가는 자, 그들을 보면서 슬퍼하지 말
며 네 마음에 괴로움을 가져서는 아니
될 것이니라.
5 그래도 그들이 영원히 죽어 가는 그
심판의 세계로 가는 것보다는 차라리
그것이 그래도 너희가 만날 수 있으
며 돌아다볼 기회가 있지 않더냐?
6 그러니 너는 너무 괴로워하지 말며 슬
퍼하지 말도록 그리하라.
7 그들이 정녕 삶의 종말을 거두고 영원
히 돌아올 수 없는 나로부터 심판을
받는 그 세계로 그들이 돌아간다면 그

는 정녕 나의 성전에 돌아올 수 없음
이니, 그가 앉아 있던 그 자리가 얼마
나 허전하며 크게 보이겠느냐?
8 네 마음 또한 공허하고 슬픔이 더 클
것이니라.
9 그러나 그들이 정녕 심판의 죽음의 길
을 가고자 하여 네 앞을 떠난 것이 아
니요, 그들이 잠시 욕심이요, 그리고
무엇인가를 얻고자 하는 그 마음의 뿌
리를 버리지 못하여 잠깐 자리를 옮겨
앉아 있음이니,
10 영원히 죽어서 네 앞에 그들이 보이지
않을 때, 그들이 앉았던 허전하고 텅
빈 그 자리보다는 그래도 작은 자리가
될 것이 아니더냐?
11 그러니 그 비어 있음에 네 마음을 아
프게 생각하지 말며, 또한 언젠가는
그들이 돌아올 수 있으며 정녕 그들은
돌아올 수 있음이니라.
12 그들은 어느 곳에서 믿음의 길을 가든
정녕 그 허전함을 벗어날 수 없으며,
스스로 하늘에 오르는 길이라 하여 방
황하다 돌아올 수 있는 것이 그들이니,
13 지금은 허전하고 텅 빈 그 빈자리가
크게 보이나, 그 자리를 그들이 채울
수 있으며 그 자리에 와 앉을 수도 있
음을 알라, 사랑하는 나의 아들아!
14 네 마음이 너무 사랑이 깊으며 네 마
음이 너무 유하며 네 마음이 너무나
어리기 때문이니라.
15 그 빈자리를 보며 네가 그 텅 빈 자리
에 아픈 마음을 갖지 말라.
16 영원히 죽어 나에게 와 심판을 받아
다시 볼 수 없는 그와 같은 길을 간 것
은 아니지 않더냐?
17 그러니 언젠가는 제자리로 돌아올 수
있다는 것을 항상 너는 생각하고 기다
려주면 되는 것이니라.
18 어떠한 형태든 그들은 다시 볼 수 없
는 그 죽음의 작별의 인사요, 그리고
너희에게 영원히 손을 놓고 떠나가는
것이 아니라 잠깐 헤어졌다 다시 만날
수 있는 그와 같은 작별의 인사로 그
들이 그리 떠나감이니,
19 너는 오늘의 그 마음 아픔을 더 이상
갖지 말며 괴로워하지 말라.
20 기다림이 있을 것이니, 기다림의 행복
이 또한 있지 않으냐?
21 그들은 반드시 돌아올 수 있는 자들이
며, 내 앞에 와 그들이 눈물 흘리며 회
개할 날이 있을 것이니라.
22 그러니 오늘의 가슴 아프며 그 슬퍼하
는 마음을 다스려야 할 것이며, 지금
있는 제자 또한 수없이 네 앞을 떠나
는 자가 있을 것이며 왔다 등을 돌리
고 가는 자가 수없이 있을 것이니라.
23 그러면서 또한 영원히 돌아올 수 없는
그 길로써 그 심판대에 서는 그와 같
은 죽음을 맞이하는 네 제자도 있을
것이니라.
24 그러니 그보다는 오늘의 그 빈자리가
네 마음을 그리 크게 울리는 것은 아
니니라.
25 그들은 살아서 육의 세상에서 다시 만
날 수 있으며 다시 돌아올 기회가 있
는 자들이 아니더냐?
26 그러니 네가 보낸 제자들, 떠나는 제
자들을 마음 아파하지 말며, 그들이
다른 길을 가며 구원의 길이 아니요,
하늘에 오르는 그 길을 보고도 못 가

는 그들의 마음 아파함을 생각하지
말라.
27 사랑하는 나의 아들아!
28 네가 살아가다 보면 영원히 돌아오지
못하는 심판대에 보내는 사랑하는 사
람들이 떠나는 그와 같은 역사도 있으
니,
29 그때야말로 네 앞에 있는 그 성전에
그가 앉아서 웃고 너와 대화했던 그
자리가 너무 크게 보일 것이니라.
30 그래도 오늘의 그들이 떠난 것은 그때
처럼 그 자리가 크게 보이지 아니하며
빈자리가 네 가슴을 그리 아프게 하지
는 아니할 것이니 그리 알라, 사랑하
는 나의 아들아!

7,467 번째 하나님 말씀

2003년 9월 9일 11시 28분

1 사랑하는 나의 아들아!
2 "네, 아버님! 말씀하옵소서."
3 나의 피조물 만백성 너희가 나의 아
들 예수가 육으로 재림하며 또한 성령
으로써 재림하며 그와 같이 하여 너희
는 구원을 받는다며 기다리는 것을,
4 수천 년 동안 흘러오며 그와 같은 역
사가 이루어지지 아니하였으며 그와
같은 역사는 이룰 수 없다고 말하였
음이니라.
5 그리고 그와 같은 것은 없다 말하지
아니하였던가?
6 그리고 너희는 나 여호와를 볼 수 없
으며 내 음성을 들을 수 없다 하였음
이니,
7 이는 너희가 성령으로 거듭 태어나야
만 너희가 나를 볼 수 있다 하였음이
니라.
8 너희가 지금 나 여호와를 볼 수 없으
며 하늘의 천사를 볼 수 없듯이, 너희
는 천군이 세상에 내려와 모든 악의
뿌리를 제거하고 뽑을 때 과연 그 천
군이 하늘에서 나팔 불며 군병처럼 내
려올 것이라 생각하나 그 또한 깨달
음을 얻어야 할 것이니라.
9 그와 같이 하늘에서 육의 형태로써
너희 눈에 보이는 천병이 내려감이 아
니니라.
10 그리고 그와 같은 천군이 있지 아니함
이니라.
11 오로지 천군이란 바로 너희이니라.
12 나의 성령이요, 나의 진리대로 살아가
고자 하는 것, 그리고 너희가 하나의
악습을 버리려고 나의 뜻대로 살아가
고자 노력하는 것, 너희가 그와 같이
변하는 것이 바로 무엇이더냐?
13 성령으로써 임한 백성임을 너희는 알
아야 할 것이니라.
14 나로부터 성령으로 임하여 내 뜻대로
살아가는 백성이 천군이니라.
15 그리하여 너희가 육으로써 세상에 살
아가는 것, 육으로써 보이는 천군으로
써 너희를 다스리고 징벌함을 알아야
할 것이니라.
16 내가 하늘에 있는 천사들을 갑옷 입혀
너희 눈에 보이게 세상에 내려보낼 수
없음이니라.
17 이는 하늘과 천국은 엄연히 그 한계가
있으며 넘어서는 안 될 선이 있으며,
넘고 넘지 못하는 그와 같은 한계가
있음이니,

18 육의 세상에서 필요한 것은 육을 가진 나의 천군이요, 하늘에서 사탄과 싸우는 것은 천사의 천군이 필요하니라.
19 보이지 않는 자들의 전쟁은 그 보이지 않는 나라의 전쟁이요, 육으로써 너희에게 보이는 것은 보이는 세상의 전쟁이 이루어짐이니, 지상의 천군이란 무엇이더냐?
20 나의 뜻대로 행하며 나의 성령대로 살아가는 백성 그들이야말로 지상의 천군이니,
21 지금 나의 아들을 통하여 내리는 나의 법전을 읽고 강론을 듣고 깨우쳐 가는 너희 그리고 나 여호와가 존재함을 믿고 가슴속에 성령이 하나하나 쌓이는 자들이 바로 완벽한 천군이 되는 것이요,
22 너희가 완벽히 성령으로 임했을 때 완전무결한 완전 무장이 갖추어져 있는 천군이 됨을 알아야 할 것이니라.
23 그러니 너희는 여기서 들어야 할 것이니라.
24 내가 나의 아들에게 전하였음이니라.
25 지금 하늘에서 성령을 받아 역사하는 지상에 재편성하는 하늘의 천군은 그 숫자가 미미하며,
26 모든 사탄의 병사들이요, 그들이 가진 조직은 모두 연합군이 되어 모든 화기요, 무기를 가지고 너희에게 집중포화를 할 것이니,
27 정녕 너희가 거기에서 살아남을 수 있는 것은 일기당천이 아니요, 한 명이 당할 수 있는 그 수를 알 수 없다고 내가 너희에게 그리 말하지 아니하였던가?
28 그러니 너희가 얼마만큼 너희 자신을 다스려 나가며 굳게 무장을 해야 할 것인가,
29 인간의 칼로써 인간의 무기로써 너희를 공격하고 베었을 때 너희는 인간이면서 쓰러지지 아니하고 죽지 아니하는 그와 같은 너희가 되어야 함이니,
30 그는 바로 너희가 성령으로써 굳건히 무장되는 그것만이 갈 길임을 알라.
31 너희는 일류 병사와 일대일의 전쟁이 아니요, 수가 비슷비슷한 적군과 아군의 싸움이 아니니라.
32 오로지 천군은 몇 명 안 되는 지금의 백성이요, 그리고 지금의 모든 연합군은 헤아릴 수 없는 무기와 장비를 가지고 너희를 공격함이니, 그들과 너희가 싸우는 것이라는 것을 알아야 할 것이니라.
33 그러니 천군으로서 임명받은 자, 천군으로서 거듭난 그 전사의 힘이 얼마나 버겁고 힘든지 알겠느냐?
34 너희는 상대국과 싸울 때는 거기에 비슷한 인간의 무력이요, 장비를 가지고 무력적인 그 공격의 싸움을 하나,
35 너희는 생각할 수도 없으며 견주어 볼 수도 없는 그와 같이 미미한 천군으로서 연합군의 사탄들과 싸워야 함이니,
36 너희의 마음 자세가 얼마나 각오가 굳어야 하며, 죽는 것을 두려워하지 아니하며, 너희 하나 죽고 사는 것을 마음속에 두어서는 아니 된다 하였음이니라.
37 그러니 내가 너희에게 뭐라 말하였느냐?

38 남북이 대치해 있는 그와 같은 백성
이 똑같은 인간이라 하더라도, 북의
여인들이 무장된 자세요, 북의 청년들
이 무장된 자세보다도 더 공격적이고
저돌적인 각오와 마음의 행동으로써
변하지 아니하면 이를 지키고 갈 수
없으며 이를 역사할 수 없다고 증거
하여 세상의 군대 조직까지 너희에게
일찍이 깨우쳐 주었음이니,
39 너희는 그보다 더 강한 정신력으로써
그보다 더한 무장을 하지 아니하면 아
니 됨을 알 것이니라.
40 그리고 너희가 그 길을 위해서는 바
로 무엇이더냐?
41 하늘의 천병을 수없이 역사해야 하며
만들어 가야 하는 것이거늘, 병사가
적다 생각하며 군비가 적다 생각하여
발을 동동 구르고 있다 하면 공격하
는 적을 너희가 어찌하겠는가?
42 성 안에 있는 백성을 독려하여서 하
나가 되어 일치단결하여 그 적을 퇴치
하고 막아야 함이니, 너희는 전투하는
자세로써 나의 성전에 나의 백성을
그득히 채우도록 그리하라.
43 전쟁에 목숨을 걸고 마지막 한 알의
실탄이 다할 때까지 싸우다 장렬히
죽어 가는 그와 같은 마음으로 지금
여기 나의 성전에 와 너희가 그 책무
를 알고 그와 같이 역사했다면, 지금
쯤은 너희 스스로 수많은 제자를 거
느렸을 것이며 역사할 것이니라.
44 너희는 인간 세상의 조국을 위하여 한
알의 마지막 실탄을 쏘고 장렬히 죽어
가는 그와 같은 마음 자세도 안 되었
으며 각오도 안 되었으며,
45 그저 너희는 웃으며 놀며 장난기 어
린 그와 같은 생각으로써 지금까지 믿
음을 왔음이니,
46 이제 너희는 1단계를 벗어난 제자들
이요, 2단계에 돌입한 제자요, 내가
비둘기와 같이 만든 자는 나 여호와
의 천병이라는 것을 생각한다면,
47 이제 마지막 한 발의 총알을 적의 가
슴을 향하여 쏘고 자기 스스로 적탄에
맞아 조국 만세를 부르고 죽어 가는
그 군인보다도 천배 만배 더 노력해
야 할 것이니라.
48 과연 전쟁터에 나가 마지막 목숨을 바
치는 그와 같은 마음으로 했어도 나의
성전을 그득히 채울 수 없단 말이던가?
49 너희가 나의 성전을 그득히 채우는 것
은 무엇인 줄 알겠느냐?
50 그게 너희가 천군을 만드는 길이요,
너희가 천군을 역사하여 그들의 지휘
관이요, 장수가 되어서 요소요소의 적
에 대처하는 그와 같은 현명함을 갖지
아니하면 너희는 존재할 수 없음이니
라.
51 이제 너희는 1단계를 벗어났으며 2단
계에 오른 나의 아들을 따르는 제자들
이니라.
52 너희는 정녕 2단계에 돌입하였음이
니, 이제는 너희가 정신무장이 된 것
만큼 모든 백성을 나의 성전에 그득
히 채우는 데, 전쟁터에 나가 마지막
실탄을 쏘고 조국을 위해 장렬히 죽어
가는 병사보다도 천배 만배 강한 천군
이니,
53 그보다 더한 노력과 각오로써 지켜야
할 나 여호와의 법전이요, 나의 성령

이거늘, 하늘의 뜻을 모든 것을 다 바
쳐 구한다면 너희가 구할 수 있을 것
이니라.
54 그러니 그리 구하라.
55 그리 구하여 나의 성전을 그득히 채우
는 것이 너희가 해야 할 일이니라.
56 너희 제자를 육성하여 천군을 만들라.
57 이 세상의 잘못된 병사들을 지금 모병
하여 천군으로 다스려야 할 수없이
많은 병사를 놓고 어찌하여 발을 동동
구르며 그리 게을리하는가?
58 만일 지금 천군이라 하여 내가 역사할
것이라 생각한다면, 막상 사탄과 싸움
이 붙을 때 나는 너희를 돕지 않을 것
이니, 너희가 피투성이가 되어 처참히
죽고 사는 것은 너희에게 달렸음이니
라.
59 나는 너희에게 천군으로서 이길 수
있는 비결을 가르쳐 주었으며 천군으
로서 이길 수 있는 그 길을 깨우쳐 주
었음이니라.
60 나 여호와는 성경도 그러하며, 나의
아들 예수도 그러하며, 모세도 그러하
며, 지금의 나의 아들도 그러하며, 나
의 법전도 그러하며, 너희가 천국에
올라올 수 있도록 인도하고 안내하는
것이 아니니라.
61 천국의 빛을 보며 천국에 올라올 수
있는 그 방법만을 제시해 주고 그 방
법만을 깨우쳐 주는 것이 모세가 역사
한 것이요, 예수가 역사한 것이요, 구
약과 신약이 세상에 내려온 것이요,
62 마지막 나의 법전인 하늘에 오르는 길
이요, '하나님! 말씀하옵소서'라는 이
새로운 성경 또한 너희를 깨우쳐 주
는 것이니 내가 직접 너희에게 명함이
니라.
63 너희가 모든 병사를 모병하여 그들로
천군을 만들어 몰려오는 적에 대처할
수 있는 것은 너희 몫이니라.
64 이제 네 목숨을 다 바쳐 너희 스스로
장수가 되어 모든 백성을 다스리라.
65 너희가 정신무장이 되어 이 단계가
된 것은 만백성을 다스릴 수 있는 장
군이 된 것이며, 내가 너희에게 지휘
봉을 오늘 명함이니 그리 알라.
66 그것이 너희가 살아남는 길이요, 역사
하는 길이요, 나의 법전이 역사할 수
있는 길이며,
67 너희는 그 길을 가야 하며 반드시 그
것을 역사해야 하느니라.
68 너희는 몇 사람의 밑에 있는 그 중간
장수들을 만들어 육성하여, 그들로 하
여금 또 병사들을 육성하여 몰려오는
적에 대처할 수 있도록 하라.
69 천군이 이 세상에서 패할 수 없으며
무너질 수도 없으며 넘어질 수도 없음
이니라.
70 그러니 너희가 이른 시일 안에 역사
하지 아니한다면 나 여호와는 세월을
수없이 기다릴 것이니라.
71 그러니 내가 천 년에 걸쳐 이 세상에
이룬다는 그 역사를, 나의 아들 예수
를 통하여 선택되었고 미리 계획된 역
사를 이루지 못했던 것처럼 또다시 무
너지는 그와 같은 전철이 있어서는 아
니 될 것이며, 그것이 너희가 해야 할
길이니라.
72 내가 예수를 따르던 제자들이 내 앞에
온 자 없다 하였음이니, 그들이 책무

를 다하지 못하였기 때문이니라.
73 너 하나 죽음으로써 너희가 사죄하고 용서를 빈다 하여 네가 거꾸로 매달려 죽음으로써 예수의 고통을 배로 더하여 죽음으로써 너희가 내 뜻을 행한 것이 아니요, 내 뜻을 행하지 아니한 것이니,
74 너희가 예수보다도 더 고통스럽게 거꾸로 죽으며 너희를 갈기갈기 찢어 죽는 그 고통으로써 너희가 해야 할 책무를 면했다 생각하느냐?
75 너희가 그 마음은 책무를 행하지 아니하고 스스로 죽음을 선택하며 너희 자신을 던져 버리는 것은 그 죄만 가중됨이니,
76 너희에게 명하는 것은 바로 너희가 병사를 모병하고 육성하여 사탄으로부터 나의 법전을 지키는 것이며, 하늘의 명령인 내 명령을 너희가 수행하는 것이지,
77 너희 스스로 힘들고 어렵다 하여 스스로 떠나고 스스로 좌절하며 스스로 목숨을 끊어 나에게 용서를 구하는 것을 나는 보지도 아니하며, 듣지도 아니하며,
78 그러한 자식을 나는 둔 역사가 없으며, 너를 모른다 말할 것이니, 각자가 천군의 그 명을 다하도록 그리하라.

7,468 번째 하나님 말씀

2003년 9월 9일 11시 35분

1 사랑하는 나의 아들아!
2 "네, 아버님! 말씀하옵소서."
3 지금 내가 보기도 아까운 너를 따르는 제자들이요, 내가 선택한 나의 백성 그들은 정녕 하나를 깨달으면 더 무거운 짐을 지워 주며 그리고 더 어렵고 힘든 그 고통의 길만 가게 되는 것으로 그리 생각하느니라.
4 그러나 너희는 그리 생각하지 말라 전하라.
5 진정한 참진리의 길이요, 나 여호와의 뜻에 따라 접근하면서 살아가는 것이 그리 무섭고 두렵기만 한 길이 아니니, 그와 같은 생각을 지우도록 그리하라.
6 나 여호와의 참진리는 무섭고 두려우며 너희를 그와 같이 고통 속에 만드는 것이 아님이니라.
7 공포와 좌절의 시련 속에서 허덕이도록 내가 너희를 만드는 것이 참진리요, 하늘의 뜻이 결코 아니라는 것을 알도록 전하라.
8 너희가 좀 더 깨우치며 성령이 좀 더 임하다 보면, 나의 참진리는 온유하며 사랑이 있으며 겸손함이 있음을 알게 될 것이니라.
9 너희 자신이 구원을 받을 수 있는 그 길은 유하고 부드러운 길이며, 성령으로 임하는 길임을 알아야 할 것이니라.
10 이제 나의 아들을 따르는 제자 너희가 깨우치고 깨우치면 더 무거운 짐을 지며 더 어려운 짐을 진다 하나, 그것이 더 무거운 멍에일 수는 없음이니라.
11 멍에를 지고 짐을 끌고 가는 너희에게 더 짐을 얹어 주어 그 멍에가 어렵고 힘들도록 그리하는 것이 아님을 알라.
12 참진리는 멍에 위에 더 무거운 짐을 얹어 끌고 가는 그 멍에가 더 힘들도

록 하는 것 같으나 절대로 그렇지 아
니함을 알라, 사랑하는 나의 아들딸들
아!
13 너희가 성령으로써 깊이 임하면 임할
수록 진정한 참진리의 길에 들어서기
시작한다면, 너희는 그 진리 속에 빠
져들며 너희 자신이 성령이 그득히
채워지기 시작하는 그 역사를 이루었
을 때,
14 너희는 이 세상에 정녕 아름답고 평화
로움을 얻게 되며 평온한 것이 네 마
음을 찾아들 것이며, 공허함과 두려움
과 허전함이 없음이니라.
15 성령이 임했을 때 자유로움과 모든 구
속에서 벗어나는 행복함을 너희는 얻
게 될 것이니, 그날을 위하여 오늘의
그 고통의 한계를 넘으라는 것이니라.
16 영원히 너희에게 무거운 짐이요, 더
무거운 짐만을 얹어 주는 나 여호와가
아님을 알라.
17 내가 너희를 사랑함이니라.
18 너희가 성령으로써 그득히 임하는 그
시점에 갈 때까지만 열심히 공부하며
법전을 읽고 깨우치며 좀 더 깨우침
의 길에 노력하라 함이니라.
19 이제 첫발을 디디기 시작하여 너희가
한 단계를 넘어 2단계의 두 번째 단계
에 올랐다 함이니, 그것도 너희가 더
이상 받을 수 없는 은혜요, 영광이니
라.
20 그러니 온유와 행복이 너희에게 그득
하며 세상의 모든 자유로움이 어떠한
것인가, 진리가 무엇이며 아름답게 살
아가는 것이 무엇인가를 깨닫게 될 때
니, 그때보다 행복함은 더 없을 것이
니라.
21 육의 세상에서 참진리의 길을 가는
것은 고통이요, 시련의 길이라 하나,
그것을 너희가 한 단계 두 단계 넘음
으로 인해서 그 모두는 너희에게 자유
로움이요, 행복함이요, 그리고 유하고
부드러움이 같이한다는 것을 알라.
22 정녕 너희가 나에게 올 때까지 항상
무거운 짐만 지고 오는 것은 아님을
알라.
23 두려워하지 말라 그리 전하라, 나의
아들아!
24 너희는 모두를 얻게 될 것이니라.
25 그리고 평온을 얻게 될 것이니라.
26 참진리의 길을 찾을 때까지만, 너희가
그 길에 들어설 때까지만 매진하라.
27 그리고 시련이요, 그 후의 역사함은
너희가 생각할 수 없는 축복이 너희
에게 있음을 알라, 사랑하는 나의 아
들딸들아!
28 그것이 너희 운명이며 너희가 가는
길이니라.
29 나 여호와가 정녕 이루지 못할 짐을
너희에게 얹어 주지는 아니할 것이니,
너희는 가볍게 올 수 있음이니라.
30 성령이 임하면 고통스럽고 힘든 그 짐
이 가벼워지며 어렵고 힘든 그 모든
무게가 다 없음이니라.
31 아무리 큰 것이라 해도 구름처럼 무게
가 없음이니, 성령으로써 거듭나는 그
삶을 위하여 좀 더 노력하며, 좀 더 접
근하며 좀 더 두 주먹을 쥐고 자신의
악습을 버리는 데 최선을 다하라.
32 한계의 선이 있을 때, 아무리 이 지구
를 짊어진다 해도 구름을 가슴에 얹은

것과 같음을 너희는 알아야 할 것이
니라.
33 솜이라는 것이 물을 먹었을 때는 그것
을 짊어지기 힘들고 어려우니라.
34 그러나 그 솜이라는 것에 물이 빠졌을
때는 과연 어떠하더냐?
35 그보다 더 가벼운 것이 너희가 나에
게 오를 수 있는 것이니, 그건 곧 무엇
이더냐?
36 성령이 임하는 것이니라.
37 솜에서 물이 빠지듯이 너희가 악한
생각이요, 추한 생각들이 모두 다 빠
져 마른 솜이 되는 것처럼 너희 마음
이 그리되었을 때, 세상 것을 다 짊어
져도 너희는 거뜬히 일어설 수 있으
며, 가벼우며, 너희 손안에 모두 다 있
음을 알라.
38 손으로 들 수 있음을 알아야 할 것이
니라, 사랑하는 나의 아들딸들아!
39 그날이 너희가 얻을 수 있는 최대의
영광이니, 그 열망을 위하여 최선을
다하고 살아가라.
40 내가 너희를 사랑함이니라.

7,469 번째 하나님 말씀

2003년 9월 9일 11시 43분

1 사랑하는 나의 아들아!
2 "네, 아버님! 말씀하옵소서."
3 수천 년 동안 흘러오는 종교 지도자들
이 위압적인 성전이요, 교회요, 그리
고 너희를 제압하는 그 단상이요, 너
희 마음을 쪼그라들게 하는 그 의상이
요, 온갖 형식을 다 갖춘 의식 행사에
서 나의 사랑하는 백성 너희 앞에 그
들은 말하느니라.
4 나 여호와 하나님은 정녕 사랑의 하나
님이요, 너희 죄를 용서하는 하나님이
요, 무엇이든 다 너희를 위하여 용서
하는 그와 같은 하나님이라 하여 울고
불고 나의 피조물 만백성들에게 연극
배우가 무대에 따라 옷을 갈아입듯이
그와 같은 화려한 모습으로써 나의 피
조물 만백성들을 주눅이 들게 하여 그
들을 이끌어 가느니라.
5 그러하면서 너희는 뭐라 하느냐?
6 나 여호와는 정녕 너희를 사랑하는
자며 너희를 용서하는 자라 그리 말
하느니라.
7 그리고 오로지 용서를 위하여 나 여호
와가 존재하며 너희를 용서하기 위해
나의 아들을 그리 보냈다 하느니라.
8 나 여호와가 사랑하는 하나님이요, 죄
인을 용서하는 하나님이요, 그리고 너
희를 사랑하기에 나의 아들 예수를 그
렇게 고통 속에 죽어 가게 하면서 너
희 죄를 용서해 주고자 했으며, 너희
가 잘못하는 것을 용서해 주고자 했으
며, 너희의 모든 허물을 다 용서하는
사랑의 하나님이라 하면서,
9 너희는 어찌하여 이 세상에 나갈 때
나 여호와가 너희에게 원죄를 뒤집어
씌워 세상에 나갔다 그리 말하느냐?
10 너희가 원죄가 있다 말하는 것, 그리
고 육의 죄의 부모로부터 태어났으니
너희는 세상에 죄를 가지고 태어났다
함이니,
11 얼마나 사악한 자들의 말이며, 하늘의
뜻의 두려움과 무서움을 모르고 가는
자들이더냐?

12 사랑의 하나님이요, 죄를 용서하는 하
나님이요, 모두를 용서하기 위하여 나
의 아들 예수를 그와 같이 피 한 방울
이 마를 때까지 그 고통의 역사를 하
면서 너희를 용서하고자 했으며 너희
를 하늘에 오르게 하고자 했으며 너
희 죄를 다 덮어 주고자 했던 나 여호
와가,
13 너희를 세상에 내보내면서 내가 어찌
하여 원죄라는 그 죄목을 너희에게
씌워서 내려보냈으며 죄라는 그 쇠사
슬로 묶어 세상에 내보냈단 말이더냐?
14 이것이 맞는 말이며 과연 이것을 부르
짖을 수 있단 말이더냐?
15 그 큰 성전이라는 곳, 교회라는 곳, 그
궁궐보다도 더한 호화로운 장식 속에
서 연극 배우요, 주역이요, 배우들이
옷을 갈아입듯이 호화로운 형식의 각
종 행사를 다 하면서 너희는 나의 피
조물 만백성들에게 원죄가 있으며 죄
인이라 그리 말함이니라.
16 그러면서 사랑의 하나님이요, 죄를 용
서하는 하나님이요, 사랑하는 자식을
죽여 가면서까지 너희를 용서하고자
하는 나 여호와가 어찌하여 너희에게
죄를 뒤집어씌우고 쇠사슬에 묶어 세
상에 내보냈다 그리 말하느냐?
17 너희 말대로 죄를 용서하는 사랑의 하
나님이요, 사랑의 하나님이라 부르며
내가 그런 아버지라 울고불고하면서,
내가 너희에게 공포와 고통과 시련을
겪는 그 죄를 만들어 쇠사슬로 꽁꽁
묶어 벗어나지 못하도록 나의 자식들
을 세상에 내보냈단 말이더냐?
18 이것이 얼마나 나를 욕되게 하는 자
며, 그것이 바로 나 여호와는 하나님
이 아니요, 너희가 나를 경배하는 것
이 아니요, 너희가 나를 사탄이라 말
하며 나를 악마라 말하는 자들임을 알
아야 할 것이니라.
19 내가 어찌하여 너희 죄를 용서하기
위해 자식을 내려보냈으며, 사랑으로
써 충만한 나 여호와가 너희에게 죄를
뒤집어 씌워 세상에 내보냈다 그리
말하는가?
20 너희는 하늘의 뜻을 모르는 자요, 그
와 같은 것이 지금까지 수천 년 동안
흘러온 종교 집단 지도자의 가르침이
니,
21 너희는 나의 피조물 만백성들을 쇠사
슬로 묶어 재물을 거둬들이며 군림하
기 위하여 온갖 방법과 수단을 다 연
구하는 인간 자체의 생각이며 너희가
지어 낸 말임을 알아야 할 것이니라.
22 정녕 너희는 내가 원죄로써 세상에
내보냈으며 죄를 가지고 너희를 세상
에 내보냈다면, 내가 그 죄를 용서하
기 위하여 내 자식을 내려보냈다면,
과연 나는 병 주고 약 주는, 너희가 세
상에 말하는 그와 같은 사악한 자가
아니더냐?
23 너희가 인간 세상에서 말하기를 뭐라
하느냐?
24 '병을 주고 약주는 자'를 이중인격자
라 함이니, 내가 가장 용서하지 아니
하는 것이 이중인격자라 하였음이니
라.
25 앞에서 말하는 것과 뒤에서 말하는 것
이 다른 자는 남을 우롱하며 살인하는
것과 같다 하였으니,

26 나 여호와가 어찌하여 너희에게 죄를 주고 용서한다며 어루만지고 달래는 그와 같은 사악한 하나님이라 그리 말하는가?
27 그 모두는 그들이 만든 사악하고 간교한 짓이며 그들의 사기극이니, 거기에 현혹되지 말라, 사랑하는 나의 아들딸들아!
28 내가 법전에 기록하는 이 내용을 너희가 읽고 또 깨우쳐 그 의미를 깨닫는다면, 너희는 성령의 눈을 뜨게 될 것이니라.
29 그들은 하늘의 뜻을 모르며 나와는 관계없으며 사탄의 자식으로서 사탄이 역사하며 이 세상을 모두를 다 지배하고자 함이니라.
30 그리고 이 세상을 다 무너트리고자 하는 자들이 그들이니라.
31 그것은 저희 생각으로 연구한 것이니, 그 말에 현혹되지 말라.
32 너희가 나의 성령으로 알게 된다면, 나의 성령의 뜻으로 알게 된다면,
33 그 모든 것이 잘못 가는 것이며 잘못 가르치는 그 뜻을 알 것이니라.
34 내가 다시 한 번 너희에게 말함이니라.
35 내가 사랑의 하나님이요, 너희를 용서하기 위하여 죄를 다스려 주기 위하여 사랑하는 나의 아들 예수가 그렇게까지 고통스럽게 갔다면, 내가 너희를 죄인으로 만들어 세상에 내보냈겠느냐?
36 나는 깨끗한 성령으로써 죄 없는 백성으로서 너희를 세상에 내려보냈음이니라.
37 원죄요, 모태의 죄를 가지고 온 자라 하여 나의 사랑하는 백성을 죄인 중의 죄인이요, 벗어날 수 없는 죄인이라 하여, 그들의 귀중한 재물과 시간과 정신마저도 빼어 가 그들을 정신박약아로 만들지 말며, 분별 못 하는 어리석은 백성으로 만들지 말며,
38 부모를 생각하지 아니하며 형제를 생각하지 않는 짐승만도 못한, 그와 같은 은혜를 모르는 사람으로 만들어 이끌어 가지 말라.
39 그 죄가 어떠한 것인가를 알아야 할 것이며, 그와 같은 자에게 재물을 바치는 자, 그에게 손뼉을 치는 자, 그에게 '옳소' 부르짖는 자, '아멘' 소리 지르는 자, 찬송하고 광란의 짓을 하는 자는 천국의 빛을 보지도 못할 사악한 자들로서 지금 전략하고 있음을 알라.
40 그리하여 내가 160권의 법전을 역사하여 세상에 내려보내니, 내가 진노함을 나의 법전에 모두 담아 내려보내며 그를 다스리고 있음을 알라.

7,470 번째 하나님 말씀

2003년 9월 9일 11시 48분

1 사랑하는 나의 아들아!
2 "네, 아버님! 말씀하옵소서."
3 나 여호와는 너희에게 그리 말하였느니라.
4 교회라는 것을 짓지 말며 성전을 짓지 말며, 인간의 손으로 건축하여 그곳에 나의 피조물 만백성들을 모아 놓고 너희가 그 사악한 가르침을 가르치는 행위를 하지 말라 하였음이니라.

5 그리하여 짓지 말라 내가 그리 전하였
으며 그와 같이 기록하여 전함이니라.
6 그러나 너희는 어찌하는가?
7 너희는 무서우리만큼 지금 모든 이 아
름다운 지상에 교회라는 것을 수없이
지어, 공원묘지보다도 더 많은 숫자로
써 지금 교회라는 것을 만들어 가고
있다 했음이니라.
8 그리하여 내 뜻을 거역하며 무서운 줄
을 모르고 공원묘지와 같은 교회를 수
없이 지어 십자가를 그곳에 높이 매달
아 밤과 낮을 가리지 아니하고 밝힘이
니,
9 그것이 너희가 나를 고문하는 것이며
나를 욕되게 하는 행위라 내가 나의
법전에 일찍이 기록하여 너희에게 전
하였느니라.
10 그러면서 너희는 나의 아들 예수가
또한 어찌한다 말하는가?
11 나의 모든 백성을 그 사악한 교회라
는 곳에 모아 놓고 그리 말하느니라.
12 너희는 더 큰 교회를 지으며 더 큰 역
사를 이루어야 한다 하며 그 모두는
너희를 대신하여 피 흘려 죽은 나의
아들 예수가 교회를 더 크게 짓기를
바라고 있으며 더 역사하고 더 화려하
게 짓기를 하늘나라에서 예수가 그를
돕고 있으며 그를 바라보며,
13 오로지 예수는 너희가 더 큰 교회를
짓는 것만을 바라보며 그와 같이 역사
하는 것을 직접 관장하며, 그 큰 교회
를 짓는 것이 나의 아들 예수의 기쁨
이요, 영광으로 돌리는 길이라 그리하
며, 나의 아들 예수의 즐거움이라 그
리 말하며,
14 그 은혜에 보답하는 길이라 하여 너희
는 예수가 직접 관장하니, 더 큰 교회
요, 더 큰 성전을 지어 내는 것이 너희
뜻이라 그리 가르치느니라.
15 그러면서 너희는 기도하느니라.
16 나의 아들 예수가 교회를 관장하며 더
큰 교회, 더 화려한 교회를 짓기를 원
하는 것이 나의 아들 예수요, 그 죽음
에 대한 보상이요, 그를 기쁘게 하는
길이라 하여 너희가 때려 부수고 또
짓고 때려 부수고 또 짓는 그와 같은
사악한 행위를 하고 있으며,
17 그 기도 소리를 들으면서 그 백성은
뭐라 말하느냐?
18 그 모두는 맞습니다, 옳습니다, 할렐
루야, 아멘 이요, 울고불고 소리 지르
며 광란의 짓을 하고 있음이니라.
19 그것은 바로 무엇이더냐?
20 나의 아들 예수를 나의 뜻을 거역한
자로 만들어 가고 있음을 알라.
21 나는 나의 아들을 통하여 교회요, 성
당이요, 성막을 짓지 말라 그리 말하
였음이니,
22 나의 아들이 더 큰 교회요, 더 큰 성막
이요, 성당을 짓는 것을 직접 관장하
며 더 호화롭고 아름답게 더 크게 짓
는 것이 나의 아들의 가장 큰 기쁨이
라 그리 말함이니,
23 우리 부자지간의 관계를 어찌 만들려
하며 어찌하여 나의 아들 예수까지도
그리 욕되게 하는 그와 같은 사악한
행위를 하고 있단 말이더냐?
24 나의 아들이 너희가 교회 짓는 것을
언제 관장하며 너희에게 하늘의 은혜
를 언제 내렸으며, 그걸 보고 나의 아

들이 무슨 기쁨의 눈물을 흘린다고 그
리 말하는가?
25 너희는 그와 같은 사악한 짓을 더 이
상 해서는 아니 될 것이니라.
26 나의 아들 예수가 역사한 것을 거역
하며 내 뜻을 거역하는 나의 아들로
만들며 나의 아들이 너희가 큰 건축
물을 짓는 것을 보고 감격하여 눈물을
짓고 있다 그리하며, 그 은혜에 보답
한다 하여 너희가 찬송 부르며 눈물
지으며 콧물 흘리며 울고불고하며 그
와 같이 백성을 이끌어 감이니,
27 그것을 너희가 바로 하늘에 오르는
길이라 말할 수 있겠느냐?
28 이제 나의 법전을 읽고 깨우친 선택된
백성 너희는 그 불쌍한 자들을 새로
태어나는 그 길로 인도하는 데 모두를
다 던져야 함을 잊지 말며, 주저하지
말라, 사랑하는 나의 아들딸들아!

7,471 번째 하나님 말씀

2003년 9월 9일 11시 51분

1 사랑하는 나의 아들아!
2 "네, 아버님! 말씀하옵소서."
3 나 여호와가 울고 있으며 내 고통의
아픔을 다시 한 번 법전에 기록하여
만백성들에게 깨우쳐 주고 전해야 할
것이니라.
4 나의 아들 예수가 교회를 짓는 것에
참여하며 나의 아들 예수가 그 교회
를 짓는 것을 모두 주관하며,
5 그리고 나의 아들 예수가 온갖 은혜를
다 너희에게 내리고 있음이니, 그리하
여 모든 백성에게 교회를 짓는 데 몸
과 재물과 모든 것을 다 바쳐 교회를
크게 짓는 것만이 나의 사랑하는 예
수의 고통에 보답하는 길이며,
6 나로부터 하늘의 은혜를 받으며 영광
을 받게 됨이요, 구원의 길에 오르는
길이라 너희가 그리 설교하고 강론하
며 열을 올리는 자들이니라.
7 그리하여 그들을 이끌어 내어 갈취하
는 것이 수단과 방법을 가리지 아니하
고 그와 같은 역사를 하고 있음이니라.
8 그러면서 너희가 하다 하다 아니 되
니 뭐라 말하느냐?
9 교회를 크게 짓는 것, 교회를 역사하
는 것, 교회를 새로 세우는 것이 나의
아들 예수의 몸을 이 세상에 세우는
것과 같음이니,
10 화려하고 높게 고급스러운 것으로써
가장 값진 것으로써 다 둔갑을 하고
치장을 해야 한다고 그리 가르치느니
라.
11 그리고 너희가 교회를 짓는 것은 나의
아들 예수의 몸을 이 세상에 세우는
것이며 그 사랑을 심는 것이며 그 뜻
을 심는 것이니, 그보다 더 큰 은혜가
없으며 그보다 더 큰 영광을 받을 길
이 없으니,
12 몸과 마음과 재물과 모두를 다 바쳐
큰 교회를 짓는 데 최선을 다하라, 그
러면 하나님으로부터 영광이요, 축복
이요, 구원의 은혜를 받을 것이며, 나
의 아들 예수의 그 모든 고통에 대한
보답의 길이라 하니,
13 너희가 지상에 사악한 공원묘지를 지
으면서 나의 아들의 몸을 세운다는 그
와 같은 사기극을 이제 더 연출해서도

아니 되며 더 해서도 아니 되느니라.
14 내가 그걸 보지 아니할 것이며, 거짓
목자들이 이와 같이 이 세상을 덮고
있음이니, 여기에 진리가 어디 있으며
진정한 나의 뜻이 어디 있으며 사랑이
어디 있느냐?
15 어찌하여 너희 손으로 그 사악한 공
원묘지를 지으면서, 나의 아들 예수의
몸을 세우는 것이니 모든 것을 다 바
치라, 예수의 몸을 이 세상에 세우는
것이며 존재하도록 하는 것이니 세상
것을 다 바쳐 그걸 이루도록 최선을
다하며,
16 호화롭고 영광되게 만들며, 금은으로
장식하는 것이 나의 아들 예수의 몸을
만드는 길이요, 나의 아들이 기뻐하는
것이며 나 여호와로부터 하늘에 와 큰
상을 받을 것이라는 사기극의 연출을
더 이상 내가 묵과하지 아니할 것임
을 알라.
17 이제 두려운 심판이 역사함을 너희는
알게 될 것이니라.

7,472 번째 하나님 말씀

2003년 9월 9일 11시 59분

1 사랑하는 나의 아들아!
2 "네, 아버님! 말씀하옵소서."
3 나의 아들 예수가 나의 명을 받아 이
세상에 교회요, 성막이요, 인간이 짓
는 건축물을 지어 그 안에서 죄의 온
상이요, 썩어져 가는 그와 같은 행위
를 하지 말며 그걸 짓지 말라 명하였
음이니라.
4 그러나 그들은 거역하며, 그것이 나의
아들 예수의 몸을 짓는 것이며 예수가
이 세상에 존재하도록 하며 그게 고통
을 덜어 주는 길이라 하여 수없이 지
어 나가며 만들어 가고 또 짓고 또 만
드는 그와 같은 형국에 있는 그 백성,
그들을 과연 누가 인도하며 그를 누가
깨우쳐야 하겠느냐?
5 이와 같이 죄가 죄인 줄 모르며 죄가
영광이라 말하는 자들 그리하여 참진
리를 태워 버리고 찢어 버리고, 참목
자가 왔을 때 그를 죽이고 또 죽이는
그 사악한 자들, 그와 같은 자들을 인
도하는 것이 지금 나의 아들을 따르는
제자들이요, 나의 법전을 읽고 깨우친
만백성 너희가 해야 할 일임을 알라.
6 나의 법전 160권을 완성하여 세상에
내보내는 그 뜻이 거기에 있음이니,
백성을 구하고자 하며 너희 형제를 구
하고자 한다면 너희는 최선을 다해야
할 것이니라.
7 너희가 그 많은 160권의 법전을 만들
어 세상에 전하는 그 의미는 어디 있
는 줄 알겠느냐?
8 그 160권 중에 한 권을 손에 들고 읽
어 한 줄을 읽고 깨우치는 백성이 있
다면 그 160권이 세상에 나간 보람이
있음이니라.
9 그러니 160권의 법전 중에 한 권의 책
을 읽든 한 줄을 읽든 깨우치는 생명
이 있다면, 그는 새 생명으로 거듭나
는 그와 같은 구원의 역사를 이루게
됨이니,
10 너희가 많은 법전을 만들어 세상에 전
하여 만백성을 구함으로 나 여호와가
즐거움을 얻을 수 있는 그 길에 최선

을 다해야 할 것이니라.
11 지금의 모든 믿음의 길을 가는 백성, 그들이 어찌하는 줄 알겠느냐?
12 그들은 말하느니라.
13 너희는 나 여호와의 아들 예수가 저희의 남편이요, 그렇기에 저희와 항상 제 안에 있으며 저희와 같이하고 존재한다 그리 말하느니라.
14 그리하여 광분하여 기도할 때 그리 소리 지르며, 저희와 같이하고 있으며 저희와 항상 같이 있으며 그리고 제 마음속에서 나의 아들 예수가 같이 존재한다고 말하느니라.
15 그리하여 나의 아들 예수가 저희 주인이요, 나의 아들 예수가 저희의 머리요, 그리하여 나의 아들 예수가 항상 저희와 같이 있으며 같이 계신 분이라 그리 말하느니라.
16 그러면서 뭐라 말하느냐?
17 나의 아들 예수가 저희와 같이하지 아니하며 제 몸에 있지 아니하면 아무것도 할 수 없으며 아무것도 이룰 수 없다 그리 말하느니라.
18 그렇다면 과연 너희 말대로 지금 너희가 살아가며 행하며 존재하고 역사하는 것은 곧 나의 아들 예수가 너희와 같이하며 같이 임하기 때문에 모두 이루어진다 너희는 그리 말하는 것이니 그리 또 그것이 맞음이니라.
19 그러면서 너희 머리요, 너희 가슴속에 나의 아들 예수가 같이 있다고 말하며 그리 가르치느니라.
20 그와 같이 광분의 기도가 끝난 다음에, 광적인 그 기도가 끝난 다음에 바로 돌아서서 너희는 같은 입을 가지고 뭐라 말하느냐?
21 바로 등 돌리고 앉아서 예수가 재림하여 이 세상에 다시 내려와야만 만백성을 구하며 너희를 버릴 자와 선택할 자와 구분하는 그 역사함이 시작됨이니,
22 너희는 새로운 신랑을 맞이할 수 있는 신부의 모습으로서 자세를 갖추고 그를 기다려야 한다 하며,
23 그리고 언제나 신랑이 찾아와 너희를 찾을 수 있는 신부가 되어야 한다고 그리 가르치고 있음이니라.
24 그러니 너희는 과연 어떠한 것이 진정한 의미요, 어떠한 것이 진정한 가르침이더냐?
25 그러니 종교 지도자요, 집단의 우두머리들이 광분하여 떠드는 그 말이 다르며, 잠깐이라도 제정신이 돌아왔을 때 하는 말이 그 모두 다 다르며 상반됨이니, 과연 너희는 무엇을 믿을 수 있느냐?
26 둘 다 잘못된 자들이며, 사기극을 위해서 존재하는 말들이니라.
27 그 모두는 저 자신의 기분과 감정과 그때의 환경이요, 주변의 여건에 따라서 저 자신이 넋두리하는 것이니,
28 너희는 성경 공부를 하며 예배를 하며 기도를 하며 찬송을 부르는 그 짓들이 다 그와 같은 사악한 자들의 그 넋두리에 의하여 너희가 갈팡질팡 갈 길을 모르는 자들이니라.
29 제 머릿속에 있으며 제 가슴속에 있으며 나의 아들 예수가 저와 같이 항상 행하며 저의 신랑으로서 같이 존재하고 살아간다고 말하면서,

30 그때는 광분하여 제정신이 아닐 때
나의 신도들 앞의 재물이요, 금반지를
빼어 내고 황금을 거두기 위해서 그와
같은 행위를 하나,
31 그것을 걷고 난 다음에 돌아서서 또
나의 피조물 만백성들에게 어떻게 겁
을 주느냐?
32 심판하러 내려온 그 예수를 신랑을 맞
이하듯이 심판 때를 대비하여 또 재물
을 바치고 너희가 가진 모든 것을 다
바치라고 또 그리 윽박지르고 협박하
니, 그것이 지금의 그 사악한 자들의
실체이니라.
33 그것에 속아 너희 자신을 팔지 말라.
34 그것에 팔리는 자는 영원히 나를 만
날 수 없으며 나에게 오를 수 없으며
나와 인연이 끝이라는 것을 알아야 할
것이니라.
35 사랑하는 나의 백성들아!
36 내가 법전에 이 무서운 하늘의 뜻을
상세히 기록하여 전하면, 너희가 읽고
깨우쳐서 나 여호와의 뜻이 아니라 해
도 너희가 알 수 있으며 분석할 수 있
을 것이거늘, 어찌하여 그 현명함을
찾지 못하는가, 어리석은 나의 사랑하
는 아들딸들아!

7,473 번째 하나님 말씀

2003년 9월 10일 07시 22분

1 사랑하는 나의 아들아!
2 "네, 아버님! 말씀하옵소서."
3 나의 피조물 만백성 너희는 이 세상
에 나가 노력하는 만큼 모든 것을 거
둘 수 있도록 내가 다 너희에게 이미
내렸다 하였음이니라.
4 그러니 너희가 살아가는 그 과정에서
어떠한 마음이요, 어떠한 형태로 살아
가느냐에 따라서 모든 것을 이루고 이
루지 못하며, 내가 너희에게 내린 은
혜를 받고 못 받는 것이 너희의 삶이
라 내가 그리 말하였음이니라.
5 너희가 하늘에 오르는 길이요, 믿음에
오는 길은 쉬지 않고 달리는 그와 같
은 굳은 마음과 의지가 아니면 결코
그 뜻을 이룰 수가 없음을 알아야 할
것이니라.
6 스스로 자신을 다스리며, 스스로 잘
아는 자신의 악습을 버리며, 잘못된
자기의 그 습성을 버리면서 하나하나
다스려 천사와 같은 삶을 사는 것은
오로지 자신의 노력에 달렸으며 너희
삶에 달렸음을 알아야 할 것이니라.
7 그와 같이 스스로 역사하지 아니하면
결코 아무것도 이룰 수 없으며, 어떠
한 것도 역사할 수 없는 것이 너희라
는 것을 알아야 할 것이니라.
8 누구든 많이 배웠든 못 배웠든 잘났든
못났든 관계없음이니라.
9 잘나고 못남에 관계없이, 너희가 어찌
악습을 하나하나 버리며 하늘을 향하
여 한 점의 부끄럼이 없는 삶을 사느
냐 그것으로써 너희가 구원을 받고
못 받으며,
10 오늘에 명예가 있는 자, 재물이 있는
자, 말을 잘하는 자, 그리고 많은 백성
을 지도하는 자, 그렇다 해도 그것으
로써 구원을 받고 못 받음이 아니요,
11 오로지 너희는 나 여호와의 뜻이요,
나의 계명에 따라 어찌 살아가느냐 그

것만으로써 나에게 심판을 받음을 절대 잊어서는 아니 될 것이니라.

12 스스로 너희가 행하는 것, 번갯불보다도 빨리 스쳐 가는 그 모든 것도 지워지는 것이 없으며 그 모두 다 심판을 받게 되며 마음으로 생각하는 것까지 심판을 받는다 했음이니,

13 그 모두는 하나도 지울 수 없으며 버리지 못하는 것이 너희며, 그 모든 것에 따라 심판을 받으니, 행하고 안 함이 얼마나 중요한 것인가를 알아야 할 것이며,

14 그리하여 스스로 하나하나 고쳐 다스려 나가는 그와 같은 삶이 아니면 절대 너희는 하늘에 오를 수 없으며,

15 쉬지 않고 꾸준히 인내를 가지고 노력하는 것, 그리고 자신을 갈고닦는 것, 그리고 자신의 폐습이요, 악습을 하나하나 버리며 한 점의 부끄럼이 없는 삶을 위하여 스스로 가는 길, 그것만이 너희에게 성령이 임하는 길이요, 영광의 길임을 절대 잊어서는 아니 될 것이니 그리 알라.

7,474 번째 하나님 말씀

2003년 9월 10일 18시 58분

1 사랑하는 나의 아들아!

2 "네, 아버님! 말씀하옵소서."

3 너를 따르는 제자들과 나의 법전을 읽고 깨우친 만백성, 너희는 나의 법전대로 나의 십계명대로 믿음은 최고의 믿음이요, 행함은 최고의 행함을 살아가야 할 것이니라.

4 너희는 나의 법전이요, 나의 십계명이요, 나의 율법을 이 세상에서 누구도 너희를 감히 따라올 수 없도록 가장 높은 믿음의 자세요, 가장 깨끗한 믿음이요, 그리고 가장 참진리의 그 믿음을, 어렵고 힘든 그 길을 가야 하는 것이니라.

5 오로지 너희는 어렵고 힘든 그 길을 가며, 내가 너희에게 친필로써 내린 십계명을 지키고 살며, 나의 아들을 통하여 너희에게 내린 하늘에 오르는 길이요, 또 나의 아들을 통하여 직접 내린 그 강론이요, 그 모든 어렵고 힘든 길을 지키고 감에는 이 세상에서 그 누구도 너희를 따라올 수 없는 그와 같은 삶이요, 가장 높은 삶을 살아야 할 것이니라.

6 그렇지 아니하면 너희는 나에게 오를 수 없으며, 너희는 나로부터 선택된 백성이라 말할 수 없는 것이니라.

7 그러면서 너희의 육의 세상의 생활은 가장 낮은 자요, 그리고 가장 힘든 그 길을 어렵다 말하지 아니하며 가야 하는 것을 잊어서는 아니 될 것이니라.

8 너희가 육의 세상에 살아가는 생활은 가장 낮은 자로서 가장 낮은 자와 어려운 자들과 더불어 그와 같은 삶을 살아야 할 것이며, 믿음에 대해서는 가장 깨끗하며 가장 나의 진리를 따라 참진리 속에서 살아가며, 그리하여 너희는 누구도 따라갈 수 없는 나의 계명이요, 나의 법전을 지키고 가는 최고의 믿음으로 가야 한다는 것을 잊지 말아야 할 것이니라.

9 지금의 모든 종교 집단이요, 지도자들은 과연 어찌 가는가?

10 그들이 가야 할 길이 믿음이요, 나의 계명이요, 나의 율법을 지키는 것은 한 치도 용서가 있어서는 아니 되며, 누구도 따라갈 수 없는 그와 같은 믿음의 세계를 지키고 행하는 것이 종교 집단이요, 지도자가 가야 할 길이며,
11 생활은 가장 낮은 생활로써 해야 하는 것이 그들이 가야 할 길이니라.
12 그러나 그들이 가는 그 형국을 너희는 돌아다보라.
13 그들은 정녕 반대의 길을 가고 있느니라.
14 생활은 가장 호화롭고 높은 자요, 제왕적인 생활을 하며, 저희를 감히 탓하지도 못하며 나무라지도 못하며, 저희가 하는 것은 감히 말도 할 수 없게 신도들의 입을 묶어 놓고 지금 살아가는 것이 아니더냐?
15 그리고 믿음의 길에는 재물을 거둬들이며 저희 육의 욕망을 채우려고 욕구를 채우기 위해 지금 나의 피조물 만백성들을 이끌어 가고 있음이니,
16 생활은 가장 낮은 자요, 믿음은 가장 위대하고 숭고하며 최고의 믿음이 경지에 오르는 어렵고 힘든 그 길을 가는 것이 너희가 가야 할 길이라는 것을 잊어서는 절대 아니 될 것이니라.
17 2천 년 전 나의 아들 예수가 이 세상에 와 왜 그와 같은 고통의 그 어려운 길을 갔는가?
18 그는 그 길을 가지 아니한다고 나에게 기도할 수 있으며 몸부림치며 그리 가지 아니하겠다고 애원할 수 있었음이니라.
19 그리고 정녕 마지막에 그걸 듣지 않을 수도 있었음이니라.
20 그러나 그는 나 여호와의 사랑의 위대함을 만백성에게 전하기 위해 그리 선택되어 간 자요, 그리고 죽음으로써 피할 수 없으며 반드시 겪고 가야 할 길이기에 그는 거기에 순종했으며, 거역하지 아니한 것이라는 걸 알아야 할 것이니라.
21 이제 너희는 들어야 할 것이니라.
22 나의 아들 예수는 2천 년 전에 그가 목숨을 내걸고 죽음으로써 세상에 나의 큰 사랑이 무엇인가를 만백성에게 심어 주며,
23 너희 가슴속에 나 여호와가 존재하며 나 여호와가 사랑의 하나님이요, 너희가 죽어 나에게 와 심판을 받는 그 모든 역사를 증명하기 위하여 그는 그 죽음을 위하여 세상에 내려간 자이니라.
24 그러나 지금 나의 아들을 따르는 제자 너희는 들어야 할 것이니라.
25 나의 아들은 그와 같은 죽음으로써 모든 역사를 하는 것이 아니요, 160권의 법전으로써 만백성을 깨우치는 그 직무요, 그 명을 받고 세상에 내려간 자임을 너희는 알아야 할 것이니라.
26 예수는 그 죽음으로써 모든 나 여호와의 사랑이요, 그리고 만백성에게 나를 심는 그 임무로 선택됐으며,
27 지금 마지막 시대의 나의 아들은 160권의 법전을 만들어 세상의 만백성에게 길이 남기며,
28 천국에 오는 길이요, 하늘에 오르는 길이 무엇인지 저희가 알지도 못하고 구원의 길이라 하여 모든 것을 다 바

쳐 지옥으로 가는 어리석은 삶을 사는
그 백성에게 법전을 쥐여 주어,
29 그들이 그걸 보고 하늘에 오르는 그
참된 진리를 깨우치도록 하는 것이 지
금 나의 아들이 가는 명이며 그를 받
쳐 가는 것이 너희임이니, 그리 알아
야 할 것이니라.
30 2천 년 전에 나의 사랑을 심기 위해
나의 아들 예수가 그 죽음의 길을 갔
으며, 지금의 나의 아들은 160권의 법
전을 세상에 만들어 만방에 전하는 그
대명을 받고 세상에 내려왔음이니,
31 다 각자의 임무가 다르며 가야 할 길
이 다름이니, 그를 따르는 제자들 또
한 가야 하는 길이요, 그들이 역사하
는 것이 다 다름을 너희는 알아야 할
것이니라.
32 너희는 나의 아들을 따라 너희가 법
전을 만들며 이 법전을 만백성에게 전
하는 것, 그게 바로 나의 아들과 너희
가 하나가 되는 것이요,
33 나의 아들과 하나가 되어 만백성에게
법전을 전하여 구원의 역사를 할 때,
곧 그는 너희가 나의 분신이요, 나의
역사에 따라 살아가는 백성이라는 것
을 절대 잊어서는 아니 됨을 알라.
34 내가 너희를 사랑하며 내가 너희를
기다리고 있으며, 너희는 반드시 역사
할 것을 나 여호와는 알고 있음이니라.

7,475 번째 하나님 말씀

2003년 9월 10일 19시 06분

1 사랑하는 나의 아들아!
2 "네, 아버님! 말씀하옵소서."
3 내가 사랑하는 너희에게 일찍이 믿음
의 길을 가는 백성의 그 형태요, 또한
너희가 가는 믿음의 길이 과연 무엇
인가를 세세히 구분하여 너희에게 깨
우쳐 주었음이니라.
4 지금의 믿음의 길을 가는 모든 신도
요, 백성 그들은 우상을 섬기지 아니
하고 오로지 나 여호와만을 믿고 나
여호와만을 경배하며 나를 위해 모든
것을 바치는 삶을 살아가는 것이라,
그 길을 위하여 목숨을 바친다고 말을
하며,
5 목숨을 바쳐 믿음의 길을 가겠다는 것
이 지금의 믿음의 길을 가는 백성이
요, 그 종교 집단이요, 지도자요, 그
밑에서 구원을 받았다 생각하는 그 백
성이니라.
6 그러나 그들은 과연 어찌하고 가는가?
7 나 여호와가 너희에게 말한 건축하지
말며 짓지 말라는 그 교회를 셀 수 없
이 지어 놓고 있으며, 계속 늘어나고
있으며, 짓고 또 짓는 그와 같은 형국
으로 지금 퍼져 가고 있음이니라.
8 그러니 내가 역사하지 말라는 손으로
지은 건축물이요, 그 교회라는 것은
계속 늘어남이니, 내가 짓지 말라 하
는 그 원천의 내 명을 거역한 곳에 정
녕 나의 성령이요, 나 여호와의 참진
리요, 너희가 말하는 나 여호와가 너
희와 같이 있다고 말하는 것이 과연
타당하다 생각하는가?
9 교회를 짓는 것이 나의 아들 예수의
형체를 짓는 것이라고까지 나의 백성
을 그리 현혹하여 끌고 가고 있음이
니, 그것이 나를 믿지 않는 자들이니

라.
10 너희는 나를 믿는다 하며 참진리의
길을 간다 하나, 나를 믿지 않으며 나
의 뜻을 거역하며 내가 원하지 않는
행위만을 하면서 지금 가고 있다는 것
을 과연 모르는가?
11 너희가 가진 모든 것을 나에게 다 바
치며, 하늘나라에 바쳐 구원의 길을
가겠다고 말은 그리하고 있음이니라.
12 그리고 저 자신의 모든 것을 다 바칠
것처럼 그리 말하나, 너희는 나에게
바치는 것이 무엇이라 말하였더냐?
13 이 세상에서 내가 나의 성령이요, 나
의 뜻을 전하는 것도 형체를 가진 육
을 가진 나의 아들들을 통하여서 세상
에 전하며, 그들을 통하여 내가 거둬
들인다 하였으며,
14 너희가 나 여호와로부터 받은 은혜가
있으면 만백성이요, 너희 이웃에게 베
풀라 하였음이니,
15 과연 너희가 가진 모두를 다 바쳐 구
원의 길을 가겠다는 생각, 그리고 나
여호와에게 바치겠다는 그와 같은 생
각을 하는 자는 정녕 그렇다면 네 이
웃에게 먼저 그걸 행하도록 그리해야
할 것이니,
16 너희는 나에게 바친다고 말을 하면서
과연 나에게 바치는 것과 똑같은 네
이웃에게 너희 형제에게 나누어 주며
베푸는 그와 같은 삶을 살 수 있는가?
17 너희는 말로만 그리하느니라.
18 그러면서 나와는 아무런 관계도 없는
그 길을 달려가면서 나로부터 명 받은
일이요, 나를 기쁘게 하려고 내 뜻에
따라 살아간다 함이니,
19 나와 관계없는 생활 속에서 너희가
살아간다는 것을 알아야 할 것이니라.
20 그러니 너희가 얼마나 어리석고 불쌍
한 백성인지 알겠느냐?
21 너희는 아무것도 모르고 가고 있음이
니라.
22 너희가 구원의 길이라 달려가는 것이
천국의 문에 들어서는 길이 아니요,
천국의 문에 들어서 나로부터 은혜와
상을 받을 것만 생각하고 죽어 나에게
큰 영광이요, 영원히 사는 천국의 그
아름다움 속에서 제가 살아갈 것인가
생각하는 그것만 환상에 젖어 있는 백
성,
23 그들이 너무 불쌍하고 가련하여 내가
더 이상 그들을 볼 수 없기에, 단 한
번의 기회를 내가 그들에게 내려 줌이
니라.
24 그리하여 내가 그들을 보고 있기가 너
무나 불쌍하고 딱하여 나의 법전을 지
금 세상에 내려보내고 있음이니, 그리
하여 이것이 너희에게 마지막 그 기회
라는 것을 절대 잊어서는 아니 될 것
이니라.
25 너희가 상상하는 그 천국의 나라는 구
경할 수도 없으며 볼 수도 없는 것이
지금의 믿음의 길을 가는 종교 집단이
요, 그 구원을 받았다는 백성이라는
것을 너희는 알아야 할 것이니라.
26 정녕 너희가 나에게 와 구원을 받을
수 있으며 천국의 문에 들어올 수 있
다 하면 너희가 수없이 지은 그 죄목
대로 너희가 얼마나 죄인인가 한번
생각해 보라.
27 너희가 여태껏 살아오면서 수없이 많

은 추한 죄를 지어 놓고, 나의 아들 예
수를 믿기만 하면 나의 아들 예수의
보혈로써 은혜를 받아 천국에 올 수
있으며 구원을 받을 수 있다는 그것이
얼마나 너희가 어리석은 자요, 얼마나
욕심에 차 있는 자요,
28 욕심에 앞을 보지 못하며 성령의 가르
침을 듣지 못하며 참진리의 길을 보
지 못하며 그와 같은 어리석은 방법으
로써 너희가 하늘에 오른다 하는 것
은 못 오를 자가 하나도 없음이니, 이
것이 얼마나 어리석은 백성인가를 보
라.
29 하늘에 오르는 길이 얼마나 힘들고 고
통스러운 길이며 얼마나 역사하기 어
려운 길인가를 보고도 아직도 깨우치
지 못하며 제자리를 보지 못하고 있
음이니라.
30 가련하고 불쌍한 백성을 돕는 것, 그
들을 위해서 희생하는 것이 너희가
하늘에 오르는 길이라 나의 아들 예수
도 수없이 그리 가르쳤으며,
31 나 또한 나의 법전에 너희가 나에게
받은 은혜에 감사를 드리며 하늘에 오
고자 하면 너희가 가진 모든 것을 이
웃이요, 가난한 자에게 베푸는 것이
곧 나에게 베푸는 길이요, 나에게 오
르는 길이라 했거늘,
32 너희가 정녕 나의 성경을 믿으며 나의
법전을 믿는 백성이라면 어찌하여 내
가 그와 같이 명한 것을 행하지 않는
가?
33 너희는 한 자도 고칠 수가 없으며 한
획도 고칠 수가 없으며 한 줄도 가감
할 수 없다는 그 성경에 과연 뭐라 가
르치느냐?
34 너희에게 잔뜩 쌓아서 있으면서 가진
자가 더 갖는 길에만 최선을 다하라
했던가?
35 과연 너희가 모두를 다 나눠 주며 모
두를 베푸는 것, 육의 세상에 가진 것
을 다 놓을 수 있으며 버릴 수 있는 그
마음이 하늘에 오르는 길이라 했다면,
한 자도 빼도 더하지 아니할 것 같으
면 너희가 한자도 빼고 더하지 않고
그와 같은 행위를 거역해서는 아니 되
며 그대로 행하는 것이 도리요, 기본
이 아니던가?
36 말로써는 성경은 한 자를 빼도 안 되
며 한 획을 고쳐도 안 된다면, 너희가
성경에 있는 그대로 행동하는 것이 더
귀한 것이며 더 소중한 것이며, 그것
이 먼저 너희에게 급선무라는 것을 어
찌 모르는가?
37 알면서도 행하지 않는 것이 사악한 자
들임을 너희는 이제 알아야 할 것이
니,
38 한 획도 고치지 말라 함은 너희가 그
대로 행하라 함이니, 그대로 행하고
살지 않는 자는 나와 관계없는 백성
이라는 것을 알라.
39 그리하여 성서에 기록된 그 내용을 하
나하나 내가 나의 아들을 통하여 제자
들에게 가르쳐 주며, 너희가 행하지
못하는 것을 지금 그들로 하여금 행하
는 그 역사를 이루고자 하며,
40 그를 본보기로 새로운 천 년의 역사를
이 세상에서 내가 다스려 나가고자 선
택된 것이 나의 아들을 따르는 제자들
이라는 것을 잊어서는 아니 됨이니

그리 알라.

7,476 번째 하나님 말씀

2003년 9월 10일 19시 18분

1 사랑하는 나의 아들아!
2 "네, 아버님! 말씀하옵소서."
3 나의 사랑하는 만백성 너희를 구원하
고자 모세의 시대가 그리 역사되었으
며, 그리고 성서에 기록된 그 모든 기
적의 역사는 오로지 너희를 구원하고
자 하여 너희를 가르치며 깨우침을
주려고 그 모두가 한 시대에 역사했
음을 너희는 알아야 할 것이니라.
4 예수의 시대요, 신약의 시대 또한 그
러한 시대였음이니라.
5 그리고 예수의 시대는 나의 큰 사랑을
만백성의 가슴에 심어 주어 영원히 나
여호와를 기억하고자 하는 그와 같은
역사로써 그는 세상에 내려왔음을 너
희는 알아야 할 것이니라.
6 또한, 지금 나 여호와가 직접 관장하
는 제3의 시대는 또 무엇이던가?
7 그 모두가 나의 피조물 만백성을 구하
려고 구약과 신약이요, 제3의 시대가
계속 진행되고 이것이 나의 계획에 의
하여 흘러가고 있음을 너희는 알아야
할 것이니라.
8 지금의 모든 종교 집단 그들은 뭐라
말하느냐?
9 저 자신의 모두를 다 바쳐 나 여호와
를 따르며 나에게 오르겠다 하며, 그
들은 다른 신을 절대 가슴에 섬기지
아니하며, 오로지 나 여호와요, 나의
아들 예수요, 우리 부자만을 경배하고
따른다고 말하느니라.
10 그러나 내가 너희에게 일찍이 깨우쳐
주지 아니하였더냐?
11 너희는 모두가 다른 신을 가슴속에 그
득히 안고 있다고, 그것도 셀 수 없이
많은 다른 신을 섬기고 있다 내가 말
하지 아니하였더냐?
12 다른 신을 섬기고 신앙생활을 하는 것
이 지금 너희임이니라.
13 그는 바로 너희가 가슴속에 있는 가
장 큰 사탄의 근본인 욕심을 버리지
못하고 있기 때문에,
14 그 욕심을 버리지 못하고 욕심에서 발
생하는 하나하나의 그 건수마다 그걸
위하여 몸부림치는 그와 같은 행위가
다른 신을 섬기고 있다는 증표임을 너
희는 알라, 내가 그리 가르쳐 주었음
이니라.
15 그러니 다른 신을 가슴에 안고 사는
자들이 오로지 나 여호와를 믿고 경배
한다고 말로만 그리하는 그 백성, 그
들이 결국 가는 길은 어딘 줄 알겠는
가?
16 나의 백성이 스스로 계속 지옥 불로
뛰어드는 그 형국을 내가 더 이상 바
라볼 수가 없어 그들을 구원하고자 하
는 마지막 제3의 시대가 지금 열림을
너희는 알아야 할 것이니라.
17 지옥 불로 떨어지는 나의 백성, 천국
의 영화를 버리고 지옥에서 영원히 남
게 되는 그 고통의 길을 선택하여 가
는 것을 보는 나 여호와의 마음이 과
연 어떠하겠는가?
18 너희는 그들을 구해야 할 것이니라.
19 그들이 다 너희 형제요, 그들 또한 나

의 아들딸임이니라.
20 그러니 내가 그들을 구원하기 위하여
너희에게 시간이 없다 함을 너희는
명심하여 들어야 할 것이니라.
21 너희가 잠잘 시간이 어디 있으며 너
희가 쉴 시간이 과연 어디 있는가?
22 나의 아들을 통하여 내가 내리는 성령
의 그 법전이 세상에 나올 수 있는 그
준비요, 만반의 준비를 언제라도 다
해 놓고 있어야 할 것이거늘,
23 창조주 나 여호와의 뜻이요, 하늘의
성령이요, 나 여호와의 명이라는 것을
너희가 과연 어찌하는가?
24 너희가 윗사람으로부터 매일같이 내
는 그 과제물도 제대로 하지 않는 그
마음보다도, 나의 법전을 만드는 데
그만큼도 지금 마음이요, 관심을 두지
못하고 갖지 아니하는 것이 너희라면
과연 믿겠는가?
25 너희는 그리 말하지 아니할 것이나
너희가 지금 얼마나 나태한 짓을 하고
있으며, 나의 법전이 세상에 늦게 나
옴으로써 얼마나 많은 백성이 지옥으
로 가는가?
26 너희는 어찌 구원받는 것만 생각하며
나의 피조물 만백성들이 나의 법전을
접하지 못하고 심판대에 서지 못하며
지옥 불로 떨어지는 그와 같은 것을
그들을 살인하는 것이라 어찌 생각을
하지 않는가?
27 너희는 밤과 낮을 가리지 아니하고 나
의 법전을 만드는 데 모두를 다 바쳐
야 하는 것이 너희거늘 어찌하여 그
리 안일한 방법으로써 지금 가고 있는
가?
28 그것이 바로 너희의 깨달음이요, 믿음
이요, 너희가 나 여호와를 생각하는
마음자리라는 것을 각자가 반성하고
깨우쳐야 할 것이니 그리 알라.
29 나의 백성이 천국으로 오는 길이 아
니요, 영원히 버려져 다시는 나올 수
없는 지옥의 길이요, 영원히 고통 속
에 남게 되는 그 지옥의 길을 선택해
서 가는 그 백성을 구하는 것이 너희
의 대명이라 하였음이니,
30 과연 오늘과 같은 시간이요, 오늘과
같은 마음 자세로 너희가 만백성을
구한단 말이던가?
31 나의 법전이 늦게 나와 그걸 보고 깨
우치지 못하는 그 백성을 너희가 살
인하고 있다는 것을 어찌 모르는가?
32 사랑하는 나의 아들을 따르는 제자 너
희는 시간과 모두를 다 바쳐 법전을
만들어 세상에 전하는 데 최선을 다해
야 함을 절대 잊지 말라.
33 이 아름다운 지상의 낙원이 지금 점점
파멸로 몰고 가고 있으며 파멸되어 가
고 있으며, 사탄의 힘으로 지금 파멸
로 치닫고 있다는 것을 너희는 모르
겠느냐?
34 나 여호와가 보는 나의 아름다운 이
세상은 지금 사탄들이 파멸로 몰고 가
고 있으며, 파멸로 지금 치닫는 형국
이라는 것을 너희는 알아야 할 것이
니라.
35 그 모두는 지금의 종교 집단과 지도자
그 신도들이 하늘의 뜻을 모르며 사탄
의 후예가 되어 그들이 지금 모두를
역사하고 있으며,
36 그들이 한 시대요, 이 세상을 2천 년

동안 이끌어 온 그 뿌리를 아직도 뽑
지 못하며 그를 다스리지 못하고 있기
에 그와 같은 역사가 지금 반복되고
있음을 알아야 할 것이니라.
37 지금 이 세상이 파멸로 치닫는 것을
제동을 걸어야 하며, 그를 멈추게 할
것이 너희이니, 과연 그 집단을 막을
힘이 있는가?
38 그 힘이 없는 너희가 어찌하여 법전
을 만백성에게 전하여 나의 법전을 읽
고 깨우쳐 너희를 따르는 제자요, 그
후예들을 양성할 마음 자세를 갖지 아
니하고,
39 너희만 구원을 받으며 너희만 깨우치
며 너희 자신이 깨우치지 못하여 몸부
림치는 그 한계를 벗어나지 못하는가?
40 그 속에서 허덕이는 나의 아들을 따르
는 제자 너희는 오늘부터 생각을 다
시 해야 할 것이며, 마음가짐을 더욱
굳건히 하지 아니하면 아니 됨을 알아
야 할 것이니라.
41 나 여호와가 가장 고통스럽고 괴로운
것이 과연 무엇인 줄 알겠느냐?
42 이 세상에 지금 공원묘지처럼 수없이
늘어나 있는 그 교회요, 그리고 중단
하지 아니하고 계속 늘어나는 교회를
바라보는 나 여호와의 고통과 괴로움
이 가장 큰 것임을 너희는 알아야 할
것이니,
43 그들을 중단할 수 있으며 그들의 문을
닫을 수 있는 그 역사를 이루는 것은
오로지 너희 손에 달렸음을 알아야
할 것이니라.
44 이는 나의 법전이 세상에 나가 전해지
지 아니하면 누구도 다스릴 수 없으며
바로 세울 수 없는 것이 여기에 있음
을 알아야 할 것이니라.
45 지금 이 지상에서 각종 형용할 수 없
는 방법들로 나를 거역하는 범죄가 자
행되고 있으며 나를 욕되게 하는 자들
이 지금 도사리고 있음을 너희는 알
아야 할 것이니라.
46 나를 욕되게 하며 나의 뜻을 거역하는
그와 같은 지금의 종교 집단이요, 지
도자들의 그 위험수위가 가득히 하늘
까지 차 있으며 곧 터지기 직전인 그
와 같은 형국까지 와 있음을 너희는
알아야 할 것이니라.
47 위험으로 가득 차 있는 이곳이 바로
지상임이니라.
48 그러니 그 나의 백성이 우리 부자의
이름을 팔아 나 여호와를 아주 수치스
럽게, 그리고 나 여호와를 고통스럽
게, 그리고 나 여호와를 욕되게, 내가
지상에 있는 나의 아들딸을 바라보고
싶은 마음이 없게 하였으니, 이게 지
금 짜여 있는 이 지상의 판세임을 너
희는 깊이 깨우쳐야 할 것이니라.
49 너희가 나에게 고통이요, 수치를 안겨
주며 나에게 모독을 주는 그와 같은
행위를 정녕 나 여호와가 언제까지 참
고 견딜 수 있다고 생각하며, 내가 참
는 것을 과연 너희는 어찌 모른단 말
이더냐?
50 어찌 나의 백성 너희가 나로부터 은
혜를 받았다 하는 자, 그리고 나에게
모든 영광을 받았다고 하는 자들이 나
에게 은혜를 보답하지 못할망정, 나
여호와가 피눈물을 쏟도록 그와 같은
삶이요, 행위로써 너희가 내 마음을

이리도 아프게 하는 삶을 사는가?
51 그것이 과연 인간의 도리로 있을 수 있단 말이더냐?
52 원수를 은혜로 갚는 그와 같은 깨달음을 갖고 살라 하였거늘 너희는 지금 은혜를 원수로 갚는 그와 같은 삶이라는 것을 어찌 너희 자신을 돌아다볼 줄을 모른단 말이더냐?
53 그러나 나의 백성이 영원히 지옥으로 떨어지는 것을 나 여호와가 나의 아들딸이기에 그대로 볼 수만은 없기에, 지금 내가 마지막 나의 아들을 통하여 법전을 세상에 내려보내니, 이 또한 너희를 사랑함이니라.
54 많은 종교 집단이요, 지도자들, 신도들이 예수를 처참히 죽였듯이 나의 아들을 공격하고자 하며 법전이 존재치 못하도록 하고자 하는 것이, 너희가 너무나 사악한 방법으로써 나의 아들을 공격할 것이며 나의 법전을 태우고 찢어 버리는 그 광란의 시대가 한번은 회오리처럼 불어 올 것이니,
55 그걸 대비하고 견디고 이길 수 있는 것은 너희가 나의 법전을 만들어 물 흐르듯이 세상 방방곡곡에 전하고 전하여, 그걸 보고 깨우치고 기다리는 백성이 너희가 어렵고 힘들 때 너희와 더불어 모두를 역사하는 데 앞장서서 길을 터 줘야 하니,
56 그와 같은 백성을 만들고 역사해야 할 것이거늘, 어찌하여 너희가 그리도 태만하게 가는가?
57 그러니 너희의 오늘의 역사함이 얼마나 소중하고 귀한 것인가를 생각한다면 너희는 나의 법전을 만드는 데 잠시도 게을리해서는 아니 됨을 알라.

7,477 번째 하나님 말씀

2003년 9월 10일 20시 52분

1 사랑하는 나의 아들아!
2 "네, 아버님! 말씀하옵소서."
3 '네 이웃의 집을 탐내지 말라.' 하는 나의 계명에 기록되어 있는 그 내용을 알겠느냐?
4 네 이웃의 것을 탐내는 것이 바로 무엇이더냐?
5 그게 욕심이니라.
6 그리고 욕심이라는 것은 무엇이라 말하였더냐?
7 너희가 다른 신을 마음에 섬기고 있기 때문이니라.
8 그리하여 내가 네 이웃의 것을 탐내지 말라 하여 십계명에 기록하여 전한 것이 거기에 있음이니라.
9 너희가 욕심이라는 것을 가진 것은 다른 신을 섬기는 것이며, 너희는 나의 아들딸이 아니요, 사악한 사탄을 너희가 가슴에 두고 섬기는 것이라 하여 내가 욕심을 버리라 하였음이니라.
10 진정 욕심을 버리는 자면 재물이요, 금화요, 그리고 부귀영화를 모두 놓는 것이라 생각하나, 진정한 욕심을 버리는 자는 제 목숨의 소중함을 모르는 자임을 알아야 할 것이니라.
11 욕심을 버린 자는 스스로 목숨을 내놓을 수 있는 그 마음이요, 목숨을 던져서라도 바로 설 수 있으며 바른 깨우침을 갈 수 있는 그 길, 그와 같이 믿음 앞에 목숨을 내놓을 수 있는 그 마

음이 곧 욕심을 비운 마음임을 너희는
알아야 할 것이니라.
12 욕심을 비운 것이 재물을 놓는 것이
요, 그저 물질 하나 놓고 남에게 베풀
며 또 작은 것을 양보하는 것, 그리고
사회생활을 하면서 모두를 양보하며
살아가는 그 마음 또한 아름다운 마음
이나, 그것이 다 욕심을 비운 것은 아
니니라.
13 정녕 욕심을 비운 자는 제 목숨에 대
한 그 욕심이 없음을 너희는 알아야
할 것이니라.
14 제 목숨에 대한 욕심이 있는 자는 마
음을 비운 자가 아님을 너희는 알아
야 할 것이니라.
15 나의 아들 예수가 그와 같이 어렵고
힘든 그 고통을 마다하지 아니하고 갔
으며, 나 여호와의 뜻에 따라 그가 너
희가 말하는 피 한 방울까지도 모두
다 말라서 죽는 그 고통을 주저하지
아니하고 간 것이 무엇인 줄 알겠느냐?
16 그가 욕심이 없었기 때문이니라.
17 그가 목숨에 대한 욕심이 있으며 목숨
에 대한 그 애착이 있었다면, 목숨에
대한 그 욕심을 가지고 있었다면 그는
정녕 그 길을 갈 수 없었다는 것을 너
희만은 오늘 알아야 할 것이니라.
18 모든 종교 집단이요, 거기에서 배우는
자, 가르치는 자 할 것 없이 나의 아들
예수가 고통스럽게 죽은 것은 그 보혈
로써 저희가 은혜를 받은 것이라 그
리 말하며 그리 가르치고 있기는 하나,
19 나의 아들 예수가 그 목숨을 던질 수
있었던 것은 그 욕심의 근원이요, 그
뿌리를 버렸다는 것을 그들이 모르고
있음을 너희는 알아야 할 것이니라.
20 나의 아들 예수가 나의 뜻에 순종하여
모두 살 수 있고 그를 면할 수 있는 그
길을 등을 돌리지 아니하며 그를 거부
하지 아니하며 그가 그 길을 선택한
것은 그 마음속에 욕심이 없었음이니,
21 욕심이라는 것은 목숨에 대한 그 욕심
도 없었음을 너희는 알아야 할 것이
니라.
22 그러니 너희는 자기 목숨에 대한 것까
지도 외면하지 아니하는 자, 제 목숨
을 먼저 놓고 생각하는 자, 제 목숨을
먼저 놓고 계산하는 그러한 자는 정녕
욕심을 버린 자가 아님이니라.
23 제 목숨을 내놓을 수 있으며 제 목숨
을 기꺼이 던질 수 있으며, 그리고 목
숨에 대한 애착이요, 목숨에 대한 어
떤 아쉬움도 모두 다 버린 자,
24 그가 바로 욕심을 버린 자요, 하늘에
오르는 백성이요, 나의 아들 예수가
역사한 길을 가는 백성이라는 것을 오
늘 내가 너희에게 깨우쳐 줌이니,
25 이를 너희가 살아가는 데 모든 지표
로 삼도록 그리하라, 사랑하는 나의
아들딸들아!

7,478 번째 하나님 말씀

2003년 9월 11일 07시 31분

1 사랑하는 나의 아들아!
2 "네, 아버님! 말씀하옵소서."
3 내가 너희에게 일찍이 가르쳤느니라.
4 욕심이라는 것은, 그 욕심을 비우는
것은 무엇이더냐?
5 너희 자신의 생명까지도 모두 다 내

놓는 것, 그리고 거기에 대해 연연하
는 마음이 없는 것이니,
6 욕심을 부지하기 위하여 어떠한 사악
한 길이요, 해서는 안 되는 그와 같은
일을 역사하면서 제 생명을 부지하고
자 하는 그 마음을 가지고 있다 하면
욕심을 버리지 못한 자라 내가 그리
말하였음이니라.
7 그러니 욕심이라는 것은 모든 걸 다
버림이니라.
8 그리하여 그와 같이 모두를 버리고 놓
지 못하면 그것이 다른 신을 섬기는
자요, 나를 경배하는 백성이 아니라
그리 말하였느니라.
9 이제 너희가 알겠느냐?
10 이제 내가 너희를 처음서부터 깨우쳐
하나하나 다스려 나가는 것을, 그리고
너희가 기초 상식이요, 깨달음이 낮아
서 하나를 깨달으면 더 어려움이 너
희에게 명해지는 것이라 생각하나,
11 그건 너희의 깨달음이 아직 낮으며
아직 기초가 없기 때문이니라.
12 그 한계를 어느 정도 넘어설 때는 세
상 모두를 다 앎이니,
13 어렵고 힘든 짐만 지고 가라며 내가
너희에게 짐이요, 멍에를 얹지 아니한
다는 것을 내가 너희에게 일찍이 깨
우쳐 주지 아니하였더냐?
14 여기서 너희는 들어야 할 것이니라.
15 나의 아들 예수가 세상에 나가 생업을
하는 자요, 의사요, 모든 사업을 하는
자들에게 뭐라 말하였느냐?
16 너희는 모두 다 놓고 나를 따르라고
나의 아들 예수가 그리 명하였으니,
'모두 놓고 나를 따르라' 함은 무엇이
더냐?
17 그것은 지도자로서 씀에 있어서 인간
세속의 삶을 너희가 모두 다 버리지
아니하면 그 길을 갈 수 없기에 나의
아들이 그리 명한 것을 이제 너희가
알겠는가?
18 그 의미를 너희는 알아야 할 것이니
라.
19 모두 접어 두고 나를 따르라 함은, 그
목숨을 나를 위해 바치며 그 목숨마저
도 내놓고 따르라 하는 것이지,
20 재물이요, 가정이요, 환경이요, 인간
관계의 역사요, 자식이요, 부모·형제
요, 모든 생업이요, 그것만 놓고 따르
라 함이 아님을 이제는 그 의미를 알
겠는가?
21 이제는 너희가 그 의미를 알고 깨달음
이 있기에 너희에게 말함이니, 너희는
나의 법전을 전하여 만백성을 구하는
전사요, 선생으로서 선택된 자들이니
라.
22 저 자신이 구원을 받고 한 길을 가려
해도 모든 욕심을 버리고 따라가며 가
야 하는 것이 나의 백성이 가야 할 길
이거늘, 더욱이 그들을 깨우치는 선생
의 자세는 과연 어떠하겠는가?
23 너희에게는 세상에 아무것도 없음을
알아야 할 것이니라.
24 작은 것 하나라도 연연하는 마음을 가
지고 있다면 정녕 너희는 지도자로서
이 역사를 이룰 수가 없음이니라.
25 너희는 나의 법전 160권을 세상에 만
들어 내는 그 길을 위하여 세상에 태
어났으며 너희가 해야 할 임무가 그
것이라 생각한다면, 내가 너희에게 뭐

라 말하였느냐?
26 너희는 전쟁터에 나가 있는 병사와 같
은 자라 하였음이니, 앞에서 적의 실
탄이 날아와 네 생명이 지금 촌각에
달린 그 속에서 너희가 부모·형제를
생각하며 자식을 생각하며 이웃을 생
각하며 사랑했던 사람들을 생각하며
과연 다른 생각을 할 수 있겠는가?
27 너희는 국가와 국가 간의 전쟁터에
나가 총알이 날아오며 네 목숨을 모든
무기가 노리고 있으며 적이 수없이 너
를 덮쳐 오는 그 속에서 자신을 보호
하고 싸우려면 과연 네가 어떤 생각
이라도 할 수 있겠는가?
28 그와 같은 백성보다도 너희는 천군으
로서 열배 백배 더더욱 긴장된 마음
이요, 단결된 마음으로써 역사하라 하
였음이니,
29 이는 너희가 만백성을 구하는 선생이
요, 지도자로서 선택되었기 때문임을
알아야 할 것이니라.
30 그와 같은 마음 자세로 나의 법전을
역사하지 않는다면 절대 이를 이룰
수 없을 것이니라.
31 나의 아들 예수를 따르던 그 제자들이
요, 그 많은 백성도 나의 아들이 죽어
감에 있어서 그 길을 막지 못했으며,
32 그가 영원히 존속하며 세상에 가르치
고자 하는 그 뜻을 이루고 역사하는
것, 나 여호와의 계획마저도 무너트리
는 그와 같은 역사가 이루어졌다 하였
음이니라.
33 너희 자신을 모두 다 바치며 너희 자
신을 모두 다 비우는 그와 같은 마음
자세로 가야 함을 절대 잊어서는 아
니 될 것이니라.
34 전쟁터에서 지금 적과 싸우는 그 병사
보다도 더 긴박한 상태에 있는 것이
너희라는 것을 절대 잊어서는 아니 될
것이며, 그것이 너희가 가야 할 길이
니라.
35 그러한 너희가 아직도 인간관계요, 너
희에게 맺어진 육의 세상에 그 모두를
정리하지 못하며 놓지 못하며 끊지 못
하고 연연한다면 정녕 이것도 저것도
아님을 알아야 할 것이니라.
36 나의 아들이 가는 그 마음 또한 너희
는 모를 것이니, 그 또한 모두 다 접어
두었으며 모두 정리하였음이니라.
37 오로지 너희와 더불어 160권의 법전
을 만들어 내는 그것 외에는 아무것도
없음이니,
38 어찌하여 나의 아들은 그와 같은 마음
을 가지고 가는 백성이요, 너희도 똑
같은 아들딸이요, 똑같은 백성인데,
어찌하여 너희는 그와 같은 마음을
가지고 갈 수 없단 말이던가?
39 너희는 그것이 차이가 있으며 그것이
잘못됨을 알아야 할 것이니라.
40 나의 법전을 만들어 전하는 백성이요,
지금 제자로서 따라가는 자요, 내 뜻
에 따라 부름을 받은 너희는 나의 법
전을 만드는 그것이 제일임을 알아야
할 것이니라.
41 어떠한 것도 그보다 먼저 생각할 수
없으며 두 번째 세 번째 열 번째 백 번
째도 법전을 만드는 것 외에는 아무것
도 생각해서는 아니 됨을 알아야 할
것이니라.
42 너희가 어찌 마음을 먹고 어찌 서나에

따라서 나의 법전이 세상에 나가 만백
성을 구하고 못 구함이 너희 자세라
하였음이니라.
43 내가 너희에게 사랑하는 것이 무엇이
요, 내가 너희를 기억할 수 있는 것이
무엇이라 말하였느냐?
44 천 길 낭떠러지에서 너희가 양손에
자식을 하나씩 들었으며, 오른손은 네
자식이요, 왼쪽은 남의 자식이라 하였
음이니라.
45 그러니 거기서 남의 자식의 손을 놓지
아니하며 네 자식을 잡은 손을 놓을
수 있는 것이 사랑이라 그리 말하였거
늘,
46 너희는 작은 인간관계에 연연하여 마
음이 흔들리며 동요가 있어서는 절대
아니 됨이니라.
47 유사시에 남의 자식을 위해서 제 자식
의 손을 놓을 수 있는 것이 너희가 가
야 할 길이며 나 여호와가 기억하는
길이며 내가 원하는 사랑이라 하였거
늘,
48 수천, 수만, 수억의 그 죽어 가는 백성
을 보면서 그들을 구원하기 위하여 오
늘의 잠깐의 인연이요, 헤어짐이요,
찢어지는 그 아픔에 의하여 눈물 흘리
며 괴로워하는 백성이 되어서는 지도
자로서 자격이 없음이니라.
49 너희 앞에 움직이는 수억 수십억의 그
백성을 보라.
50 그들이 살려고 사는가, 그들은 지옥
불로 가려고 살고 있으며, 사악한 죽
음의 그 길을 위해서 살아가고 있음이
니라.
51 천국을 향해 하늘에 오르는 길을 가는
삶을 사는 백성이요, 진리를 깨닫는
백성은 죽음이 죽는 것이 아니요, 새
로 나고 거듭남이니라.
52 그러나 그와 같은 진리요, 이치를 모
르고 살아가는 것은 정녕 지옥 불을
향한 죽음을 위해 살아가는 것이니라.
53 네 앞에 다니는 수많은 그 시장 바닥
이요, 길거리의 모든 백성을 보라.
54 그들이 살려고 사는 것이 아니요, 지
옥 불을 가려고 지금 죽으려고 살아
가는 백성이니라.
55 그 많은 백성을 보면서 살기 위한 백
성으로서 그들을 깨우쳐야 할 대명을
받은 자들이, 제 자식이요, 제 부모 형
제요, 제가 사랑하던 사람이요, 저와
인연 있는 모두를 지금도 마음속에서
그리고 지우지 못하고 있다면, 결코
너희는 그 많은 백성을 구하지 못함
이니,
56 그러한 자가 어찌하여 제 자식 하나를
버리며 만백성을 구하는 그 길을 갈
수 있는가?
57 제 자식과 남의 자식을 일대일로 잡고
있을 때, 남의 자식의 손을 당기며 제
자식의 손을 놓는 것이 너희가 가야
할 길이거늘,
58 수천 수억의 그 자식들이요, 그 백성
을 살리는 손도 놓아 버리는 그와 같
은 자들로서 어찌 나의 뜻을 따라 역
사할 수 있다 하는가?
59 너희가 바로 서고 바로 깨우치지 아니
하면 아니 됨을 알라.

7,479 번째 하나님 말씀

2003년 9월 11일 07시 37분

1 사랑하는 나의 아들아!
2 "네, 아버님! 말씀하옵소서."
3 '나'를 먼저 생각하며 '나'를 먼저 앞에 놓고 보면 정녕 그 모든 사랑에 눈이 뜨일 수 없다 그리 내가 일찍이 깨우쳐 주었음이니라.
4 그것이 바로 무엇인 줄 알겠느냐?
5 너희가 정녕 버릴 수 없는 그 욕심이라는 것임을 알아야 할 것이니라.
6 너희는 지금 나의 법전이 세상에 나가 전하는 그 역사 또한 그 일을 행함에 고달프고 힘들다 생각하나,
7 그것은 고통이요, 고달픔이요, 역경의 길이 아님을 너희는 알아야 할 것이니라.
8 너희는 지금 살아가는 그 삶이 하늘에 오르는 참진리요, 나 여호와의 길을 무지개를 따라 날아오는 그와 같은 삶을 사는 자들이니,
9 오늘의 하루하루의 너희 삶은 바른 삶이요, 참진리를 연구하며 하늘에 한 발짝 한 발짝 다가오는 그와 같은 삶을 살고 있음이니라.
10 내가 너희에게 '나'를 생각하지 말라 함은 무엇이던가?
11 육의 세상에 연연하는 삶을 살지 말라 함임을 너희는 알아야 할 것이니라.
12 눈으로 보이는 그 육의 삶에 연연하며 육의 세상의 생각으로써 다 맞추어 간다면 너희는 정녕 지도자로서 만백성을 가르칠 자격이 없음은 물론이요, 너희 자신도 구원받을 수 없음을 알아야 할 것이니라.
13 너희는 육으로 보이는 곳에서는 백번 생각해서 말을 하라 하였으며 백번 생각해서 행동하라 하였음이니라.
14 그 육으로 보이는 것은 욕심이요, 그리고 인간의 그 욕심의 한계를 아직도 버리지 못하고 뿌리를 뽑지 못하였기 때문임을 너희는 알아야 할 것이니라.
15 그러니 너희가 육으로써 생각하고 육으로써 판단한 그 한계를 벗어나 역사하고자 하면, 그 모든 말과 행동을 백번 이상 생각하고 행동하는 그와 같은 차분한 마음이요, 심사숙고하여 행동하지 아니하면 절대 너희는 역사할 수 없음을 알아야 할 것이니라.
16 지금 너희가 그대로 삶을 살았다면 죽음의 삶이요, 지옥으로 가는 삶을 산 것이 지금까지 온 삶이니라.
17 그러니 너희는 이미 깨우친 자들이요, 새로운 역사로써 가는 자들이니라.
18 너희가 술을 먹으며 육신의 세상에 몸을 함부로 다스리는 자, 그리고 춥고 더움을 생각지 아니하고 그저 알코올에 취해서 길거리에 제 몸을 던져 놓고 자는 자에게 오는 것은 바로 무엇이더냐?
19 그건 병마요, 그는 결국 제 육신이 병들어 죽게 되어 있으며, 제 명을 단축하는 행위를 하고 있음이니라.
20 그보다도 더 험악하게 산 것이요, 그보다도 더 무질서하게 산 것이요, 제 몸의 소중함을 모르고 그저 알코올 한 잔에 길거리에다 제 몸을 눕히고 잠자는 자들보다도 더 미련하고 어리석은 삶을 산 것이 너희이니라.

21 그러나 지금 그것이 너희에게 병마요,
죽음을 재촉하는 것이요, 그 죽음이
아름답지 못하다는 것을 깨달았으니,
22 거기서 깨어난 자들이요, 바로 알코올
중독자가 잘못되었다는 것을 알고 자
르고 버리고 다시 행하지 않는 것보다
도 더 어렵고 힘든 그 역사의 변화를
이룬 것이 너희며, 이제 이루어진 자
들이 너희이니라.
23 그러기에 너희는 병마에서 새로 태어
난 자요, 병마를 다스릴 수 있는 능력
있는 자로서 변화되었으며, 병마에서
자신을 치료하고 다시 태어난 역사를
얻었다면,
24 너희와 같이 길거리에 쓰러져 잠자는
자, 병마에 시달리는 자, 그리고 몸을
함부로 던져 저희가 쓰러지는 그것을
뻔히 알면서도 그를 통제하지 못하며
억제하지 못하고 가는 그 불쌍한 백성
속에서 헤어난 너희라면,
25 그들을 위하여 과연 어찌해야 할 것
인가를 이제 너희 스스로 깨우쳐 행
함이 있어야 할 것이니 그리 알라.

7,480 번째 하나님 말씀

2003년 9월 11일 14시 38분

1 사랑하는 나의 아들아!
2 "네, 아버님! 말씀하옵소서."
3 너희가 인간 세상에 살아가면서 '윗물
이 맑아야 아랫물이 맑으며, 윗물이
혼탁하면 아랫물도 맑을 수 없다'는
그와 같은 가르침이 있느니라.
4 키를 잡고 가는 선장이 잘못하여 그가
잘못 이끌어 갔을 때, 암초에 부딪치
며 표류할 수 있으며, 그 배에 탄 모든
사람의 생명을 보장할 수 없는 것이
지도자가 가는 길이니라.
5 2천 년 전 나의 아들 예수가 세상에
왔음이니, 그가 그 제자들을 다스림이
요, 만백성을 깨우침에 있어서 한 점
이라도 실수가 있었으며 잘못된 점이
있다 하는가?
6 성령으로써 세례를 받은 그 후 나의
아들 예수는 바로 나의 뜻에 따라 사
탄의 그 유혹에도 자신을 지키는 대역
사의 그와 같은 삶으로써 변화되는 삶
을 살았음이니라.
7 그것이 바로 지도자요, 만백성을 이끌
어 가는 것이니라.
8 너희는 권력을 지닌 자요, 칼을 들고
나라를 다스리는 제왕만이 위대한 줄
아나,
9 자기 자신을 다스릴 줄 알며 사랑으로
써 모두를 베풀어 나가며, 모든 백성
을 귀하고 천한 자 없이 가진 자, 갖지
않는 자, 명예 있는 자, 명예가 없는
자 그 모두를 똑같은 나의 백성으로서
사랑하는 그 마음이 바로 이 세상의
제왕이요, 그보다도 위대한 제왕이 없
음을 너희는 알아야 할 것이니라.
10 이제 나의 성령을 받아 160권의 법전
을 만드는, 너를 따르는 제자들이요,
만백성을 구하기 위해 역사하는 네가
바로 어떠한 자리에 서서 어찌 가야겠
는가?
11 선장이 배를 잘못 이끌어 갈 때 그들
의 생명을 보장할 수 없듯이, 그리고
나의 아들 예수가 흐트러진 자세요,
잘못된 자세로써 역사했다 하면 그는

바로 이와 같은 오늘의 역사를 이룰
수 없었듯이,
12 네가 바로 서고 바로 가지 아니할 때
너의 제자들이요, 모두는 다 쓰러지게
되어 있음이니라.
13 그러니 책임자가 중요한 것이며, 책임
자의 그 책무가 중요한 것이요, 그 능
력과 그 생각하는 것, 그리고 행하는
것에 따라서 얼마나 많고 큰 영향을
미치는 것인가?
14 이를 너는 항상 생각하고 행동하며 임
해야 할 것이며, 나의 피조물 만백성
들을 가르치고 인도하는 나의 선택된
지도자 너희 또한 바로 그와 같은 자
세로써 살아가야 함을 절대 잊어서는
아니 될 것이니라.
15 지도자가 바로 서지 못했을 때 그 누
구도 바로 설 수 없으며 그를 따라갈
수 없음이니라.
16 네 제자가 너에게 질문을 하지 않더냐?
17 이 세상에 나 여호와의 뜻을 바로 받
고 여호와의 뜻을 행하는 자가 너 말
고 또 다른 자가 누가 있느냐 그리 묻
지 않더냐?
18 이 세상의 모든 뜻은 내가 한 길을 통
하여 나의 아들을 통하여 모두 역사
한다 함을 내가 그에게 다시 한 번 깨
우쳐 주었듯이,
19 예수가 존재할 때는 내가 예수를 통해
서 그 모두를 역사했으며, 그리고 지
금의 시대는 내가 너를 통하여 모두를
다 역사함이니,
20 너를 능가하는 자 없으며 네 앞에 가
는 자 없으며 더 아는 자 없으며 나 여
호와의 뜻을 아는 것이 없음이니,
21 그걸 모르고는 그 제자 또한 그 마음
이 흔들리기에, 너 자신부터 굳건히
서고 바로 서는 마음이 중요함이라 내
가 너에게 그리 깨우쳐 주었음이니라.
22 그러니 네가 지도자로서 가는 그 자
세가 얼마나 곧고 바라야 하는가를
알아야 할 것이니라.
23 이 세상에 지금 제3의 시대를 열어 만
백성을 구하는 그 길이요, 그 역사를
함은 오로지 나 여호와를 통하여 나의
성령을 내려 하늘에 오르는 책이라 하
여 영원히 기록되는 것, 영원히 남을
것, 영원히 존재할 수 있는 것, 그리고
만백성을 구하는 나의 뜻을 세상에 책
으로 증거가 되는 것을 만들어 내려보
내니,
24 이보다 더 소중한 역사가 없으며 이보
다 더 귀한 것이 세상에 없으며, 이와
같은 역사를 하는 자가 없음이니라.
25 그러니 바로 네가 나의 뜻을 행하여
역사하는 자요, 너 외에 그 누구도 없
음을 알아야 할 것이니라.
26 과연 그 누가 나의 뜻을 책으로써 160
권 이상의 그 법전을 만들어, 만백성
이 하늘에 오르는 길이요, 진리가 무
엇인가 그리고 구원의 길이 무엇인가
를 그들의 가슴에 심어 줄 수 있는 그
와 같은 것을 증명할 수 있는 자가 있
는가 물어보라.
27 너희가 나의 법전을 읽고 정독했을
때, 성서에 대한 눈을 뜨게 되며 성서
비유의 뜻을 너희가 알게 될 것이며,
28 그리고 성서에서 가르치고자 하는 그
뜻을 알며 모세가 역사했던 것을 다
알 수 있으며 예수가 역사하고 예수가

이 세상에서 했던 그 모두를 그때 알 수 있음이니라.
29 나의 법전을 너희가 3회 이상 정독했을 때 모두를 다 읽을 것이며,
30 많은 백성이 세상에 성서라 하여 써내는 그 모든 책으로 채워지지 않는 마음이요, 불안한 마음이요, 그리하여 너희 스스로 나 여호와로부터 음성을 들으며 나로부터 직접 명을 받아 과연 나 여호와가 존재하며 하늘에 오르는 길이 있는가를 알고 싶어 몸부림치는 자,
31 종교 집단 속에서 설교를 들었고 강론을 들어도 가슴이 채워지지 아니하며 마음이 채워지지 아니하며 대답을 들을 수 없어 그 고통을 풀 수 있도록 바로 나에게 직접 듣고자 나에게 명받고자 하나, 그와 같은 역사는 이룰 수 없음이니라.
32 오로지 모두를 직접 내리고 명하는 건 나의 아들만 통해서 역사함이니,
33 너희는 160권의 그 법전을 읽고 접하는 그것이 하늘에 오르는 길이요, 모든 깨우침을 얻는 길이요, 눈이 뜨이는 것이요, 귀가 열리는 것임을 잊지 말라.
34 그러니 법전을 정독하며 나의 아들의 강론을 들으며 깨우칠 때,
35 성서요, 불경이요, 이 세상에 너희 선배요, 조상이 기록해 놓은 모든 책, 그리고 성서를 비유하여 내는 모든 책, 그 모든 길이 무엇이며, 어떠한 것이 옳고 그른지 정답을 찾을 수 있는 지혜를 얻을 수 있는 것이 나의 법전을 읽고 깨우치는 그 위대함이니라.
36 그러니 모든 성서요, 성서를 비유하여 기록한 책이요, 어떠한 종파에서 기록하여 세상에 만들었던 그 모든 참뜻을 알려면 나의 법전을 읽지 아니하면 너희는 거기에 눈이 뜨이지 아니함이니, 부분적인 것, 가지만 알고 전체의 몸통을 알 수 없음이니라.
37 오로지 나의 법전이 이 세상에 존재하는 모든 만물의 몸통임을 알라.
38 그 몸통을 읽고 몸통을 봤을 때, 그 가지를 알며 이파리를 알며 그들이 역사하는 것을 알 수 있기 때문이니,
39 이를 보지 아니하고 읽지 아니하면 아무도 알 수 없다는 것을 명심하도록 그리하라.

7,481 번째 하나님 말씀

2003년 9월 11일 14시 44분

1 사랑하는 나의 아들아!
2 **"네, 아버님! 말씀하옵소서."**
3 네가 오늘 하루 공부를 하지 아니하며 강론을 하지 아니하고 쉬려 하며, 쉬고자 하여 나에게 묵상을 했음이니, 내가 너에게 뭐라 가르쳐 주었느냐?
4 너희는 전쟁터에 임한 백성이요, 전쟁터에 나간 백성이라 하였음이니,
5 전쟁터에 나간 백성이 적이 언제 공격할지 모르며 언제 너희에게 접근해 올지 모르거늘, 과연 너희가 마음대로 쉴 수 있으며 마음대로 휴식을 취할 수 있는 것이며 너희가 인간의 생각에 젖어 있을 수 있겠느냐, 내가 너에게 그리 말하였음이니라.
6 그리고 지금 네가 오늘 하루의 공부

요, 나의 강론을 쉬고자 할 때, 너의
강론을 듣는 그 백성이 황금을 가지
고 너를 찾아온다 해도 너는 과연 오
늘의 강론을 하지 아니하고 쉴 수 있
는 마음이더냐 내가 너에게 물었음이
니라.
7 그러니 네 마음이 어떠하며 네가 어찌
가야 하는가를 너 스스로 깨우치라
하였음이니라.
8 그러나 이제는 모든 것을 너의 제자들
에게 물어봐야 할 것이니라.
9 네가 하루의 강론을 쉬고자 하는 것,
너에게 즐거운 것, 너를 행복하게 해
주는 자, 그리고 너와 가까운 자, 그리
고 그들이 황금을 싸서 너에게 오는
그와 같은 연례행사를 치르는 백성이
라 해도 네가 과연 쉬고 싶은 마음이
있겠느냐 내가 물었듯이,
10 나의 성전을 찾으며 나의 강론을 듣는
그 제자들에게 너는 물어봐야 할 것
이니라.
11 너희가 과연 나의 성전에 올 때, 내가
창조주 아버님의 뜻에 따라 너희에게
황금 덩어리를 하나씩 준다 해도 너
희가 고달프고 힘들고 어렵다 하여
과연 너희가 강론할 그 시간에 빠질
수 있으며 오지 아니하겠는가?
12 너희가 올 때마다 황금 덩어리를 하
나씩 준다면 너희는 빠지라 해도 빠
지지 아니할 것이니, 바로 그것이 너
희의 마음 자세요, 믿음의 길을 가는
자세이니,
13 정녕 해도 해도 너무한 것이며 잘못된
것이 아니던가?
14 그러니 너희를 어찌 믿을 수 있으며
너희에게 어떠한 역사를 이룰 수 있단
말이던가?
15 너희에게 황금 덩어리를 하나씩 준다
면 빠지지 않는 그와 같은 마음이라
면, 거래하는 마음이요, 장사하는 마
음이요, 이해관계를 위해서 너희가 나
의 성전을 찾는 것이요,
16 나의 주옥같은 황금보다 소중한 나의
성령이요, 나의 가르침이요, 나의 법
전의 내용을 들어 하늘에 오르는 길을
찾는 것보다 육의 행복이요, 육의 향
락을 먼저 생각하고 사는 자들이 아닌
가, 너희는 여기서 그와 같은 의미를
깨달아야 할 것이니라.
17 그러니 너희는 곡식에 알이 차지 않은
자들이니라.
18 너희는 아직도 영글지 아니하였으며,
곡식에 알이 차지 아니한 그와 같은
익지 않는 열매의 형국임이니라.
19 내가 뭐라 말하였느냐?
20 익은 곡식은 고개를 숙인다고 하지
않았더냐?
21 그러니 바로 익은 곡식이요, 익은 자
가 고개를 숙이며, 지식이 있는 자가
고개를 숙이는 것이 무엇이더냐?
22 그들은 세상의 이치를 알고 있기 때문
이니라.
23 그러나 무식한 자가 고개를 숙이지 않
는 것이요, 알이 차지 않는 자가 고개
를 드는 이유는 바로 무식하기 때문이
니라.
24 수가 모자라며 생각이 부족하며 무식
이 극치에 달한 자가, 제 생각만 옳다
생각하며, 남의 차원 높은 생각은 감
히 생각도 못하며,

25 제가 하나밖에 생각을 못 함이니, 열
개, 백 개를 생각하는 사람을 알지 못
하며 그 의미의 훌륭함을 알지 못하기
에, 하나밖에 모르는 자가 그 하나를
가지고 고집함이니,
26 저는 그것이 최고의 한계요, 최고의
능력이요, 최고의 지식이요, 최고의
익은 곡식의 열매라 그리 말하게 됨이
니,
27 고개를 숙이지 못하는 자는 바로 무
엇이더냐?
28 그게 바로 무식의 한계이니라.
29 그리고 제가 깨우침을 모르기 때문이
니라.
30 하나밖에 모르는 자가 백 개, 천 개를
아는 자 앞에서 감히 하나밖에 모르는
그것이 제일이요, 그것 외에는 아는
것이 없는 자이기 때문에 그는 제 고
집을 세우려 하며 제 뜻을 역사하려
함이니라.
31 그래서 내가 너희에게 네 고집을 내
세우지 말라 함이며, 네 주장만을 내
세우지 말라 그리하였음이니라.
32 모든 것을 백번 생각할 때 거기에는
반드시 정답이 있으니, 그 정답을 찾
아 행하는 현명한 너희가 되라 하는
뜻이 여기 있음을 알라, 사랑하는 나
의 아들딸들아!

7,482 번째 하나님 말씀

2003년 9월 11일 14시 53분

1 사랑하는 나의 아들아!
2 "네, 아버님! 말씀하옵소서."
3 수천 년 흘러오는 그동안에 헤아릴
수 없이 많은 백성이 이 세상에 나와
죽어 갔느니라.
4 그리고 모든 종교 집단이요, 지도자
요, 하늘에 오르는 길을 인도하는 자
들이 수없이 지금 울부짖고 있으며 그
들이 기도하며 경배한다 함이니라.
5 그리고 그들은 잘못 가는 자요, 지옥
의 길을 천국의 길이라 가는 자, 그리
고 또 믿지 않고 살아가는 너희가 말
하는 이방인이라는 백성, 수천 년 동
안 이 지상에 왔다가 죽음의 그 길을
넘어간 그 모든 백성 중에서 가장 어
리석고 불쌍한 백성이 누구인 줄 알겠
느냐?
6 나의 법전을 접하여 몇 줄의 그 법전
의 내용을 읽고 그 보배와 같은 책의
뚜껑을 덮어 버리는 자요, 그리고 이
것은 사탄이요, 악마의 짓이라 그저
던져 버리는 자, 그리고 태워 버리고
찢어 버리는 자, 손에서 놓는 그 백성
보다 더 어리석은 백성이 없음이니라.
7 그리고 여기 와서 강론을 듣다 말고
떠나는 자요, 오늘의 어렵고 힘든 그
역사를 같이할 수 없다 하여 떠나는
자들보다 더 어리석고 불쌍한 백성이
없음이니라.
8 참진리요, 하늘에 오르는 길이 여기
있음이니, 너희가 오늘의 역사함이요,
오늘의 고통이요, 힘든 것은 미래에
상을 받으며 죄를 사하는 길이요, 그
리고 너희가 상을 받기 위한 그 단계
에 들어설 기회를 나 여호와가 너희
에게 명한 것이거늘,
9 그 소중한 것을 모르는 어리석은 백
성, 그들이 나의 성전에 와 나의 아들

을 통하여 내리는 강론을 듣고 오만하
여 떠난 자요, 버린 자들이니라.
10 그러니 나의 법전 몇 줄만을 읽고 잘
못되었다 하여 사탄이요, 마지막 시대
에 오는 사악한 자라 하여 던져 버리
고 덮는 그 백성이 지금껏 살아온 수
십억 수천억의 백성보다도 더 불행하
고 어리석은 백성이니,
11 가장 소중한 것을 제 손에 쥐여 주었
거늘 그 보배를 모르고 던지는 백성
이니라.
12 그러니 악마의 짓이라 하여 나의 법전
을 찢어 버리고 물속에 던지고 태워
버리는 자, 그리고 이를 듣고 이는 사
탄의 것이니 읽지 말라 강론하는 자,
이를 읽으면 지옥 불로 간다 말하고
선전선동하고 다니는 자, 그가 얼마나
어리석은 백성인가를 너희는 알게 될
것이니,
13 세상에서 가장 소중한 보배를 보고도
모르는 자들이니라.
14 너희는 여기서 하나 깨우쳐야 할 것
이니라.
15 한 20대 젊은 청년이 오늘의 삶이 너
무나 힘들고 어려워, 그가 오늘의 생
활을 견디지 못하고 스스로 자살하여
제 목숨을 끊었다고 말하자.
16 그러나 그 젊은이는 30년 후에 그가
50이 됐을 때 제후요, 제왕이 되는 그
와 같은 운명을 내가 그에게 내려 주
었으면, 그는 반드시 제왕의 자리에
앉아 모두를 통제하고 다스리며, 마지
막 인생을 가장 아름답게 살 수 있는
제왕의 운명이거늘,
17 제가 오늘의 고통이 어렵고 힘들었다
하여 20대에 제 스스로 자살로 하여
모두를 결론을 짓는다 하면, 미래에
역사하는 것, 미래에 이루어지는 그
아름다움이요, 소중하고 귀한 것을 모
르기에 오늘의 고통을 견디지 못하여
죽는 자와 마찬가지니,
18 너희가 나의 법전의 몇 줄을 읽고 뚜
껑을 덮어 버리고 사탄이요, 사악한
자라 하는 자는 죽어 천국에 오는 그
길을 버림이요, 나에게 올 수 있는 그
길을 버리고 지옥으로 가는 그와 같은
어리석음이니라.
19 오늘의 생활이 고달프고 어렵다 하여
20대에 스스로 자살하여 자기 인생을
거둔다면, 제가 그를 견디고 넘어설
때 50이라는 그 나이에 제왕이 되며
만백성을 통제할 수 있는 그와 같은
운명을 나에게 가지고 나간 자가 일찍
자살로써 모두를 끝난다면 나에게 사
랑을 받으며 은혜를 받겠는가?
20 그는 나로부터 버림을 받은 자요, 제
운명대로 오늘의 고통스러움을 이기
고 견디고 살아와 제왕으로서 바른
왕으로서 만백성을 다스릴 때 저는 나
에게 올 수 있는 은혜를 입을 수 있거
늘,
21 그 어리석은 자보다도 나의 법전 몇
줄을 읽고 사탄이요, 사악한 자라 하
는 것은 너희가 그리도 갈구하는 미
래에 영원히 사는 나의 나라에 오르는
것을 포기하는 자요,
22 한번 들어가면 나올 수 없는 그 지옥
불에 가는 것을 자처하는 자들이니,
23 너희는 그리 어리석은 백성으로 살지
말라.

24 나의 아들을 따르는 제자들이요, 깨우
침을 얻은 백성 너희는 절대 그와 같
은 운명으로 살아서는 안 될 것이니,
25 그저 1·20년 참고 나면 제왕이 될 운
명을 가진 자가 모두를 버리고 가는
그 어리석은 자보다도 더 어리석은 백
성이 너희가 되어서는 아니 됨을 알
아야 할 것이니라.
26 사랑하는 나의 아들딸들아!
27 나의 법전 몇 줄을 읽고 160권의 법전
에 기록되어 있는 하늘의 뜻이요, 나
의 뜻을 다 아는 것처럼 그리 오만하
지 말라 그리 전하라.
28 나의 뜻을 보지 못하는 자, 왔다 떠나
는 자들이 정녕 얼마나 어리석은 자들
이며, 그리 갈구하고 구원을 원하던
그 길의 입구에 와 있으나 그 입구에
서 등을 돌리고 떠나는 자들이니, 그
들보다도 불행한 백성이 없음을 너희
는 알아야 할 것이니라.
29 그러나 너에게 와 강론을 듣고 떠나는
자, 나의 법전을 읽고 떠나는 제자들,
그 모두가 떠나고 등을 돌리고 가나,
30 그들이 정녕 다른 데 가서 구원의 길
이 있으며 하늘에 오를 길이 있다면
내가 말하지 아니하며, 그들이 가는
것을 가도록 막지 않으며 가라 말할
것이니라.
31 그러나 여기를 떠나는 자는 결코 구원
의 길을 만날 수 없으며 구원의 길에
오를 수 없음이니라.
32 하늘에 오르는 길이요, 구원에 오르는
길은 십계명대로 지키고 사는 것, 나
의 법전을 정독하여 읽고 깨우쳐 깨달
음을 얻고 그대로 행하는 자, 그리고
내가 나의 아들을 통하여 내리는 그
강론의 뜻을 듣는 자만이 하늘에 오를
수 있으며, 구원에 오를 수 있으며, 나
의 백성이 되며 나의 백성으로서 미
래의 왕관이 너희 것임을 너희는 모
르느니라.
33 너희를 위하여 준비된 모든 그 은혜
를 모르며 그걸 볼 수 없기에 오늘 감
히 나의 법전을 집어던지며, 그리고
나의 성전에 와 강론을 듣고 깨달음을
얻고자 했던 백성이 스스로 돌아섬이
니,
34 그들은 미래를 모르는 어리석은 백성
이요, 20대의 그 고통만을 알며 50대
에 제가 제왕이 되어 모든 것을 누리
고 살 수 있는 제 운명을 스스로 찢어
버리며 태워 버리며 던져 버리고,
35 자살로써 영원히 나오지 못하는 지옥
불로 가는 그 길을 선택하는 백성보다
도 더 어리석고 어리석은 자들이라는
것을 그들에게 전하라, 사랑하는 나의
아들아!

7,483 번째 하나님 말씀

2003년 9월 11일 15시

1 사랑하는 나의 아들아!
2 "네, 아버님! 말씀하옵소서."
3 나의 아들 예수가 그를 따르려거든 모
든 것을 다 두고 따르라 하였음이니라.
4 또한, 나의 아들이 법전에 기록하여
너희에게 강론을 통하여 전했음이니
라.
5 너희에게 모든 것을 다 버리고 떠나라
는 것은 재물이요, 권력이요, 부귀영

화요, 그리고 너희가 가진 인간관계의 그 모든 것을 버리라는 것이 아니요,

6 네 생명에 연연하지 말며 네 욕심에 연연하지 않는 마음이 모든 것을 다 버리는 것이요, 그것이 바로 나의 아들 예수를 따르는 길이요, 믿음의 길을 가는 백성이 가야 하는 길이라 내가 그리 전하였음이니라.

7 그러니 너희가 살아가는 삶이 어떠한 삶인지 알지 못하느냐?

8 이 세상에 나의 피조물 만백성, 그리고 특히나 나의 법전을 읽고 깨우치며 나의 아들을 따르는 백성 너희는 남을 위한 삶을 살아야 하며 남을 위해서 죽어 가는 그와 같은 자가 되어야 하는 것이 너희의 사명이라는 것을 알아야 할 것이니라.

9 그러나 이 세상 어떠한 백성이라도 남을 위해 살고자 하는 백성이 없으며, 남을 위해 죽어 가는 백성이 세상에 없으니,

10 너희는 자신만을 위하여 살며 자신을 위해 살기에 몸부림치다 명이 다하여 죽음의 그 순간에 울고불고 후회하는 그와 같은 삶을 사는 것이 나의 사랑하는 백성 너희의 운명이 아니더냐?

11 그리하여 내가 너희에게 뭐라 말하였느냐?

12 오늘의 삶을 반대로 살라 함이니라.

13 그것이 사랑이기 때문이니라.

14 어찌하겠느냐, 그것이 하늘에서 실천함이요, 하늘의 뜻의 사랑이며 나 여호와가 행하고자 하는 사랑이거늘,

15 너희가 하늘의 사랑을 실천하지 아니하면 정녕 하늘에 오를 수 없는 것이요, 정녕 하늘에 오르는 그 길 자체도 볼 수 없는 것이 너희 운명이니,

16 하늘의 사랑을 실천하고 살라 함이니라.

17 남을 위한 삶이요, 남을 위해 네가 죽어 줄 수 있는 그와 같은 삶이 하늘의 사랑이라 함을 너희는 절대 잊지 말라, 사랑하는 나의 아들딸들아!

18 너희는 살아 있어도 살아 있는 것이 아님을 알아야 할 것이며, 죽어도 죽어 있음이 아닌 것을 알아야 할 것이니라.

19 너희가 이 세상에 나갈 때 모든 것을 다 나로부터 받아 나가지 아니한 것이 없으며, 나의 은혜로써 역사하지 아니한 것이 없음이니,

20 너희는 살아 있어도 살아 있음이 아니요, 죽은 자 또한 죽어 있음이 아니라는 나의 깊은 뜻을 알아야 할 것이니라.

21 모든 것은 다 네 것이 없는 것이요, 너희 소유가 없으며, 너희 스스로 영원한 것이 없음이니라.

22 그리하니 네 소유는 아무것도 없으며 네 것은 아무것도 없다는 것을 너희는 깊이 깨우쳐야 할 것이니라.

23 너희가 살아가는 동안에 필요하며 소유하고 관리하는 모든 것은 나 여호와의 재산이요, 나 여호와의 것을 빌려 쓰다가 너희가 죽음이라는 그 문턱을 나올 때 그 모든 것을 다 나에게 반납하고 나에게 바치고 죽는 것이 너희이니,

24 죽어도 살아도 모든 것은 네 것이 없으니, 거기에 이치가 있음을 알아야

할 것이니라.
25 그리하여 너희는 죽은 자도 죽음이
아니요, 산 자도 삶이 아니요, 그 모든
것은 나 여호와의 것을 관리하고 살
며, 너희가 죽고 사는 것, 또한 나에게
속한 것이며 나의 것이거늘,
26 어찌하여 보내 준 나 여호와의 뜻에
따라 사랑을 실천하며 나누며 아름답
게 살라는 주인의 명을 거역하는 그와
같은 삶을 사는가?
27 그러면서도 과연 너희가 나에게 오를
수 있다고 생각하느냐?
28 이 세상에 수천 년 동안 흘러오는 그
속에서 나의 사랑하는 백성이 나의
뜻을 거역하며 사랑을 실천하지 아니
하며,
29 보내 준 이에 대한 감사를 모르며, 빌
려 쓰는 주인의 감사함을 모르고 사는
백성만 이 세상에 존재하고 있음이니,
30 어찌하여 하늘에서 이루어진 것같이
이 땅에 지상의 낙원이 이루어질 수
있으며 그 역사가 이룰 수 있다 하더
냐?
31 내가 그 역사를 이루려고 지금 나의
아들을 통하여 160권의 대장정의 법
전을 내려보내며, 나의 아들이 죽어서
세상을 떠나 나에게 올 때까지 내가
하늘의 뜻을 내려보내 그에게 전하여
만백성을 깨우치고자 하는 것이 나 여
호와의 역사임을 너희는 알아야 할
것이니라.
32 이제 사랑하는 백성 너희는 살아감이
어떠한 것인지 알겠느냐?
33 육의 세상의 삶만을 알며, 사후 세계
의 영혼이 영원히 사는 세상을 모르며
한번 들어가면 절대 돌이켜 나올 수
없는 지옥이라는 그 세상의 두려움과
무서움을 모르는 자들이니라.
34 작은 상처의 아픔은 치료할 줄 아나,
내부의 근본적으로 썩어져 가는 병마
를 고칠 줄 모르며 그걸 모르고 살아
가는 것이 너희라 하였음이니라.
35 구원의 영광을 모르고 육을 위한 삶만
사는 것이 이 세상의 나의 피조물 만
백성들이니라.
36 그러니 너희는 육의 세상을 버리며,
미래의 왕관을 생각하며,
37 미래에 역사하며 미래에 받을 수 있는
그 은혜를 생각하며, 사후 세계요, 다
음 세상을 위해서 오늘의 삶은 그 기
초를 다지라는 것임을 잊지 말라.
38 그 기초를 반드시 단단히 다스리지 못
하면 너희는 죄에 휘말리며 사탄에
휘말리며 육의 향락에 휘말려 쓰러지
느니라.
39 너희는 기초를 다지지 못한 그와 같은
자들이니, 그 위에 찬란한 집을 지을
수 없으며, 너희가 육의 다스림을 잘
못했을 때 영원히 사는 영의 세상에
올 수 없으며,
40 그건 무너지는 집과 같이 지옥 불에
가 영원히 다시 광명의 세상을 볼 수
없으며 나올 수 없는 그 무서움이 있
다는 것을 그들에게 전하라, 사랑하는
나의 아들딸들아!

7,484 번째 하나님 말씀

2003년 9월 11일 15시 07분

1 사랑하는 나의 아들아!

2 "네, 아버님! 말씀하옵소서."
3 너희는 오늘의 삶에 그 모두를 다 바
쳐 천국이요, 하늘나라요, 영원히 사
는 그 나라에 오고자 하며 그리고 불
멸의 그 세상에 살고자 하는 것이 너
희 소망이요, 욕심이니라.
4 그러니 너희는 너희 자신을 지금의
지구의 역사에 비추어 한번 생각해 보
아야 할 것이니라.
5 과연 지구가 흐른 역사에 비하여 너
희의 생명의 그 시간은 얼마나 되는가?
6 거기에 비추어 볼 때, 너희의 그 생명
이 짧음을 알게 될 것이니라.
7 그러나 그 속에 살면서 구원의 길을
위하여 하늘에 오르는 그 길을 역사하
고자 살아가는 것이 나의 피조물 만백
성 너희이니라.
8 너희가 영원히 사는 세상을 생각하며,
그리고 하늘나라의 영원히 존재하는
그 세상에 오르고자 오늘의 삶을 산다
면,
9 너희는 인간의 백 년이라 해도 그것
을 지구의 역사에 비추어 볼 때, 잠깐
꺼졌다 켜졌다 하는 불빛만도 못한 것
이 너희라 내가 그리 일찍이 깨우쳐
주었음이니라.
10 그러니 너희는 여기서 한번 생각해
보자.
11 영원히 사는 하늘나라의 그 세상에 비
추어 볼 때,
12 너희가 도둑질하는 그 순간이요, 그리
고 추한 짓을 하는 것, 살인을 하는
것, 거짓 하는 것, 남을 속이는 것, 그
리고 화를 내는 것, 감정을 참지 못하
는 그와 같은 행위는,
13 과연 영원히 사는 지구의 세상에 비추
어 보았을 때, 너희가 순간적으로 저
지르는 그 사고는 얼마만큼의 비중을
차지하는 것인가?
14 그리고 너희가 백 년이라는 세월을
살아간다 할 때, 그 백 년의 인생의 삶
에 비추어 볼 때,
15 너희가 도둑질하고 싶은 생각, 살인하
고 싶은 생각, 간음하고자 하는 생각,
추하고 더러운 생각을 하는 것, 화내
고자 하는 것, 그와 같이 생각하는 시
간은 과연 거기에 얼마만큼 비중을 차
지하는가?
16 그건 아마 눈 깜짝하는 시간만큼도 그
비중을 차지하지 못할 것이니라.
17 그러하거늘 그 깜짝하는 만큼도 못한
짧은 삶을 위해서 인간의 백 년이라는
삶을 다 버리며 또한 그보다도 감히
비교할 수 없는 영원히 사는 하늘나라
에 존재하는 것을 다 버리고 잃는다
면, 너희는 짧은 순간을 위하여 얼마
나 길고도 긴 역사를 다 잃어버리는가?
18 너희는 영원히 사는 나의 나라에 올
수 있는 그와 같은 은혜를 받은 자요,
누구나 다 자격이 있는 자들이,
19 순간의 스쳐 가는 불빛만도 못한 그
사악한 생각이요, 도둑질하고 살인하
고 간음하고 추하고 거짓 하고 싶은
생각을 참지 못하여 영원히 사는 그
세상을 버린다면 그보다 억울한 자가
어디 있으며,
20 그만큼 장사도 못하고 장삿속도 모르
는 자들이니, 너희만큼 불쌍하고 가련
한 백성이 없음을 알아야 할 것이니라.
21 나 여호와의 뜻을 거역하는 그 모든

행위는 영원히 사는 세상에 비교할 때
오늘의 너희 삶은 과연 무엇이더냐?
22 내가 눈에 보이지 않는 빛만큼도 못한
것이 너희가 사고를 저지르는 길이요,
악을 행하는 길이요, 추한 일을 저지
르는 그 순간이라 하였음이니,
23 그 순간을 참지 못하고 무너질 때, 너
희는 나에게 올 수 있는 그 길을 버리
며 영원히 다시 보지 못하는 그와 같
은 것이 너희라 하였음이니라.
24 이 세상의 모든 백성이 그와 같은 계
산법을 모르는 자들이니라.
25 현재 모두를 버리고 참고 인내하고 견
디는 그것이 영원히 다시 태어나는 삶
의 영광을 얻고 이룰 수 있다는 것을
어찌하여 그리 모르는가?
26 그와 같이 순간의 빛도 안 되는 그 모
든 감정의 행동이요, 살인하고자 도둑
질하고자 하는 그 모든 것을 다 참는
것은 눈을 깜짝하는 사이만큼도 못한
것이니.
27 그걸 참고 인내하는 자가 축복이요,
은혜요, 영광이 있다는 것을 잊지 말
라.
28 깜짝하는 그 순간을 인내하지 못하고
영원히 사는 천국의 나라요, 너희가
상상할 수 없으며 그림으로 그릴 수
도 없으며 사진으로 찍을 수도 없는
부귀영화보다도 찬란하고 영원히 존
재하는 하늘나라에 오는 것을 포기하
는 자들이니,
29 너희가 얼마나 밑지는 삶을 살며 얼마
나 계산을 모르고 사는 불쌍한 백성인
가?
30 너희가 이제 이 뜻을 알고 깨우쳤다
면, 단 1초를 어찌 써야 하며 어찌 사
용할 것인가를 알게 될 것이며, 어찌
행동해야 할 것인가를 너희가 뼈저리
게 느낄 것이니라.

7,485 번째 하나님 말씀

2003년 9월 12일 06시 51분

1 사랑하는 나의 아들아!
2 "네, 아버님! 말씀하옵소서."
3 나의 피조물 만백성 너희가 이 세상
의 모든 것은 다 나 여호와의 것이요,
내가 주관하는 것을 너희가 잠시 나
로부터 빌려 쓰는 것이라 수차 너희에
게 그리 말하였음이니라.
4 그리하여 남에게 빌려 쓴다는 것은 바
로 무엇이더냐?
5 자기 소유가 아니요, 남의 것을 빌려
쓰는 것은 언젠가는 반드시 주인에게
돌려주어야 하며 그를 갚아야 하는
것이 인간 세상에 사는 법도가 아니더
냐?
6 그러니 나의 피조물 만백성 너희는
모든 것을 나에게 빌려 쓰는 것이니,
결국 나에게 그 모든 것을 돌려주어야
함이니라.
7 그게 바로 너희가 이 세상의 육의 삶
을 마치고 가는 그 순간이 되는 것이
니라.
8 그러니 내가 너희에게 아무것도 이루
지 못하고 가며, 네 소유가 없는 것에
연연하지 말며, 그것을 더 갖고자 더
취하고자 하는 그 욕심의 뿌리를 버리
라 하였음이니라.
9 너희가 세상에 살다 나에게 오는 것은

오직 너희가 삶을 어찌 살았느냐 하
는 그 삶의 결과만 나에게 오는 것이
요,
10 너희가 어찌 역사했느냐 하는 물질적
으로 눈에 보이는 가시적인 것은 아무
것도 가지고 역사하는 것이 없으며
나에게 올 수 없다 하였음이니라.
11 다만, 너희가 그 물질을 가지려고 어
떤 방법으로 살았느냐 그것만이 너희
가 나에게 와 심판을 받음이라 그리
하였으니,
12 너희가 가지고 올 수 없는 것, 영원히
소유할 수 없는 그것을 위하여 영원히
사는 그 삶의 심판을 받는다면,
13 과연 재물이요, 보이는 것에 대하여
어떠한 마음을 가지고 어찌 살아야 하
는지는 당연하거늘,
14 눈에 보이는 그리고 영원히 소유할 수
없는 것이요, 오로지 나의 것을 빌려
쓰는 그 물질의 노예가 되며,
15 그 물질을 위하여 거듭남이요, 영원히
사는 나의 세상에 오를 수 있는 것을
포기하고 사는 어리석은 백성이 바로
너희임을 알아야 할 것이니라.
16 이제 나의 아들을 따르는 제자들이요,
나의 법전을 읽고 깨우친 만백성 너희
는 모든 사물이요, 인간 형상에서 이
루어지는 것을 차분하게 조용히 생각
해 봐야 할 것이니라.
17 너희가 나 여호와가 존재함을 믿는다
면, 이 세상의 모든 것은 다 너희 것이
아니요, 내 것을 너희가 빌려 쓰는 것
이며, 언젠가는 주인에게 반드시 돌려
주어야 한다는 것을 믿게 될 것이며,
18 그걸 믿는다면 너희가 과연 재물이요,
물질이요, 금화와 은화에 연연하는 그
와 같은 삶을 살며 그것이 네 생명보
다도 더 소중하다 생각할 수 있는가?
19 지금은 물질을 생명보다도 더 소중히
생각하는 백성이니, 거기에 더덕더덕
너희 가슴에 안은 그 욕심의 뿌리가
끝이 보이지 않는 그와 같은 형국이니
라.
20 이제 나의 아들을 따르는 제자들이요,
나의 법전을 읽고 깨우친 만백성, 너
희는 나 여호와가 존재함을 확실히 믿
는 그 마음이 가장 중요하다 하여 내
가 한 구절을 더 넣었듯이, 너희는 나
를 믿어야 할 것이며,
21 그리고 이 세상의 모든 것은 영원히
너희 소유가 없으며 너희 것이 없으며,
22 너희가 관리하다 두고 가며, 반드시
나에게 하나도 빼놓지 아니하고 반납
한다는 것,
23 그리고 나에게 반납하고 되돌려 주고
가는 것을 위해서 모든 것을 다 바치
고, 죄를 지어서는 아니 되는 죄를 지
으며, 남에게 취해서는 아니 되는 그
와 같은 추한 행위를 하며 사는 것은
모두 심판대에서 심판을 받으니,
24 그리하여 너희는 영원히 사는 세상이
요, 거듭남을 잃고 지옥 불에 가 영원
히 나오지 못하는 그곳에서 존재한다
는 그 무서운 사실을 확실히 알아야
할 것이니라.
25 그러니 나의 아들을 따르는 제자들부
터 물질의 노예가 되지 않는 백성으로
서 거듭났을 때,
26 나의 법전을 읽고 깨우치는 백성도
너희를 보고 그리 따를 것이며, 또한

만백성들이 그와 같이 갈 것이니 그리
알라, 사랑하는 나의 아들딸들아!

7,486 번째 하나님 말씀

2003년 9월 12일 07시 03분

1 사랑하는 나의 아들아!
2 "네, 아버님! 말씀하옵소서."
3 모든 나의 백성 너희는 두 가지의 마
음이 있다 하였음이니라.
4 그리하여 하나는 악을 행하고자 하는
마음이요, 하나는 선을 행하고자 하는
그 두 가지의 마음으로써 모두 존재
함이니라.
5 너희가 살아가면서 어떠한 것을 더 생
각하며 어떠한 것을 좋아하며 어떠한
것을 이용하느냐에 따라서 너희는 천
사요, 사탄이 된다는 것을 잊지 말라
하였음이니라.
6 악의 생각을 하기 시작하면 그 악의
생각은 악의 생각을 낳아 계속 사악한
쪽으로 흘러가게 되어 있으며, 너희
자신도 모르면서 무너지게 된다 하였
음이니라.
7 그러나 너희는 마음으로 생각하는 것
은 죄가 아니요, 나에게 와 심판을 받
을 때 그건 정녕 아무런 죄도 아닐 것
이라는 생각부터 죄가 됨을 잊지 말
라.
8 육으로 행하지 아니하고 생각만 한
것으로써 그것이 무슨 죄가 되며, 정
녕 그것이 지옥 불로 가는 근본이 될
것인가 생각할 것이니라.
9 그러나 그 생각에 따라 모두 행해지
며 그 생각에 따라 파괴되는 것은 이
루 말할 수 없음을 너희는 알아야 할
것이니라.
10 그러니 너를 따르는 제자들이요, 나의
법전을 읽은 백성 너희는 악의 생각
이라는 자체를 해서는 안 되며, 그 그
림을 그려서도 아니 되며,
11 아예 너희 머릿속에 생각이라는 것을
가져서는 아니 됨을 명심해야 할 것이
니라.
12 너희가 생각으로써 악의 생각을 하는
그 순간에 너희는 이미 사탄의 자식
이요, 다 무너졌음이니라.
13 '10년 공부 도로아미타불'이라는 말이
있듯이, 너희가 지금까지 쌓은 것은
피나는 노력으로써 쌓았으나,
14 일순간 사악한 생각을 함으로 그 모든
것이 물거품이 되어 무너짐이니,
15 그 후에 다시 쌓고 또 쌓으며 변화되
는 삶을 살아야 한다는 것을 알아야
할 것이니라.
16 너희가 백사장에 모래성을 쌓는 것과
같음이니라.
17 백사장에 모래성을 쌓아 파도가 밀려
가면 그 흔적이 남지 않듯이, 너희가
지금 살아가는 마음이 그러하느니라.
18 선한 마음의 성을 쌓고 또 쌓고 가나,
19 너희가 악한 마음이요, 악한 생각으로
써 수시로 변하는 것을 다스리지 못한
다면, 바로 파도에 밀려 스러지는 그
모래성과 같이 그 선은 무너짐이니,
이 두려움과 무서움을 알아야 할 것이
니라.
20 아무리 너희가 견고하게 쌓고 또 쌓는
다 해도, 악으로 생각할 때 그 모든 것
은 무너짐이니, 지금까지 공들여 쌓았

던 그것은 다 악의 뿌리에 의하여 무
너지며, 선은 찾아볼 수 없으며, 너희
에게 상이 없음을 알아야 할 것이니
라.
21 이것이 너희가 가는 법도이니라.
22 선한 일을 하는 것은 끝이 없으며, 악
한 것은 그저 행하는 대로 너희에게
죄목으로 쌓이며, 선함은 해도 해도
끝이 없으며 그는 이리 점수가 없음
이니,
23 너희가 악한 생각을 하는 순간에 사탄
의 자식이 되어 이미 무너지는 것을
너희는 알아야 할 것이니라.
24 아무리 작은 오물을 몸에 묻혀도 그
냄새는 세상에 진동하는 것과 똑같으
니,
25 씻지 아니하면 그 냄새가 지워지지 않
는 그 이치와 같음을 너희는 알아야
할 것이니라.
26 선한 마음으로 살아가고자 피나는 노
력을 했다 해도, 악의 생각으로 일순
간에 그 선함은 다 덮이며 없애 버리
고 날려 보냄이니, 그것이 바로 너희
가 가는 길이요, 마음 자세라는 것을
절대 잊지 말라.
27 그러니 너희가 악한 행동은 말할 것
도 없으며, 생각조차도 해서는 아니
될 것이니,
28 오죽하면 나의 성경에 너희에게 도둑
질하면 그 손을 자르며, 도둑질하기
위해 가는 그 발을 자르며, 추하고 더
러운 죄를 지을 수 있는 눈을 보면 눈
을 빼라 했으며, 손을 보면 손을 자르
라 했겠느냐?
29 그러니 너희가 바로 서서 십계명을
외우고 나의 법전을 읽고 깨우쳐 스스
로 근본의 뿌리를 완벽하게 다스려,
30 감히 추하고 더러운 죄의 생각을 상상
할 수도 없으며, 생각하지도 못하며,
할 수도 없는 그와 같은 거듭나는 사
람으로서 태어나지 아니하면 이 길을
갈 수가 없음이니라.
31 이제 내가 나의 아들을 통하여 너희에
게 말하니, 너희가 선한 생각을 하고
쌓고 또 쌓은 것이 악한 생각이요, 악
한 행위를 한 번 함으로써 그 모든 것
은 물거품이 되어 흘러가고 없어진다
는 것이니,
32 거기서 악을 다시 뽑아내고 또 뽑아내
어, 공든탑을 하나하나 쌓아 가듯이
그와 같은 노력이 아니면 아니 됨이니
라.
33 내가 너희에게 말했느니라.
34 너희가 선을 아무리 쌓는다 해도 악이
한 번 와서 너희를 무너트리는 것은
백사장에 모래성을 쌓은 것과 같은 그
결과가 되며,
35 파도가 밀어붙이면 모두 스러지는 그
와 같은 것이 선을 쌓은 것이며, 너희
가 선행을 위하며 산 것은 그와 같이
하루아침에 무너진다는 것을 절대 잊
지 말라, 사랑하는 나의 아들딸들아!

7,487 번째 하나님 말씀

2003년 9월 13일 07시 35분

1 사랑하는 나의 아들아!
2 "네, 아버님! 말씀하옵소서."
3 너 하나 바로 서게 하려고, 너 하나 바
로 세우려고, 각자 특성이 있는 많은

제자가 네 앞에 와 있음이니라.
4 모든 것을 다 바쳐 네가 바로 가기를
바라며, 아브라함이 자기 아들 이삭을
바쳐 제물로 삼으려 했던 것 못지않은
마음을 가진 제자들이 있는가 하면,
5 나의 법전을 위하여 모든 것을 다 바
쳐 역사하고자 하는 자가 있으며,
6 네가 바로 서기를 바라는 자들, 그리
고 네가 바로 서기 위해서는 무엇이
든 다 희생할 수 있는 오늘의 그 제자
들이야말로 이 세상에 다시 없는 백성
이며, 그들보다 더 소중한 자가 없음
이니라.
7 그들과 더불어 네가 오늘에 법전을 만
들고 가면서 그들의 장점 하나하나를
지금쯤은 네 것으로 다 만들어져 있
으며, 네 마음속에 자리가 잡혔어야
함을 알아야 할 것이니라.
8 그것이 아직도 역사하지 아니하였다
면, 너는 게으른 자요, 게으르게 깨우
치는 자요, 그리고 깨우치기를 바라지
않는 자임을 알아야 할 것이니라.
9 너의 제자들은 모든 것을 다 바쳐 네
가 바로 서기를 바라며,
10 정녕 네가 나로부터 선택된 아들이라
는 것을 역사하기를 얼마나 바라며
모든 희생을 다하여 너를 따르고 있는
지 그걸 알 것이며 보았을 것이니라.
11 그러니 이제는 네가 그들이 가진 그
마음보다 백배 천배 더 강한 마음으로
써 그들의 장점이요, 그들의 아름다움
이요, 인간으로서 넘볼 수 없는 그 모
든 것을 인내하는 그들의 마음의 깊이
를 정녕 네가 보고 있다면,
12 오늘의 너는 그들보다 더 많은 변화
요, 더 변화된 역사로써 바로 섰어야
할 것이니라.
13 그렇지 아니할 때 너 자신은 변하고자
노력함이 없으며, 변한 것이 없으며,
네가 역사한 것이 아무것도 없다는
것을 알아야 할 것이니라.
14 이제 100권에 가까운 나의 법전이요,
성령을 받아 기록한 것이며, 너의 제
자들이 너를 따르고 그 길을 가려고
얼마나 희생하는 것인가를 너는 잘 알
고 있지 않은가?
15 모든 것을 다 희생하여 나의 법전이
세상에 빛을 보며, 네가 바로 서기를
바라는 그 제자들의 마음을 안다면,
16 그 마음을 네가 더 깊이 알아 그들의
마음에 부족함이 없으며 실망하지 아
니하며 후회하지 않는 그와 같은 길을
가야 하며, 바로 우뚝 섰어야 함을 절
대 잊어서는 아니 되는 것이니라.
17 너는 나의 법전을 만들어 만백성에게
전하는 역사를 이루어야 할 것이며,
예수와 같은 아름다운 삶으로써 살아
가야 할 것이며,
18 또 기적의 역사를 이루는 것은 네가
어찌 변하고 어찌 가느냐에 달렸음이
니라.
19 그러나 네가 가지 아니한다 하여 너를
그냥 놔둠은 아님이니라.
20 다만, 네가 인위적으로 너 자신으로서
바로 서지 못할 때, 너의 제자들 또한
그들이 바로 서지 못할 때, 내가 그들
을 바로 세우고 너를 바로 세우려면
나 여호와의 수고로움이 따른다는 그
것을 네가 안다면,
21 네가 스스로 바로 서며 네 제자가 바

로 서는 그와 같은 삶을 살도록 그리
전해야 할 것이니 잊지 말라.
22 너희는 어쨌든 이 길을 가야 하며,
160권의 법전을 만들어 내야 함이니,
23 160권의 법전을 만드는 데 책임감을
가지고 즐거운 마음으로 사명을 다하
는 마음으로 만들었을 때, 그만큼 속
도가 빠를 것이며 진전이 있을 것이니
라.
24 그러나 너희가 고통스러워하며 태만
하게 괴로워하며 이 길을 간다 해도
아니 갈 수 없으며 결국은 가야 함이
니, 이것이 너희의 마음가짐이라는 것
을 잊지 말라.
25 너의 제자들은 일찍이 천사와 같이 변
하는 길을 가야 할 것이니라.
26 나 여호와가 수고로움의 역사의 시간
을 가지고 너희를 바로 세우게 할 것
인가, 그렇지 않으면 나에게 수고로움
이 없이 너희 스스로 바로 서서 내가
원하는 천사와 같은 백성으로서 살아
갈 것인가 하는 것은 너희에게 달렸
음을 전하도록 하라, 사랑하는 나의
아들아!

7,488 번째 하나님 말씀

2003년 9월 13일 07시 45분

1 사랑하는 나의 아들아!
2 "네, 아버님! 말씀하옵소서."
3 너희는 모두 나로부터 준비되었으며
선택되어 오늘의 길을 가는 백성이라
는 확고한 믿음을 갖고 가야 함을 알
아야 할 것이니라.
4 나의 아들이 잘못 가고 잘못 역사하
는 그 모든 것은 나 여호와가 스스로
다스려 나갈 것이며, 너희 또한 마찬
가지이니라.
5 너희가 나의 법전을 역사하여 만백성
을 구하는 그 역사에 게을리하며 최선
을 다하지 아니하였을 때, 너희 스스
로 그 길을 벗어날 수 없음이니라.
6 다만, 어떠한 역사든 간에 나 여호와
는 너희에게 나의 대명을 이루게 할
것이니,
7 이를 너희 스스로 참여하는 마음을 갖
고 할 것인가, 그리고 너희가 책임감
을 가지고 할 것인가, 영광된 마음으
로 가지고 할 것인가,
8 너희가 나에게 수고로움을 끼치며 내
가 너희 마음을 다스리며 바로 세우는
그와 같은 나 여호와의 수고로움을 받
으며 갈 것인가?
9 그것은 너희가 선택하기에 달렸다 내
가 너에게 그리 말하였음이니라.
10 다만, 너희는 알아야 할 것이니라.
11 너희는 나의 아들과 더불어 모두 준비
된 백성이며 나로부터 선택된 백성이
며, 세상에 태어나기 전에 이미 준비
된 백성이요, 내가 다스린 백성이며,
사명을 가지고 이 세상에 나온 백성이
니라.
12 나로부터 선택되어 내가 준비시켜 세
상에 내려보낸 백성이라는 그 확고한
믿음을 갖고 사명감으로 가야 함을
절대 잊지 말라.
13 그렇지 않다면 어떻게 지금의 이 길을
갈 수 있으며 선택이 되었다 하는가?
14 수십억 그 많은 백성 중에서 과연 너
희가 나 여호와의 성령이요, 나의 뜻

을 내려보내는 이 법전을 만들고 기록
하며 이를 먼저 접하며 강론을 듣는
그와 같은 은혜와 영광을 어찌 받았으
며 그 길을 갈 수 있다고 생각하는가?
15 이는 오로지 너희가 세상에 태어나가
기 전부터 다 준비된 백성임을 알아야
할 것이니라.
16 나의 아들만 예정되고 준비된 것이 아
니니라.
17 너희는 모두 준비된 백성임을 너희 스
스로 알아야 할 것이니, 너희는 너희
자신이라 하여 네 임의대로 삶을 함부
로 살아가서는 아니 됨을 알아야 할
것이니라.
18 그리하여 너희는 현재의 믿음이 중요
하며, 계속 변화되어 나가는 믿음을
갖고 살아야 하며,
19 그와 같은 생활로써 살아감을 나로부
터 선택된 백성이 되어, 인간으로서
세상에 태어난 그 모든 것이 나에게
영광이요, 그리고 마지막 시대에 영원
히 사는 그 세상에 태어나는 영광을
얻는 그것이 바로 너희가 가야 할 길
이며 행해야 할 길이라는 것을 절대
잊어서는 아니 되느니라.
20 너희가 이 세상에 태어난 것이 나의
은혜요, 영광이라 생각한다면, 다음의
사후에 영원히 사는 세상 또한 나에
의하여 다시 태어남이요, 다시 생명의
역사를 이룬다는 것을 잊지 말라.
21 지금의 육의 세상에 태어난 것처럼 하
늘나라에 너희가 영혼으로써 다시 태
어나는 그와 같은 은혜를 받는 것이
너희가 나로부터 크나큰 은혜요, 영광
이며, 인간 세상에 태어난 것처럼 다
시 태어나는 그와 같은 은혜를 얻음이
니라.
22 그러니 너희는 그 삶을 절대 잊어서는
아니 될 것임을 잊지 말라.
23 오늘의 삶은 영원한 삶의 준비 단계라
너희에게 말하지 아니하였더냐?
24 그러나 항상 두 갈래의 길을 가며 두
갈래의 삶을 사는 것이 너희며, 그걸
벗어날 수 없으며 그와 같이 살게 되
어 있음이니라.
25 그러니 두 마음이라는 것은 무엇이더
냐?
26 나의 아들 예수를 받아들이는 백성과
나의 아들 예수를 받아들이지 못하는
백성 그와 같이 두 갈래로 갈라져 있
는 것이니라.
27 너희가 나의 아들 예수를 받아들이고
있다 해도, 또한 여기서 두 갈래의 마
음이 가게 되어 있음을 알아야 할 것
이니라.
28 진정한 참진리의 믿음의 길을 가는
것인가, 거짓된 믿음의 길을 가는 것
인가 그것을 알아야 할 것이며, 그걸
구분해야 함을 알아야 할 것이니라.
29 너희는 참진리의 길을 찾아야 함을
잊어서는 아니 되느니라.
30 모든 것에 두 가지 마음이 있음이니라.
31 너희가 두 가지의 마음으로써 항상
너희 자신과 싸워 이기는 노력이요,
그와 같은 피나는 자신과의 싸움에서
이기지 못하는 자는 거듭나는 길을 갈
수 없으며 나에게 오를 수 있는 백성
이 못됨을 알아야 할 것이니라.
32 모두 다 갈라져 있음을 알라.
33 나의 아들 예수를 믿고 나 여호와를

인정하며 믿는 백성과 그리고 믿지 않
는 백성으로 갈라져 있다 하였음이니
라.
34 그중에 또 갈라져 있다 하였음이니,
나의 아들 예수를 믿고 나 여호와가
존재함을 믿는 그 백성에게 가장 중
요하며 잘못된 것이 무엇이더냐?
35 그들이 진정한 참진리의 믿음의 길을
가는 것이 아니요, 말로써는 우리 부
자가 있음을 믿으며 그리 믿는다 생각
하나, 행동은 그리하지 못하며 그대로
살아가지는 못하는 자들이니, 그게 바
로 율법을 지키지 않은 자요, 십계명
을 지키지 않는 그와 같은 백성임을
너희는 알아야 할 것이니라.
36 그리하여 내가 그중에서 선별하기 위
하여 오늘에 법전을 내려, 너희가 이
법전을 읽고 깨우쳐 이를 만백성을 위
하여 전하는 그 역사를 하게 했음이
니,
37 너희는 나로부터 미리 준비된 백성이
며 선택하여 다 내가 역사한 백성이
라는 것을 절대로 잊지 말라 그리 전
하라.
38 오늘의 육의 세상에 살면서 어쩌다 나
의 법전을 보고 나의 아들의 강론을
듣고 깨우쳐 이곳에 와 역사하는 것
이 아니요,
39 너희는 미리 다 준비된 백성이요, 미
리 선택하여 내가 세상에 내보낸 백성
이니,
40 이 지상에서 선택한 것이며 내가 쓰는
것이 아니요, 초청함이 아니니라.
41 너희도 나의 아들처럼 미리 다 준비된
백성이라는 것을 잊지 말라.
42 너희는 준비된 백성이라는 확고한 그
믿음 속에서 나의 법전이요, 새로 내
리는 성령대로 사는 것이 가야 할 길
이며,
43 그를 보지 아니하고 행하지 아니하고
너희는 존재할 수 없는 자들이라는 걸
잊지 말고 전하라, 사랑하는 나의 아
들아!

7,489 번째 하나님 말씀

2003년 9월 13일 07시 53분

1 사랑하는 나의 아들아!
2 "네, 아버님! 말씀하옵소서."
3 나의 피조물 만백성 너희는 모두 다
두 마음이요, 두 갈래의 길을 가게 되
어 있으며,
4 그 길에서 너희의 선택의 여지에 따
라 지옥이라는 영원히 다시 나오지 못
하는 곳을 가느냐, 그렇지 않으면 천
국의 내 품에 오느냐 하는 것이 달렸
음을 내가 너희에게 일찍이 깨우쳐
주었음이니라.
5 그러니 지금 수천 년 동안 믿음을 오
는 백성, 그리고 울고불고 광란의 믿
음을 가며, 오로지 믿음만을 위해 모
든 것을 다 바치겠다며 지금 믿음의
길을 가는 그 백성의 믿음의 한계의
뿌리가 어떠한지 아는가?
6 그들은 좋은 일이요, 행복한 일이 있
을 때마다 '아멘, 할렐루야!' 하며 나
여호와의 은혜요, 축복받았다 하며,
감사한다며 온갖 말로써 나를 경배하
는 그와 같은 행위를 하느니라.
7 그와 같이 경배를 하던 백성이, 제 스

스로 잘못하여 육의 삶에 고통스러움
이 닥친다든지 삶에 극심한 고통 속
에서 헤어나기 어렵다는 그와 같은 판
단을 내리며, 인간의 힘으로써 도저히
이루지 못하며 인간으로써는 받을 수
없는 고통을 받으며, 또한 모두 무너
지는 그와 같은 삶의 변화의 소용돌이
가 몰아칠 때, 너희는 어찌하는가?
8 그저 입으로 '할렐루야!' 하며 찬양하
고 주의 은혜라 찬양하던 자들이, 정
녕 나 여호와는 존재하는 것인가 의심
을 하게 될 것이며,
9 너희에게 이와 같은 고통이 내려지니,
나 여호와가 존재하기는 무슨 여호와
가 존재하며 천국과 지옥이라는 것이
다 어디 있느냐 하며 부질없는 말이라
며 그리 돌아서는 것이 너희이니라.
10 너희 믿음이 계곡으로 떨어져 버리며,
그리고 너희 믿음이 바닥으로 떨어지
기는 쉬운 것이며 간단한 것이 너희
마음이요, 오늘의 종교 집단이요, 그
신도라는 백성의 신앙생활이요, 믿음
의 길을 가는 형태가 그러함이니라.
11 너희는 그렇지 않다 말하나, 나 여호
와가 보는 너희는 그러함이니라.
12 너희에게 앞으로 닥칠 환란에 계속 믿
음의 길을 갈 수 있는 자신이 있는 자
라 내가 너희를 믿을 수 없으며, 너희
자신도 믿지 못할 것이니라.
13 오늘의 삶에서 앞으로 닥치는 환란에
대하여 과연 너희가 견디고 이길 수
있는 믿음의 길을 가는 백성이라 생각
하는가?
14 그와 같은 믿음의 길을 가는 백성은
없다고 내가 말한다면 그를 믿지 못할
것이니라.
15 그러니 너희가 살아가면서 어찌 살아
가느냐?
16 내가 다른 신을 너희에게 두지 말며,
너희에게 믿음의 길을 가는 자는 정
녕 우상을 섬기지 아니하며, 절대적으
로 나 여호와만 경배하며 내 뜻에만
따르며 성서에 의해 살아가야 한다고
말했으나, 과연 그리 사는가?
17 하늘에서 내려다보는 너희가 살아가
는 삶은 그러하니라.
18 종교 지도자라 말하는 자, 그리고 구
원을 받았다 말하는 신도들, 두 번 다
시 다른 신을 생각지도 아니한다는
너희가 어렵고 힘들 때, 점술가라는
사람들에게 너희 운명을 물어보며 미
래를 물어보고자 찾아가는 자들이 지
금 나 여호와를 믿지 않는 백성보다도
너희가 더 많으며, 그와 같은 행위를
하는 자가 수없이 있음이니라.
19 이를 나 여호와는 하늘에서 내려다보
고 있으며 너희의 그 마음을 알고 있
음이니,
20 점술가를 찾아 너희의 미래를 알고자
하는 그 자체가 너희 마음속에 얼마
나 무서운 다른 신을 가지고 있으며
우상을 숭배하는 줄 아는가?
21 그러고도 성전이요, 교회에 와서 울고
불고 나에게 은혜를 받았다, 은혜를
내려 달라 하며, 저희는 다른 신을 두
지 아니하고 오로지 나 여호와를 경배
하며 예수의 고통스럽게 피 흘려 죽은
그 은혜에 감사하며 오로지 그걸 생각
하며 살아가는 자요, 그 길을 위해서
살아가는 자라며 콧물 눈물 흘리면서

울고불고 찬양하고 찬송하며,
22 제가 언제 점술가를 찾아갔으며 다른
신을 보고자 갔으며 다른 신 앞에 고
개 숙여 축복을 내려달라 빌었느냐 그
리 말하며 까맣게 잊어버리고, 그저
장구 치고 북 치는 그와 같은 추한 행
위를 하는 것이 너희요, 믿음의 길을
가는 자들이며,
23 또한 그 지도자도 수없이 그와 같은
자들이 있음이니라.
24 하늘에서 내려다보는 너희가 그러함
이니, 얼마나 썩어 있으며 병이 들어
있는 자들이더냐?
25 그러나 너희는 그러한 일은 절대 없
다 그리 말할 것이니라.
26 번갯불보다 빨리 스쳐 가는 것도 내가
보지 못하는 것이 없거늘, 너희는 그
와 같은 행위에 젖어 있으면서 당연한
체하며,
27 그러면서도 와서는 다른 신을 섬기지
아니한다고 말하는 자들이 얼마나 가
증스럽게 두 마음 중에 악한 길을 선
택하는 것인지 알겠는가?
28 지금 가는 너희가 모두 다 그러함이니
라.
29 이제 어떠한 역경이 닥친다 해도 나의
법전이요, 나의 아들의 강론을 듣는
백성은 이를 이기고 견디고 와야 할
것이며, 쓰러지는 일이 있어서는 아니
될 것이니라.
30 그러나 너희가 아무리 장담하며 쓰러
지지 않는다 말하며 다른 신을 두지
아니한다는 그와 같은 종교 집단이요,
지도자로 있는 자도 점술가를 찾듯이,
31 너희 또한 어렵고 힘들 때 너희 스스
로 과연 끝까지 갈 수 있을 것인지 자
신을 다스리고 돌아다봐야 함을 잊지
말라.

7,490 번째 하나님 말씀

2003년 9월 13일 08시 05분

1 사랑하는 나의 아들아!
2 **"네, 아버님! 말씀하옵소서."**
3 지금의 모든 종파와 그 제자들이 가고
역사하는 것이 과연 어떠한 길인지 알
겠는가?
4 참진리요, 나의 뜻이요, 나의 계명과
내가 원하는 것에 대한 삶을 사는 백
성이 아니요, 그들은 정녕 나의 뜻과
는 전혀 관계없는 길을 가는 자들이니
라.
5 나와 관계없는 자요, 내 뜻을 거역하
는 자들이 가르치고 있기 때문에, 그
들은 나의 피조물 만백성을 하늘로 인
도하고 가르친다 하나, 지금 지옥 불
로 인도하는 그와 같은 행위를 하고
있음을 너희는 알아야 할 것이니라.
6 그들이 나의 피조물 만백성들을 가르
치고 설교하는 것은 하늘의 뜻이요,
성경의 뜻이 아니요, 내가 역사하는
그 뜻에 따라 그들이 가르치는 것이
아니라,
7 인간 생각으로써 저 자신들의 생각으
로써 설교하고 가르치며, 단상에 서서
나의 피조물 만백성들을 하늘로 오르
게 하는 길이라 그리 말하고 있기 때
문이니라.
8 그들은 말로써 성경을 가르치며 기도
하는 것이니라.

9 그리고 그와 같은 삶을 사는 것이니라.
10 과연 너희는 어찌하는가?
11 너희가 인간의 생각으로써 인간의 교리를 가지고 나의 피조물 만백성을 가르친다고 말할 때, 너희는 나 여호와를 사탄이요, 사악한 자라 그리 말할 것이니라.
12 너희는 성서를 펴놓고 그 성서를 읽으면서 성서에 대한 내용을 가르침이니라.
13 첫째, 그 비유의 뜻을 모르는 것은 두말할 것도 없으며, 그 종교 지도자들이 마음속에 가진 그 생각이 어떠한 것인지가 중요하니라.
14 종교 지도자가 마음속에 다른 생각을 하고 성경을 읽으며 아무리 그걸 가르친다 해도, 너희는 다른 신을 마음에 두는 것이며 인간의 생각을 가르치는 것이 너희임을 알라.
15 다만, 나의 아들이 오늘에 많은 백성을 위하여 깨우치는 것은 그의 뜻이 아니요, 마음속에 어떠한 생각이 없이 그저 오로지 나의 성령을 듣고 전하는 그것이 나의 아들이 가르치는 길이요, 나의 아들이 가는 길이니라.
16 그러나 너희가 성경을 펴놓고 그 뜻에 따라 가르친다 하며 아무리 열변을 토하고 최선을 다해도,
17 오늘의 종교 집단이요, 지도자 너희가 한 획도 고쳐서는 아니 되며 한 줄도 고쳐서는 아니 되는 성서라 그리 말하며, 그를 읽고 전하는 것으로써 한자도 고치지 아니하며 하나의 뜻도 고치지 아니하고, 한 획도 더하고 빼는 것 없이 진정한 믿음의 길을 가는 자요,
18 오로지 너희만 선택된 자요, 너희가 가는 길이 오르는 길이라 하여 '옳소, 아멘, 할렐루야!' 하며 그 종교 지도자를 조상보다 더 받들어도,
19 그 종교 지도자들이 너희 앞에 강론하며 성서를 펴놓고 말하는 그 역사가 너희를 깨우쳐 하늘에 오르는 그 길을 인도하고자 하는 그 마음은 그들에게 없음이니라.
20 그들은 과연 나의 피조물 만백성 성도라는 그 백성에게 어떻게 하면 각종 헌금을 많이 거둬들일 것인가를 그 머릿속에 생각하고 있으며, 그 머리를 굴리고 있으며, 그와 같은 생각에 젖어 있는 자들이요, 그것부터 먼저 계산을 두는 자들이니라.
21 '오늘 와서 고개 숙이는 성도들이 과연 헌금은 얼마나 낼 것이며 각종 헌금은 얼마나 나에게 바칠 것인가, 어찌 기도해 주고 안수를 해 주며 그 마음을 자극해 각종 헌금을 많이 거둬들여 더 큰 교회를 지을 수 있는 역사를 이룰 것인가?' 그와 같은 생각이 머릿속에서 떠나지 아니하는 자들이 강론하는 것이 아니던가?
22 어떻게 많이 거둬들일까 하는 생각에 젖어 있는 자들이요, 그리고 성도들을 바라보기를 나의 진리요, 참뜻을 배우고 깨우쳐 하늘에 오르는 것을 바라는 것이 아니요,
23 신도요, 성도라 하여 너희에게 '아멘, 옳소, 맞습니다.' 소리 지르는 자들에게 설교하면서 너희는 어찌하는가?
24 과연 그 성도들이 네 설교에 대하여 관심을 두고 있는가, 그리고 그들이

네가 하는 설교를 어떻게 평하며 네가
말 잘하고 말 못하는 것이요, 과연 어
떠한 목자라고 어찌 평가할까, 그들이
평가하는 것을 생각하는 자들이요,
25 그리하여 그 설교 중에도 신도들에게
어찌하면 환심을 사는 설교를 할 수
있으며, 그들에게 환심을 사서 네가
명하는 재물을 거둬들이는 길을 갈
것인가 그와 같은 생각을 너희는 항
상 머릿속에 두는 자들이요, 그걸 위
하여 너희가 공부하며 연구하는 자들
이니라.
26 그러니 그게 바로 너희가 다른 신을
두는 자들이요, 너희가 성서를 가지고
가르친다 하며 성서를 그대로 읽는다
해도 너희 마음속에 그와 같은 인간
의 생각을 하고 계산을 두고 있음이니,
27 그러니 너희는 인간의 가르침이요, 인
간의 성서로써 인간의 교리로써 가르
친다 하였음이니라.
28 환심을 사려면 어떻게 설교를 하는 것
이요, 그리고 기도하는 것은 어떻게
하든 각종 생각으로써 나의 피조물 만
백성들을 자극하고 흥분시켜 그들이
많은 재물을 바칠 수 있게 할 것인가
그것을 생각하는 것이니라.
29 만백성의 구원을 위한 설교가 아니요,
가르침이 아니니라.
30 그러기에 너희가 나의 피조물 만백성
을 지옥으로 이끌어 가는 가장 죄의
온상이라 하였음이니라.
31 인간적인 생각이 먼저이며, 어떻게 하
면 신도들을 끌어들일 것이며 그리고
그 신도들을 끌어들여 제왕적인 대우
를 받으며 어찌 그들을 조종하여 끌고
갈 것인가 그와 같은 것을 연구하고
생각하는 것이며,
32 너희가 공부라는 것, 그리고 종교 지
도자가 되려고 수업하는 그 과정에도
더 큰 교회요, 더 큰 역사를 이루는 것
부터 배우고 공부하는 것이 오늘의 실
정이니, 너희가 나와서는 과연 어찌
가겠는가?
33 아무리 너희가 성서를 읽고 그걸 놓고
강론을 하고 열변을 토한다 해도, 너
희 생각에 내가 지금 이야기한 그와
같은 생각이 있는 종교 지도자라면 그
건 인간의 교리요, 인간 세상의 가르
침이니,
34 너희는 거기에서 깨달음이 없으며 나
아감이 없음을 알아야 할 것이니라.
35 모두 다 나의 피조물 만백성들에게 어
찌하면 헌금을 많이 거둬들일 것인가
에만 초점을 두는 것이며, 나의 백성
을 재물로 계산하는 것이 오늘의 종교
집단이요, 지도자들이 가는 추악한 행
위임을 잊지 말라.
36 지금의 종교 집단과 지도자들이 그와
같은 길을 가면서 나의 뜻에 따라 나
의 뜻을 역사하는 백성이요, 목자요,
선택된 자라 착각하지 말라.
37 너희는 스스로 무의식 중에 중죄를
짓는 것이며, 죄의 길을 가고 있으면
서도 죄가 무엇인지 죄를 짓는 것도
모르는 것이 종교 집단의 지도자요,
환각 상태에 빠진 그 성도요, 신도라
는 자들임을 잊지 말라.
38 나의 아들 예수가 어찌 살았는가?
39 그와 같이 가난한 자요, 가장 어려운
자 속에서 살아가겠다는 나의 아들의

그 뜻으로 가르치고 깨우쳐 가야 하
는 것이 종교 지도자들이니라.
40 지금의 모든 종교 지도자가 그리 스스
로 실천하는가?
41 종교 지도자의 그 마음이요, 가르침이
요, 그들이 살아가는 형태가 어떠한지
알겠느냐?
42 내가 썩은 냄새가 나는 그 이야기를
감히 담아 나의 법전에 기록하고 싶은
마음은 없음이니라.
43 그러나 그들의 마음을 너희는 알아야
할 것이니라.
44 너무나 나의 사랑하는 피조물 만백성
들이 속고 살기 때문이니라.
45 그들은 남보다 계속 더 좋은 것을, 그
리고 더 아름다운 것을, 더 소중한 것
을, 더 귀한 것들을 모두 소유하고자
하는 것이 그들이 가진 생각이요,
46 자신은 모두 최고가 되어야 하며 자
기가 소유하는 것은 모든 신도보다도
모든 백성보다도 최고를 소유해야 하
며 제가 가져야 하며, 모든 것은 제가
제일 우선적이며 제가 먼저 해야 하며,
47 그와 같이 저 자신을 위주로 하는 삶
을 사는 것이 종교 지도자들이니라.
48 모든 백성에게 낮은 자요, 초라한 자
로 사는 것이 아니라,
49 소중한 것은 제가 보유해야 하며, 남
들보다 더 나은 생활이요, 남들보다
더 위대한 생각이요, 남들보다 화려한
생활을 하는 것이 목자요, 종교 지도
자가 가는 길이라 하여,
50 최고의 우선순위를 모두 저 자신에게
맞추고 살아가는 것이 오늘의 종교 지
도자요, 집단들이요, 그리고 모든 깨
우침을 얻었다는 신도들이 가는 그 길
이니라.
51 너희는 아니라며 나를 욕할 것이니라.
52 그러나 내가 내려다보는 너희는 그러
함이니, 그러함을 잊지 말라.
53 너희는 그들 속에서 하늘에 오르는 길
이요, 역사함을 얻지 말라.
54 나의 아들 예수는 가난한 자요, 병든
자요, 친구 없는 자가 친구라 그리 말
하였음이니, 가장 낮은 삶을 살고자
한 것이 나의 아들 예수의 삶이었음이
니라.
55 그러니 너희는 그와 반대로 살아가는
자들이기에, 감히 짓지 말라는 교회를
더 화려하게 더 높게 더 아름답게 지
으면서 그것이 나로부터 은혜 받은 것
이요, 축복받은 것이요, 영광 받은 것
이라 말하니,
56 이 세상이 사악한 자들로써 덮어져 있
다 함이 여기에 있음이요, 정녕 그들
이 울고불고하는 그 기도 소리는 내가
개구리 울음소리요, 강아지 짖는 소리
요, 파도 소리만큼도 듣지 아니한다는
그 무서운 나의 가르침을 알라.

7,491 번째 하나님 말씀

2003년 9월 13일 08시 12분

1 사랑하는 나의 아들아!
2 "네, 아버님! 말씀하옵소서."
3 지금의 모든 종교 집단 그들이 과연
역사하는 것은 무엇이며 그들이 무엇
을 위해 살아가는가?
4 저희의 손으로 지은 그 건물이라는 것
을 더 크고 아름답게 지으려고 모든

것을 다 거기에 바치며, 그걸 위하여
살며, 그와 같이 큰 역사를 이루는 것
이 나로부터 은혜요, 영광이요, 예수
의 몸체를 세상에 세우는 것이라는 착
각 속에 살아가고 있음이니라.

5 성령이 임하여 역사하는 것이 아니요,
그것은 인간의 뜻대로 인간의 욕심이
요, 인간의 생각으로 주관하여 세운
것이며 역사한 것이니라.

6 그리하여 그것은 너희가 나의 사랑하
는 백성에게 각종 거짓이요, 사기극을
벌여 헌금이라는 그 명칭 아래 나의
피조물 만백성의 재물을 도둑질하였
으며, 그들의 피를 빠는 그와 같은 사
악한 방법으로써 지은 죄의 온상인 것
이 바로 교회요, 성당이요, 성막이라
너희에게 말하였느니라.

7 너희는 예배요, 부흥회요, 모든 집회
에 화술이 뛰어난 종교 지도자들을 내
세워, 그는 선택된 자요, 나로부터 역
사한 자라 하여 종교 집단이요, 지도
자요, 인간의 욕구를 채우려고 그들을
도구로 내세웠으며,

8 나의 피조물 만백성들을 우롱하는 그
와 같은 행위를 수천 년 동안 계속해
왔으며, 지금도 그와 같은 행위를 계
속하고 있음을 알아야 할 것이니라.

9 너희는 영적인 구원은 멀리 다 버리고
팽개친 지 오래며, 뒷전에 먼지가 쌓
이도록 덮여 있는 것이 영적인 구원의
길이요,

10 종교 지도자가 자기 자신을 모르니,
자신도 모르면서 스스로 나의 피조물
만백성을 인도한다 하여 그저 화술이
좋다 하여 설교 아닌 설교를 하는 것
이 너희가 아니더냐?

11 너희는 말품을 팔고 난 다음에 과연
어찌하는가?

12 화술이 뛰어난 자요, 나로부터 은혜
받은 자요, 말 잘하는 자, 재물을 많이
거둬들이는 자, 너희는 나의 성도라는
백성이 너희의 말에 환호하는 성도가
많으면 많을수록,

13 너희 자신은 그 집회요, 모든 수련회
요, 그와 같은 단상에 서서 화술로써
나의 피조물 만백성들을 우롱한 그와
같은 시간이 끝나며, 그들의 환호소리
가 높이 들리면, 그리고 그 환호하는
백성이 많으면 많을수록,

14 그 지도자라는 자, 화술로써 말품을
판 자는 그 단상에서 내려와 어두운
방에 혼자 앉았을 때 마음이 텅 비어
있으며 공터와 같은 그 허전함이요,
그 불안한 마음을 정녕 지울 수 없음
이니라.

15 많은 자가 환호할수록 그 텅 빈 가슴
의 공터는 넓게 보이는 것이 너희일
것이니라.

16 영혼의 허전함을 자신이 느끼고 불안
하며 공포에 떨고 있을 것이니라.

17 이는 바로 너희가 말품으로써 모든
것을 거둬들이는 것이요, 진정한 나
여호와의 뜻으로써 행하지 아니하며
행동하지 아니하기 때문에 너희도 모
르는 불안한 마음이요, 공포가 너희에
게 엄습하기 때문인 것이니라.

18 영혼의 허전함을 자신도 느끼고 불안
해하는 것은 무엇이더냐?

19 너희 몸 안에 있는 그 영혼이 견디지
못하고 떠나야 하며 물러나야 하니,

20 네 육신이 네가 물러나는 그와 같은 것을 보며 지옥으로 영혼이 가는 그와 같은 불안함을 느끼고 있기 때문에, 너희가 육을 가진 오늘의 삶에서 텅 빈 공터보다도 더 넓고 허전함을 알게 될 것이니라.
21 바로 그 화술이 좋다 하여 말품을 파는 종교 지도자요, 집회의 제왕처럼 박수 받고 환호 속에 손 흔들어 답하는 자도, 끝나고 난 다음에 제 가슴의 텅 빈 마음은 제 스스로 감당하지 못할 것이니라.
22 지도자 자신이 참진리의 길이요, 행함이 없으며 당당함이 없으며 당당한 모습으로 살아갈 수 없어서 저 자신의 영혼이 병들어 가고 영혼이 썩어져 죽어 가기 때문에,
23 저 자신은 아직 모르며 제가 생각하지 아니하며 영광이라 생각하나, 제 마음 속 깊은 곳에 불안과 공포가 저 자신을 다스리고 있다는 것, 그리고 거기에서 헤어날 수 없으며 벗어날 수 없는 것이 그들이라는 것을 알아야 할 것이니라.
24 나로부터 직접 명함이 없으며, 나로부터 성령을 받은 적이 없으며, 나로부터 나의 음성을 들은 적이 없으며, 인간의 생각이요, 그저 말재주로써 말품을 팔아먹는 그와 같은 행위를 하고 있기 때문이니,
25 그가 진실 앞에 나 여호와의 성령 앞에 두려움과 무서움을 저는 모르나 제 영혼이 느끼고 있음을 알아야 할 것이니라.
26 사자 앞에 꼬리를 내리는 강아지 꼴임을 너희는 잊지 말라.

7,492 번째 하나님 말씀

2003년 9월 13일 08시 18분

1 사랑하는 나의 아들아!
2 "네, 아버님! 말씀하옵소서."
3 지금의 수천 년 동안 흘러오는 그 역사 속에 모든 종파요, 지도자요, 그리고 구원을 받았다는 백성이요, 믿음의 길을 가는 그 신도들은 과연 어떠한 것으로써 어떠한 생각을 하며 무엇을 위하여 그들이 신앙생활을 하고 있으며 믿음의 길을 가는 것인가를 그들에게 물어봐야 할 것이니라.
4 너희는 믿음의 길을 가는 근본이 무엇이며 믿음의 기초가 무엇인가, 누구를 본보기로 하여 삶을 살아가는 것이며 어떠한 삶을 살아가는가, 그들에게 물어봐야 할 것이니라.
5 너희는 과연 성경에 기록된 가장 낮은 자가 아니요, 남 앞에 서고자 하며 남에게 위대해 보이고자 하는 그와 같은 오만한 생활을 하는 종교 지도자는 과연 없는가?
6 그리고 그 신도들 또한 나의 아들 예수가 살아왔던 그 삶보다 더 낮은 자세로 살아가고자 노력하는 백성은 과연 얼마나 있는가?
7 너희는 누구를 본보기로 살아가야 할 것이며, 누가 역사한 것을 본보기로 따라가야 하는가를 생각해 봐야 할 것이니라.
8 너희가 지금 얼마나 오만한 생활을 하는가, 그리고 너희가 얼마나 오만

한 생각으로써 지금 존재하는가?
9 종교 지도자가 가는 길이 어떠한 길인
가를 그들은 알지 못하고 가는 자들이
며, 제 스스로 서야 할 길이 무엇인가
를 모르느니라.
10 그러나 너희는 지도자 과정을 공부하
는 것부터 잘못 다스려졌으며 잘못 깨
우쳤음이니,
11 잘못 배운 자가 세상에 나와 그걸 잘
못 쓰기 시작함이니, 잘못 쓰는 것이
세상에 퍼져 가고 덮어 갈 때 거기에
서 악한 역사는 이루 말할 수 없는 것
이니라.
12 너희가 지도자요, 만백성을 하늘에 오
르는 길로 인도하는 공부를 하는 그
과정에서 영적인 성장과 깨우침은 뒷
전이요, 그건 바라보지 아니하고 접어
둔 지가 이미 오래이니라.
13 어떻게 하면 남들보다 더 큰 교회요,
큰 건물이요, 많은 신도요, 많은 헌금
을 거둬들일 수 있는가, 어찌하면 제
왕적인 대우를 받을 것인가, 그것만을
공부하고 그것만을 배우기 시작하니,
그게 어떤 곳이냐?
14 상업 학교요, 상술을 배우는 학교이니
라.
15 그러니 영적인 구원 사업이요, 목회자
의 자질은 이미 교육받는 그 과정에서
부터 모두 무산되며, 그 교육을 받는
순간부터 거기에서 나오는 자는 기대
할 수 없는 것이 오늘의 종교 지도자
를 육성하는 교육 과정임을 너희는
알아야 할 것이니라.
16 종교 지도자는 주변에 있는 모든 사람
보다도 무엇인가 능가한다는 그와 같
은 생각이요, 위대하다는 생각을 하고
살아가는 것이 오늘의 종교 집단이요,
지도자이니라.
17 종교 지도자가 되고자 하는 것이 사랑
하는 나의 피조물 만백성의 영적인 지
도요, 그들을 깨우침이 아니라,
18 주변에 있는 모든 사람보다도 무엇인
가 저희가 더 능가하는 자요, 더 행복
한 자요, 더 많이 가지며 소중한 것을
역사하는 그와 같은 환경 속에서 살아
가는 종교 지도자의 모습만 그리며,
그 모습을 위해 오늘날 종교 지도자로
서 단상에 섰음이니,
19 과연 그들 속에서 무엇인가 깨우침을
얻을 수 있단 말이더냐?
20 저희는 좋은 환경이요, 좋은 집이요,
모든 것을 만백성보다 우선해야 한다
는 그와 같은 오만한 자들이요,
21 그걸 위해 살아가는 종교 집단이요,
지도자들이 지금 세상을 지배함이니,
그 과정에서 공부하고 깨우치는 자들
이 무엇을 보는가?
22 영적으로서 나의 피조물 만백성들을
깨우치며 역사하는 종교 지도자가 없
으며, 교육 과정에서도 그러한 것이
없으며,
23 저희 앞에 간 종교 지도자들이 그런
모습을 보여 주는 자가 없음이니, 그
들이 어찌 살아가는가?
24 그들이야말로 스스로 무너지는 길을
가게 되어 있으며, 보고 듣는 것이 없
음이니라.
25 모든 종교 집단이요, 지도자요, 신도
너희는 들어야 할 것이니라.
26 너희의 삶의 본보기는 나의 아들 예수

의 삶이 본보기요, 그가 원하고 역사
했던 것을 그대로 행하는 것이 나에게
오르는 길이며,
27 오늘과 같이 주변의 누구보다 무엇인
가 더 능가하는 것, 좋은 환경 속에서
좋은 생활 여건 속에서 살아가려고 종
교 지도자가 되고자 하는 자는 장사꾼
이며 사악한 자니, 그리하여 사탄의
자식이라는 것을 잊지 말라.

7,493 번째 하나님 말씀

2003년 9월 13일 11시 10분

1 사랑하는 나의 아들아!
2 "네, 아버님! 말씀하옵소서."
3 내가 너희에게 뭐라 일찍이 깨우쳤느
냐?
4 가진 자, 권력이 있는 자 그리고 모든
것을 통제하는 자가 욕심을 비우며 마
음을 비우지 아니하면 그 모두는 정상
적으로 움직일 수가 없으며, 모두 다
제대로 나의 뜻에 따라 역사할 수 없
다 내가 그리 너희에게 말하여 가르
쳐 주었음이니라.
5 이는 바로 무엇이던가?
6 능력이 있는 자, 힘 있는 자가 욕심을
버리지 못하며 제가 모두를 움켜쥐고
있을 때, 아무것도 이룰 수 없으며 역
사할 수 없기 때문이니 그러하니라.
7 가진 자요, 능력 있는 자가 베풀며 그
들이 사랑을 실천했을 때, 많은 사람
이 더불어 그 은혜를 입을 수 있으며
그 은혜와 영광 속에서 그들이 인간의
삶에 보람을 찾을 것이며 인간의 존재
함에 아름다움을 느낄 것이니라.
8 그러나 가진 자, 능력이 있는 자가 마
음을 비우지 못하며 욕심을 버리지 않
고 그저 자신의 뜻을 굽히지 아니하고
오로지 제 고집으로써 모두를 역사하
고자 하는 그와 같은 지도자가 있다
하면, 그 조직은 정녕 제자리를 지킬
수 없으며 평탄한 순항을 할 수 없음
이니라.
9 그건 곧 스스로 저 자신이 제 목을 조
르는 것이며, 저 자신이 모두를 포기
하는 그와 같은 삶을 살아가며 자신이
묻힐 무덤을 파는 자와 같음을 너희는
알아야 할 것이니라.
10 그러니 너희가 모두 능력이 있는 자,
가진 자, 깨달음이 있는 자, 그와 같은
자는 고개를 숙여 베풀며 사랑으로 다
스리고 인도하는 자로 역사하지 아니
하면 절대 아름다운 역사를 이룰 수
없음이니라.
11 조직의 단체요, 이 세상에 살아가면서
도 윗사람이 자신의 불쾌감으로 온종
일 인상을 쓰고 있다면, 같이하는 모
든 부하는 자연히 조바심할 것이며,
마음이 편하지 아니하며, 하루의 삶을
고통 속에 살아가는 것이 인간 조직
사회의 흐름이요, 너희의 전례가 아니
던가?
12 그와 마찬가지니라.
13 그러니 권력 있는 자, 가진 자가 모두
베풀며 사랑으로써 다스려 나갈 때,
그 모든 분위기는 화기애애하며, 그
백성은 어떠한 일이 닥쳤을 때 목숨을
바쳐 모두 다 역사하는 그와 같은 변
화를 이룰 수 있는 것이니라.
14 그러니 믿음의 길을 가는 너희요, 나

의 아들을 따르는 제자 너희도 그러
하니라.
15 능력이 있는 자, 가진 자가 마음을 비
우며, 저 자신 앞에 밥그릇 큰 것을 놓
고자 하지 아니하며, 제가 우선이요,
저를 먼저 생각하는 그와 같은 마음을
가져서는 아니 될 것이며,
16 그와 같은 마음을 갖지 아니하였을 때
나의 성전이요, 나의 법전을 만드는
모든 백성이요, 그리고 만백성을 구하
려고 선택된 그들에게 행복이요, 즐거
움이요, 하루의 삶을 즐겁게 살 수 있
으며, 모두 스스로 역사할 수 있는 그
와 같은 행복 속에 살아갈 수 있는 것
이니라.
17 능력 있고 가진 자가 잘못됐을 때는
모두 공포 분위기로 찌든 삶을 살게
되어 있으며 찌든 생활을 하게 되어
있으나,
18 능력 있는 자가 웃으며 능력 있는 자
가 사랑을 베풀며 능력 있는 자가 인
자한 모습으로써 모든 것을 역사하고
대할 때 너희의 그 삶은 정반대이니
라.
19 그러니 능력 있고 나은 자가 항상 겸
손한 삶을 살아야 한다는 것, 그리고
그들이 베풀고 나누며 산다는 그 법
칙을 저버리지 말고 생활 속에 적용하
여 그리 살아가도록 해야 할 것이니
잊지 말라.

7,494 번째 하나님 말씀

2003년 9월 13일 11시 17분

1 사랑하는 나의 아들아!
2 "네, 아버님! 말씀하옵소서."
3 지금의 수천 년 동안 흘러오는 그 종
교 집단이요, 지도자요, 그리고 거기
에 맹종하여 가는 신도라는 자, 구원
을 받았다며 오만방자한 그 백성이 과
연 나의 피조물 만백성을 위하여 복음
의 사업을 하며 전도의 사업을 한다고
생각하는가?
4 너희는 지금 나의 피조물 만백성들을
구원하려고 복음 사업이요, 전도 사업
을 한다 하나,
5 너희는 그와 같은 뜻으로써 지금의 복
음 사업을 하는 것이 아니요, 나의 피
조물 만백성을 구하고자 하는 것이 아
님이니라.
6 그러니 너희가 잘못된 자며 나와 관계
없는 자들이라 내가 그리 말함이니라.
7 너희는 정녕 영적인 이웃이요, 너희
형제요, 사랑하는 나의 피조물 만백성
들을 구원하기 위하여 복음의 역사를
하며 그들을 나 여호와를 믿는 그 길
로 인도하는 그와 같은 역사를 하는가?
8 결코, 너희는 그것이 제일 우선이 아
니요, 그것이 제2번도 아니요, 제3번
도 아니요, 그건 너희 머릿속에서 지
워져 있는 것이니라.
9 다만, 너희가 이웃에게 복음을 전한다
며 역사하는 행위는 바로 무엇인 줄
알겠느냐?
10 너희 자신이 이 세상에서 최고의 교회
를 지으며 최고의 성전을 지으며, 네
주변에서 감히 누구도 따라올 수 없는
최고의 교회요, 성전을 지으려고 신도
가 필요하기 때문이며,
11 재물과 금화를 거둬들여야만 너희가

최고의 교회를 지을 수 있으며 궁궐보
다도 호화로운 그와 같은 역사를 이룰
수 있기에,
12 너희는 복음을 전해 그들을 구원하는
것이 아니요, 최고의 교회를 지으려고
그들에게 복음 사업을 하는 것이며,
그들을 끌어들이는 그와 같은 짓을 하
는 것이 지금의 믿음의 길을 가는 길
이니,
13 나 여호와의 뜻과는 관계없는 자들의
믿음임을 너희는 알아야 할 것이니라.
14 오늘에 나의 아들이 나의 백성에게
나의 성령을 가르치며 나의 법전을 가
르치며 가는 그 형태와 지금 똑같이
복음을 전하며 나 여호와의 뜻을 전한
다고 그리 말하나,
15 너희는 나 여호와의 뜻을 전하는 것이
아니요, 궁궐 같은 최고의 교회요, 이
세상에 감히 누구도 끌어갈 수 없는
그와 같은 위대한 교회를 짓기 위해
너희는 사람이 필요하며 재물이 필요
하기에, 그 복음 사업을 거기에 맞춰
서 하는 자들이라는 것을 알아야 할
것이니라.
16 너희는 최고의 숫자를 자랑하는 성도
의 교회를 만들며 주일 학교를 만들어
야겠다는 생각만 머리에 젖어 있는 자
들이니,
17 진정한 사랑이요, 믿음을 깨우치는 것
이 아니라, 최고의 신도들이 모여드는
것, 최고의 주일 학교를 역사하는 것,
그리고 제 설교에 대하여 누구나 다
탄복하는 그와 같은 말재주요, 화술의
장난으로써 지금 모든 역사를 하고자
하는 것이 아니던가?
18 그리고 많은 신도를 멀리에서 많이
참석하게 하고 또 그들을 끌어들이려
는 것이 무엇이더냐?
19 그것은 바로 재물을 거둬들이려는 것
이요, 그리 실어 나르려 하니, 버스라
는 그 기계가 필요함이니라.
20 그 많은 백성을 실어오는 버스를 사려
면 재물이 필요하니, 그 재물을 거둬
들이려고 그 복음 사업을 하는 것이
며 복음을 전파하는 것이니,
21 너희가 얼마나 불쌍하고 가련하며 사
악한 자들의 행위를 하고 있는가?
22 사람을 실어나르기 위한 그 기계를 사
려 하니 자금이 필요하며, 그것을 사
람을 끌어들이기 위해 하니,
23 너희는 믿음으로 끌어들임이 아니요,
버스라는 기계를 사들이려는 방법이
요, 더 큰 교회를 지으려는 방법이요,
궁궐보다도 더 호화로운 것을 짓고 만
들고자 복음 사업을 하는 것이며, 나
의 피조물 만백성들에게 전파하는 것
이니라.
24 너희는 여기서 깨우쳐야 할 것이니,
이를 보는 나 여호와의 탄식함을 알겠
느냐?
25 하늘에 오르는 참진리를 깨우치려고
복음을 전하는 것이 아니요, 너희의
권위를 세우려고 재물을 모아 궁궐보
다도 더 호화롭고 더 큰 교회를 지으
려고, 멀리 있는 자들까지 실어 나를
수 있는 그 기계를 장만하려고 지금
복음 사업을 하는 것이 너희이기 때
문이니, 너희는 여기서 스스로 깨달아
야 할 것이니라.
26 너희 스스로 권위를 세우려고 돈이

필요한 것이며, 그 재물을 가지고 모
든 사업을 벌임으로 인해서 또 외형
적으로 보이는 것을 역사함으로써 너
희는 위대하다 느낄 것이며,
27 너희가 참진리를 가르치지 못하는 그
와 같은 것을 덮어 나가고 숨기고자
하는 것이 너희이니라.
28 그러니 너희가 복음 사업을 하는 것
은 나의 피조물 만백성을 구하고자 하
는 것이 아니요,
29 많은 것을 더 역사하며 외형적인 것
을 이루기 위해서 재물이 필요하며
금화와 은화가 필요하기 때문에,
30 복음 사업이라는 명칭을 붙여 열심히
나의 피조물 만백성들을 끌어들여, 각
종 헌금의 굴레로써 그들에게 고통을
주는 것이 바로 너희의 오늘의 삶의
길이요, 믿음의 길이니라.
31 나의 아들 예수를 통하여 교회를 짓지
말라 하였으며 성당을 짓지 말라 하였
음이니라.
32 나의 아들 예수처럼 그저 물 흐르듯이
복음을 전하면 되거늘, 그 뜻을 거역
하며 재물을 거둬들이니 그 행위가 과
연 나의 백성으로서 하는 것이냐, 사
탄의 자식으로서 사탄의 역사를 하는
것이냐?
33 이제는 너희가 그걸 보고 깨우칠 수
있는 능력이요, 깨달을 수 있는 능력
이 있건만,
34 어찌하여 너희 자신을 다스려 보지
못하고 오늘날 이와 같이 험악한 삶
이요, 지옥으로 달려가는 그 길을 하
늘에 오르는 길이라 찬송하며 가고 있
는가?
35 그들을 이제 깨우쳐야 할 것이니라.
36 그들을 봐야 할 것이니라.
37 그들을 구원하는 것이 너희가 나에게
와 상을 받음을 알라, 사랑하는 나의
아들딸들아!

7,495 번째 하나님 말씀

2003년 9월 13일 11시 23분

1 사랑하는 나의 아들아!
2 "네, 아버님! 말씀하옵소서."
3 나의 아들 예수가 그리 고통스럽게 죽
어 가며 너희에게 깨우치고 전해 주었
던 것은 나의 큰 사랑이라 그리 말하
였음이니라.
4 그리고 가장 낮은 자세로써 세상을 살
아가는 것이 너희가 행해야 하는 길
이라 그리 가르쳤음이니라.
5 그러나 너희는 그와 같은 것을 가르쳐
나의 피조물 만백성들을 하늘에 오르
는 길로 인도한 것이 아니요,
6 너희 스스로 인간으로 만드는 그와 같
은 방법으로써 나의 피조물 만백성들
을 현혹하여 지옥으로 인도하는 자들
이 지금의 종교 집단이요, 그 지도자
임을 너희는 알아야 할 것이니라.
7 너희는 뭐라 가르치느냐?
8 나의 아들 예수의 고통이요, 그 삶을
그대로 본보기로 따르려 하는 것이 아
니요,
9 너희는 살면서 지은 죄에 대하여 결백
하며 깨끗하고 절대 죄가 없는 백성이
라 그리 가르치느니라.
10 그는 바로 무엇이더냐?
11 나의 아들 예수가 와 너희를 깨우치겠

다는 그 참진리가 아니요,
12 오로지 나의 아들 예수가 영원한 속죄
양으로써 너희 대신 죽었음이니, 영원
히 속죄양이 된 나의 아들 때문에 너
희는 죄가 없다 함이니라.
13 너희는 영원히 죄가 없는 것이요, 영
원히 속죄받았다는 것은 무엇을 의미
하는 것이냐?
14 너희가 과거에 지은 그 수많은 죄들도
하나 죄가 아니며 다 털어 주었으며,
현재 너희가 살아가면서 지은 그 모
든 죄도 다 털어 주어 하나도 없으며,
15 더욱이 너희가 살인할지 거짓을 할지
어떠한 무서운 죄를 지을지도 모르는
미래의 죄까지 모두 다 용서받았으며
그리하여 너희는 천사처럼 되었다는
것이니, 영원한 속죄라는 것은 바로
그러한 의미이니라.
16 그러니 함부로 그와 같은 말을 하는
것이 너희요, 나의 피조물 만백성들을
그리 세뇌시켜 이끌어 가느니라.
17 과거, 현재, 미래의 어떠한 죄라 해도
다 용서를 받은 것이라 그리 말함이니,
18 오늘의 종교 집단이요, 지도자요, 믿
는 성도들 너희가 그와 같은 것에 세
뇌되어, 너희는 짓는 죄에 대해 죄를
모르며 죄가 무서운 줄 모르며 죄의
두려움을 모르며, 저 자신도 구원하지
못하는 그와 같은 위치에 놓여 있는
자들이 사랑하는 나의 백성이니, 그들
이 얼마나 불쌍하고 가련하더냐?
19 그들을 너희가 깨우쳐야 할 것이며,
그들을 정신 차리도록 해야 할 것이
며, 그들이 부활의 역사를 얻도록 그
리해야 함을 절대 잊지 말라.
20 저희는 죄가 있다고 생각하는 사람들,
그리하여 죄가 있기 때문에 용서를
빌고 회개하며 바르게 살고자 하는 마
음을 가진 나의 백성에게 너희는 뭐
라 가르치느냐?
21 아직도 나의 아들 예수가 피 흘려 죽
어 간 그것을 모르며 정신 못 차린 자
가 저 자신은 죄인이요, 죄가 남아 있
으며 저는 하늘에 오를 자격이 없는
자라 한다 하며,
22 고개 숙여 나에게 기도하고 경배하는
자들에게 너희는 그를 책망하며 꾸짖
느니라.
23 '어찌하여 네가 아직도 죄가 남아 있
다 생각하느냐?' 하며 나 여호와를 욕
되게 하는 자요, 나를 거역하는 자요,
나를 능멸하는 자라 그리 말하느니라.
24 제 죄가 두려우며, 죄가 있어 하늘에
오를 자격이 없으며, 죄를 용서를 빌
며 아름답게 살아가야 한다고 말하는
그와 같은 자들에게,
25 나의 아들 예수가 너희의 과거, 현재,
미래의 모든 죄를 다 안고 갔거늘, 그
은혜에 거역하는 일이요, 그 은혜에
반역하는 일이요, 그 은혜에 욕되는
일이요, 나 여호와에게 욕되는 행위라
고 가르치는 집단이 있다 하면, 너희
는 과연 믿겠느냐?
26 그리 부르짖는 것이 오늘의 종교 집단
이요, 지도자들이니라.
27 용서를 빌며 회개하며 아름답게 살고
자 하는 자, 성서를 깨우치는 눈을 떠
그 내용을 알고 그대로 지키려 하는
자, 죄가 아직도 남아 있다고 생각하
며 바르게 살고자 노력하는 그 백성에

게,
28 나 여호와를 욕되게 하는 자요, 사탄
이요, 사악한 자라 핍박하며 욕하는
것이 오늘의 종교 집단이요, 지도자이
니,
29 그를 바라보는 나 여호와의 가슴이 얼
마나 찢어지고 아픈지 너희는 알겠는
가?
30 지은 죄를 회개하고 깨우치는 것은 천
국에 가는 길이 아니요, 그와 같은 것
은 천국의 구원과는 관계없다 그리 가
르침이니,
31 이 무서운 설교를 단상에서 설교라고
부르짖는 자들의 말에 '옳소, 아멘!'
그리 소리 지르는 너희가 거기에 있
음이니, 너희는 회개라는 그 자체의
단어도 모르느니라.
32 육의 회개는 결코 아무것도 아니라 그
리 주입시키고, 그저 믿음만을 부르짖
으며, 나의 아들 예수만 찾으면 구원
을 받는다고 머릿속에 그리 심어져
있으니, 그들이 바로 그곳에서 헤어나
지 못하는 가련한 백성이니라.
33 회개가 무엇인지 회개의 의미도 모르
는 자들이 회개하고 기도했다고 그리
말하며, 은혜를 받았다 말하는 자들이
니,
34 회개의 의미라도 제대로 깨우쳐 주도
록 그리하라, 사랑하는 나의 아들아!

7,496 번째 하나님 말씀

2003년 9월 13일 11시 29분

1 사랑하는 나의 아들아!
2 **"네, 아버님! 말씀하옵소서."**
3 수천 년 동안 흘러오는 종교 집단이
요, 지도자 너희는 죄의 온상에서 설
교하는 자의 말에 따라 그 강론을 듣
고, 또한 그 반주에 맞추어 찬송이라
는 것을 부르고 찬양을 한다 하며 그
와 같은 일을 반복하고 또 반복함이니
라.
4 그러나 너희는 그 찬송 속에 기록된
한 구절을 알겠는가?
5 울어도 죄를 씻지 못하며, 눈물을 많
이 흘려도 죄를 씻지 못하는 것이 너
희가 가진 죄라는 찬송의 구절이 있
음이니라.
6 예배요, 찬송을 드리며 너희가 울어도
죄를 씻지 못하며 많은 눈물을 흘리고
또 흘려도 씻지 못하는 것이 바로 죄
라 너희는 찬송의 구절을 따라 목청을
돋우고 소리를 지르며 그 노래를 부르
느니라.
7 그리고 나서 너희는 은혜를 받았으며
축복을 받았다고 말하느니라.
8 그러면서 돌아서서 기도할 때 뭐라 말
하느냐?
9 기도할 때 눈물 콧물을 철철 흘리면서
너희는 기도하고 또 기도하느니라.
10 금방 너희가 찬송이라는 것을 부르면
서 눈물로써 아무리 울고 눈물을 흘리
고 흘려도 죄를 씻지 못한다 하면서,
11 너희는 기도하면서 눈물을 흘리고 콧
물을 흘리고 너희가 울고불고하면서
너희 기도가 끝난 다음에 뭐라 말하느
냐?
12 '나는 회개했으며 나는 회개가 되었으
며 나는 축복받은 자며 그리고 나는
모두를 용서받았다.' 너희가 그리 말

하느니라.
13 '눈물을 아무리 많이 흘려도 죄를 씻
어지지 않는다.' 하며 너희가 찬송의
구절을 따라 그리 목청 높여 울고불고
소리 지르고 나서,
14 너희가 울고불고 눈물 흘리는 것으로
써 회개가 되었으며 죄를 다 씻음을
받았으며, 너희는 새로 태어난 백성이
라 그리 말하는 자들이니, 과연 너희
가 어떠한 백성인지 알겠느냐?
15 과연 너희 입으로 찬양하며 찬송에는
아무리 눈물을 많이 흘리고 통곡해도
너희가 죄를 씻을 수 없다 하면서,
16 그리고 기도할 때 눈물 흘리고 콧물
흘리면서 그것으로써 너희는 회개했
으며 눈물의 기도에 의하여 구원을
받았다 그리 말하는 것이 너희가 지
금의 오늘의 믿음 속에 젖어 있는 자
들이니라.
17 그러한 형식에 네 감정에 의한 광란의
짓을 하고 말하지 말라 내가 너희에
게 깨우침이니라.
18 그와 같은 행위는 너희가 찬송을 부
르듯이, 찬송의 구절이 있듯이, 너희
가 구원을 받지 못하는 것이니라.
19 육의 세상을 위해 모두를 다 파괴하
는 그러한 삶에서, 너희는 네가 지은
죄의 두려움을 알며, 십계명대로 나의
법전대로 참진리의 길을 행할 것이며
참진리의 길을 바라다볼 수 있으며,
이 아름다움으로 변화되는 삶을 역사
하는 것, 그것이 회개의 길이라는 것
을 알아야 할 것이니라.
20 너희는 지은 죄에 대해서 콧물 눈물
흘리며 너희가 소리 지르는 것이 회
개가 아니니라.
21 너희가 참진리를 행하여 지금까지 살
아왔던 잘못된 삶의 모두를 다 단죄하
며, 너희가 다시 태어나 바른길을 가
는 그것이 바로 회개요, 회개의 기도
이니라.
22 그러니 회개의 의미가 무엇인가를 너
희는 알아야 할 것이니라.
23 눈물 콧물 짜고 제 기분에 넋두리를
털어놓는 것이 은혜요, 너희가 회개의
기도라 생각하지 말라.
24 그는 아무것도 아님이니라.
25 인간의 제 기준에 의하여 살아왔던
그 모두를 다 버리고,
26 나 여호와의 뜻이요, 예수의 행하고자
했음이요, 십계명이요, 지금 내리는
'하늘에 오르는 길'이요, '하나님 말씀
하옵소서' 나의 법전 이를 보고 깨우
치는 길이 너희가 하늘에 오르는 길
이요,
27 그를 보고 너희가 참진리를 보며 내
가 역사하는 그 삶으로 변화되는 것,
그리고 변화되는 삶을 사는 것, 천사
와 같은 아름다움으로 사는 것,
28 그리고 육의 세상에 사는 짓는 죄의
두려움을 알며 그 행함이 너희가 심판
의 기준이라는 것을 깨닫고, 바른 삶
을 살아가고자 발버둥치고 노력하는
것이 바로 회개의 기도요, 회개인 것
이라 그리 전하라, 사랑하는 나의 아
들딸들아!

7,497 번째 하나님 말씀

2003년 9월 13일 11시 35분

1 사랑하는 나의 아들아!

2 "네, 아버님! 말씀하옵소서."

3 너희가 회개하는 것은 무엇이라 말하였더냐?

4 눈물 콧물 흘리는 것, 너희가 죄지은 것을 부르짖는 것, 그것으로써 은혜 받으며 다 털어 내는 게 회개가 아니라 하였음이니라.

5 하늘에 의한 나의 법도에 따라 너희가 지금까지 살아온 육의 잘못된 삶을 다 버리고, 참진리의 길을 향하여 너희가 어렵고 힘든 그 길을 가고자 맹세하며 나에게 약속하며 지키고 살아가는 것, 그것이 바로 회개의 기도라 하였음이니라.

6 그러니 너희가 부활의 의미는 과연 무엇이더냐?

7 모든 수천 년 동안 믿음의 역사한 그 백성이 부활을 어찌 믿는가?

8 너희가 죽은 육이 다시 살아나는 것이요, 육의 너희 자신이 다시 살아나는 것으로써, 다시 태어나는 것으로 너희가 착각하고 있으며 그것이 부활이라 그리 말함이니라.

9 그리하여 수천 년 전에 죽어 육이 썩어 간 자도 또 육으로써 부활하며, 또한 너희 자신도 나에게 믿음이요, 나에게 오는 그 길을 지금 온다 하는 자, 그와 같은 믿음의 길을 오는 자, 너희가 죽어서 가도 다시 부활한다 그리 생각하며, 다시 태어나는 것이 너희가 부활이라 생각하는 것이니라.

10 육이 죽어 간 그 가운데서 다시 역사하는 것이 너희가 부활이라 생각하나, 이제 너희가 그 부활은 그것이 아님을 너희는 깨우치고 전하라.

11 너희 자신이 죽은 자 가운데서 다시 태어나는 것이 부활이 아니요, 죽은 자가 다시 살아나는 것이 부활이 아니라 그리 전하라.

12 지금 나의 아들딸 그리고 나의 아들을 따르는 그 제자들처럼 나의 성령이 너희에게 임하여,

13 나 여호와를 모르며 참진리를 모르며 그리고 그저 그런 것이 인생의 삶이요, 그럭저럭 사는 것이 사는 것이요, 그저 그대로 믿으며 사는 것이요, 그리하여 구원받을 것이요, 천국 갈 것이라 생각했던 그들이,

14 나의 법전을 읽고 두려움을 알며 머리털이 쭈뼛 섬을 알며, 하늘에 오르는 길이 얼마나 무서운 길이며 나에게 오르는 그 길이 어떠한 것인가를 앎이니,

15 정녕 나 여호와가 말하기를, 너희가 바늘구멍을 통과하는 낙타의 그 고충보다 더한 것이라는 그것을 깨닫고 두려워 오금을 펴지 못하며 숨을 쉬지 못하는 나의 아들을 따르는 제자들이요, 그 백성에게 너희가 물어보라.

16 그와 같이 변화되는 것이 바로 무엇인 줄 알겠느냐?

17 그게 부활임을 알라.

18 너희가 죽은 자가 부활하는 것이 아니요, 죽은 자의 시신을 놓고 제사를 지낼 수 있는 산 자가, 바로 너희가 그 부활함이니,

19 너희가 다시 태어나는 것, 그리고 나

의 계명대로 사는 것, 산 자가 나의 계
명대로 사는 것, 나의 법전대로 사는
것, 그리고 너희가 변하고자 하는 것,
변화되는 삶을 사는 것, 참진리의 길
을 거역하지 않는 삶을 사는 것, 이는
곧 죽은 자가 아니요, 산 자이니라.
20 그러니 그들 중에서 너희가 바로 구
원을 받는 것이요, 죽은 자 가운데 구
원이 부활이 아니요, 산 자 가운데 부
활함이니라.
21 산 자 가운데 참진리요, 진정한 나 여
호와의 뜻에 살아가고자 몸부림치는
자, 그와 같은 백성이 곧 부활임을 너
희는 알라.
22 이제 죽은 자 가운데서 다시 살아나는
것이 부활이라는 생각을 깨우치라.
23 너희가 살다 육이 죽어 가며 너희가
나에게 와 심판을 받은 자 부활이 없
으며, 지옥으로 가는 자 영원히 다시
나오지 못한다 했거늘, 너희가 어찌하
여 부활을 운운하는가?
24 그러니 부활은, 오늘의 나의 아들을
따르는 제자들이요, 만백성 법전을 읽
은 너희는 알라.
25 나를 모르고 사는 자, 나의 뜻을 거역
하고 사는 자, 그리고 참진리를 모르
는 자, 그 백성이 나의 아들을 따라 법
전을 읽고 강론을 들어 두려움과 무서
움을 알아,
26 그 자신이 살아가는 것을 되돌아보며
저를 점검하며, 돌다리를 두드려 보고
건너가고자 하는 그와 같은 마음으로
살아가는 그 제자들이 바로 부활된 자
들이요, 부활한 자들이라는 것을 잊지
말라.
27 바로 그와 같은 삶을 사는 것이 부활
임을 내가 본보기로 너희에게 전함이
니라.
28 나의 계명이요, 나의 법대로 삶을 살
면서 변화되는 것, 그것이 부활임이니
라.
29 이것이 너희에게는 부활의 뜻임을 가
르치라.
30 그리고 그것이 부활임을 명심하여 들
으라 그리 전하라.
31 너희가 죽은 자가 다시 살아나는 그것
이 부활이 아니라, 산 자 가운데서 다
시 거듭나는 것이 부활이니라.
32 육신은 살아 있다 해도 나의 성령이
없는 자, 나의 뜻대로 살아가지 아니
하는 자, 나의 십계명대로 살아가지
아니하는 자, 나의 법전대로 살아가지
않는 자가 곧 죽은 자이니라.
33 그와 같이 죽은 자 속에 생활하다가
나의 법전을 접하며 십계명의 두려움
을 알며 그것이 나의 친필이라는 것을
깨달아, 너희가 바른 삶이요, 진리의
길을 살아가려고 변화를 역사하는 그
것이 바로 너희에게 부활의 의미이니,
34 지금 나의 아들을 따르며 가는 그 제
자들이 부활의 그 선상에 서 있는 자
들이라는 걸 잊지 말라.
35 바로 육이 죽고 사는 것이 부활이 아
니며, 육이 다시 태어나고 사는 것이
부활이 아니니, 꿈을 깨도록 그리하라.
36 너희가 지금같이 사는 방법으로는 나
에게 와 심판대에 설 수도 없다 했으
니, 지옥으로 감이니라.
37 지옥으로 가는 자는 다시 그곳에서 나
올 수 없는 것이 지옥이라 하였으니,

너희는 부활하여 다시 태어난다는 꿈
을 버리고, 오늘의 육의 세상에서 한
점의 부끄럼이 없는, 하늘을 향하여
한 점의 부끄럼이 없는 삶을 살라.
38 그것이 부활의 증표이니라.
39 '하늘을 향하여 한 점의 부끄럼이 없
이 살라.' 내가 가훈을 내렸음이니, 그
게 바로 부활의 근거이며 그게 바로
부활의 증표이니 그대로 살라.
40 그것이 너희에게 부활의 역사함이니,
너희가 죽은 다음에 부활은 없음이니
라.
41 이를 명심하여 깨우쳐 전하도록 하라,
사랑하는 나의 아들아!

7,498 번째 하나님 말씀

2003년 9월 13일 11시 40분

1 사랑하는 나의 아들아!
2 "네, 아버님! 말씀하옵소서."
3 부활이란 죽은 자가 거듭난 역사를 말
하는 것이 아니라고 내가 일찍이 깨우
쳐 주었음이니라.
4 너희는 죽은 자를 제사 지낼 수 있으
며, 장사 지낼 수 있는 자, 그와 같이
장사를 지내는 자가 다시 태어나며 다
시 변화되는 것을 의미한다고 그리
말하였음이니라.
5 죽은 자가 다시 태어나는 것이 아니
요, 죽은 자를 장사지낼 수 있는 살아
있는 백성이 거듭나는 것이 부활임을
너희는 알아야 할 것이니라.
6 너희는 육이 죽어서 은혜로 거듭나는
것이요, 너희가 믿음의 길을 바로 왔
기 때문에 그 축복으로써 다시 부활의
역사를 이루며 너희 자신이 거듭나고
다시 살아난다는 그와 같은 생각과 망
상에서 벗어나라.
7 장사를 지낼 수 있는 백성을 내가 말
함이니, 부활의 역사요, 부활의 기회
는 그들에게 필요한 것이라는 것을 이
제 전하라.
8 나를 믿지 않는 백성이요, 믿으면서도
참진리요, 나의 뜻을 거역하고 사는
그와 같은 백성이요, 그 제자들이 구
원의 욕심을 버리고 가득 찬 욕심을
다 저버리고, 참진리요, 사랑의 마음
으로 변하는 그와 같은 삶을 사는 것
이 바로 부활이라는 것을 알라.
9 너희가 욕심에 그득 차 저만 구원을
받으며 형제도 모르며 부모도 모르며,
'형제를 미련하다는 자는 지옥을 간
다' 하였거늘, 그와 같은 것을 접어 두
며 그것보다도 얼마나 사악하고 무지
한 행위를 하며 두려움을 모르고 사는
자들이냐?
10 그와 같은 자들이 나의 법전을 깨우치
며 십계명을 듣고 깨우쳐 변화되는 삶
을 사는 그 백성 자체가 부활의 역사
함이라는 것을 이제 가르쳐 주라.
11 2천 년 전, 나의 아들 예수가 세상에
나와 그 어렵고 힘든 그 길을 간 것이
요, 죽음을 선택하며 간 것이 무엇이
더냐?
12 죽은 자들을 구원하고자 한 것이 아님
을 너희는 알아야 할 것이니라.
13 이미 나에게 와 심판을 받은 자는 그
벌에 얽매어 살고 쇠사슬에 묶여 있음
이니, 거기에서 나올 수도 없으며 헤
어날 수도 없으니,

14 죽은 자를 구원하기 위하여 내려보낸
것이 아니요, 죽은 자를 살리고 다시
거듭나게 하려고 나의 아들을 내려보
낸 것이 아니라,
15 죽은 자를 장사 지내는 산 자를 살리
고자 하여 그걸 역사하려고 나의 아
들이 세상에 내려왔음을 너희는 알아
야 할 것이니라.
16 그 많은 살아 있는 백성을 구하고자
내가 역사하였음이니라.
17 지금 나의 아들을 통하여 내리는 나의
법전이요, 나의 아들 또한 육체로 죽
어 간 자를 살리려고 이 법전이 내려
가며 나의 아들이 역사하는 것이 아
님을 너희는 알아야 할 것이니라.
18 나의 법전을 읽지 않는 자는 심판대에
설 수 없으며 심판을 받을 수 없다 하
였음이니,
19 죽은 자를 위하여 나의 법전이 내려갔
으며 나의 아들을 세상에 내려보내 역
사한다면, 이는 나의 뜻이 아니며, 나
의 뜻이 아닌 것은 진리가 아니지 않
더냐?
20 나의 법전을 읽지 않는 자는 심판대에
설 수 없다 한 뜻을 너희는 깊이 깨우
치라.
21 그러니 바로 무엇이더냐?
22 죽은 자를 부활하는 역사가 아니요,
살아 있는 자를 부활시키는 것이며,
살아 있는 자가 다시 태어나는 역사를
이루는 것이 가장 큰 뜻이며 부활의
의미라는 것을 그들 가슴속에 깨우쳐
줘,
23 지금까지 세뇌되어 멍들어 있는 그
가슴을 치유하도록 하라.
24 그러나 그들은 멍든 상처의 아픔을 모
르고 있으며 그것은 당연하다 생각하
니,
25 그 어리석은 백성, 그들을 위해서 너
희가 찬란한 빛을 역사하는 그와 같
은 삶으로 변화되는 길을 가라 함이
여기 있음이니라.
26 내가 너희를 사랑함이니라.

7,499 번째 하나님 말씀

2003년 9월 14일 07시 03분

1 사랑하는 나의 아들아!
2 "네, 아버님! 말씀하옵소서."
3 오가는 모든 사람은 저희 뜻과 생각
에 따라 제 판단에 의하여 자기가 원
하고 그리던 것이 아니면, 그들은 결
국 인간이요, 생각할 수 있는 동물이
기에, 떠날 수 있으며 모두 헤어질 수
있는 것이 인간관계의 삶이니라.
4 아무리 소중한 것을 손에 쥐여 준다
해도, 그가 그걸 원하지 아니하며 그
걸 보려 하지 아니한다면 그에게 백해
무익한 것이 되느니라.
5 그러니 그것을 보고 깨우치는 자가 얼
마만큼 받아들이며 얼마만큼 그것을
이해하고 따르느냐에 따라서 모든 양
식은 자기 것으로 만들 수가 있으며,
그렇지 못한 자는 제 양식으로 만들
수 없는 것이니라.
6 너희가 세상의 학문을 가르침이 그렇
지 않더냐?
7 아무리 진리요, 아름다운 것을 가르쳐
준다 해도, 그것이 소중한 것을 알고
그것이 귀한 것을 알아 그걸 듣고 스

승의 가르침을 따르고자 하는 자는 변
화요, 발전이 있으나,
8 그것을 무시하며 그것을 듣지 아니하
며 오만하게 생각하는 자는 결국 그
양식이 되지 못함이니라.
9 다만, 오늘의 스승의 가르침을 양식으
로 받아들이는 자와 받아들이지 아니
하는 자를 세월이 지난 다음에 그 인
생의 삶의 형태를 본다면, 인간과 버
러지의 차이라 해도 과언이 아닐 것이
니라.
10 그저 되는 대로 무질서하게 방탕한
생활을 하며 스승의 가르침을 듣지 않
는 자의 삶이라는 것은 너희는 잘 알
게 될 것이니라.
11 그러나 똑같은 삶을 살았다 해도 스승
의 뜻을 따르는 자, 그리고 소중히 받
아들이는 자는 인생사 모두를 소중히
받아들이며, 남을 존경할 줄 알며 남
의 가르침에 귀 기울일 줄 아느니라.
12 그러나 스승의 가르침마저도 정중히
제 것으로 만들지 못하는 자는 어떠한
인간관계에도 제가 제일이며 제가 가
장 오만한 자요, 저보다도 더 똑똑한
자가 없다 생각함이니,
13 그 똑똑한 사람들 밑에서 제대로 성장
하고 커 갈 수가 없는 것이 인간의 삶
이라는 것을 알아야 할 것이니라.
14 믿음 또한 그러하니라.
15 지금 내가 나의 아들을 통하여 160권
의 대장정의 법전을 세상에 내려보내
며, 그가 죽을 때까지 나는 그를 통하
여 세상에 너희가 살아갈 수 있는 법
도요, 인간의 도리를 깨우쳐 전하거늘,
16 그를 보고도 믿지 아니하며 그를 보고
도 지금 정녕 나 여호와의 뜻이라 생
각지 아니하는 자, 이곳에 온 그 제자
들, 너희는 지금까지 쓴 160권 중의
100권에 가까운 내 성령을 내려보내
기록한 그 내용을 과연 얼마나 알며,
그 내용을 읽어 보았는가?
17 너희는 그 내용을 알지도 못하며 읽어
보지 못한 자들이니, 100권에 가까운
나의 성령을 책으로 만들어 기록하는
그 대역사가 얼마나 소중한 것이며 위
대한 것인가?
18 정녕 있을 수 없는 기적의 역사이며,
기적 중에서 이보다도 더한 기적은 없
을 것이니라.
19 그와 같이 소중한 보배로움을 보고 만
진 자도 떠나는 것은 제 인격에 달렸
으며, 제 삶에 달렸으며,
20 남의 소중한 것을 들으려 하지 않고
귀를 막는 자요, 인간 세상의 스승의
가르침을 무시하며 오로지 제 고집이
요, 제 아집이요, 제가 아는 것만 최고
라 생각하는 가장 어리석은 삶을 사는
자들이니라.
21 그러니 내가 내리는 이 세상의 무엇과
도 바꿀 수 없는 가장 소중한 나의 법
전을 접하며 그 강론을 듣는 그들이
이 소중함을 모르고 등을 돌리고 떠나
는 그 백성, 그들에 대하여 네가 더 이
상 가슴 아파하지 말며 그들에 대한
안타까운 마음을 갖지 말라.
22 오로지 나에게 오르고 못 오르는 것은
아무나 이루어지는 것이 아니요, 아무
나 역사함이 아니니라.
23 또한, 떠났다 하여 다시 돌아오지 아
니할 자 없으며, 떠났다 하여 그들이

다 너희가 말하는 대로 나의 법전을
가슴에 안고 공부하지 아니하는 자 또
한 없을 것이니라.
24 그러나 그들이 깨우친다 해도 스승으
로서의 자질이 없으며 스승으로 설
수 없는 안타까움이 있음이니라.
25 또한, 너를 따라서 같이 공부하며 나
의 강론을 듣는 백성도 너희가 본심
의 마음이요, 그 생각을 바꾸지 아니
하고 인간의 눈으로 보이는 그 삶에
연연하는 자, 그것을 떠나지 못하는
자, 놓지 못하는 자는,
26 아무리 나의 아들과 더불어 나의 법전
을 정독하고 읽고 읽는다 해도 제 스
스로 변하는 역사를 갖지 못하는 자는
결국 심판대에 섰을 때 내가 그를 모
른다 말할 것이니라.
27 평생 나의 법전을 공부했으며 나의 아
들 너를 따라 한 세상을 같이 왔으며
그리 살아왔는데, 어찌하여 너를 모르
느냐고 아무리 몸부림친다 해도,
28 그 마음이 변하지 아니하며 참진리의
길이요, 나 여호와의 뜻대로 행하지
않는 자는, 나는 그를 모른다 할 것이
니라.
29 지금 수만수억의 백성이 믿음의 길이
요, 다른 신을 저희 가슴에 두지 아니
하고 오로지 나만 믿고 따라왔다 말하
는 자, 심판대에 서기도 전에 내가 그
들을 모른다 할 때, 그들은 모든 것을
다 바쳐 종교 지도자요, 목회자가 가
라는 대로 깨우치는 대로 그리 행했
거늘 어찌하여 저를 모르느냐 그리 말
할 것이니라.
30 그러나 너희는 참진리의 아름다움을
스스로 몰랐으며, 그리고 나의 뜻에
따라 살지 아니하였던 그들을 내가 모
른다 말하듯이,
31 나의 아들을 끝까지 따르다 죽음의 심
판대에서도 본질적인 인간의 마음을
버리지 아니하는 한, 두 마음을 가지
고 사는 자는 다른 신을 가슴에 두고
사는 자이니, 그와 같은 백성은 내가
모른다고 대답할 것이니,
32 너희가 완벽하게 변하지 않으며 그리
고 생수처럼 변하지 아니하며, 검은
마음을 가슴에 둔 채 생수와 같은 행
위를 하는 자는 절대 나로부터 구원
을 받을 수 없다는 것을 그들에게 전
하도록 하라, 사랑하는 나의 아들아!

7,500 번째 하나님 말씀

2003년 9월 14일 07시 13분

1 사랑하는 나의 아들아!
2 "네, 아버님! 말씀하옵소서."
3 세상에 사는 모든 나의 백성 너희는
길이 아니면 가지 말라 하였으며, 길
이 아닐 때 가고자 행하는 마음을 갖
지 말라 그리 말하였음이니라.
4 그러니 이 세상에 모든 백성 너희도
길이 아닌 길을 가서는 아니 되며, 목
적지가 없는 길을 떠나며 여행을 해서
는 안 된다는 그와 같은 가르침이 있
느니라.
5 너희가 떠나는 이유가 있어야 할 것
이며, 가는 목적이 있어야 할 것이며,
길이 아니요, 정상적인 목적이 없이
무조건 그저 앞을 향하여 나가는 그와
같은 사람은 정상적인 사람이 하는 짓

이 아니라는 것을 너희는 알아야 할 것이니라.

6 길이 아니면 절대로 가지 말며, 목적지가 확실하지 않은 곳을 행하는 사람은 이 세상의 백성 중에 없을 것이니라.

7 그러니 길이 보일 때 목적지가 있을 때 떠나며 여행을 하는 것이 인간의 도리며 너희가 살아가는 이치이니라.

8 그러나 지금 수많은 나의 백성이 수천 년 동안 흘러오면서 길이 아닌 길을 가며 목적지가 없는 곳을, 그리고 목적지가 어딘지를 모르며 목적하는 것이 무엇인지도 모르면서 그저 무조건 떠나는 백성이 있다면 너희는 과연 믿겠느냐?

9 지금의 모든 종교 집단에 속해 있는 백성, 그리고 구원을 받았다 말하는 나의 백성, 그들이 바로 목적지를 모르며 저희가 갈 길을 모르며 길이 아닌 길을 길이라 하여 지금 가고 있음이니,

10 그들에게 너희가 깨우쳐 주어, 길이 아니면 가서는 아니 되며, 목적지도 잘 모르며 이루고자 하는 것을 모르며 함부로 가서는 아니 된다는 것을 그들에게 조용히 깨우쳐 주지 아니하면 결코 그들은 구원의 길을 볼 수 없음을 너희는 알아야 할 것이니라.

11 너희가 구원을 받고자 한다면, 그 길이 어떠한 길이며 어떻게 해야 목적지에 도달할 수 있으며 소기의 목적을 달성할 수 있는가 정도는 알고 가야 할 것이며, 계산된 속에서 행해야 함을 알아야 할 것이니라.

12 길이 아닌 길이요, 준비되지 않은 길이요, 목적지가 무엇이며 무엇을 위해 가야 하는지 뜻도 모르면서 그저 맹목적으로 달려가는 그와 같은 백성,

13 믿음의 길에서 너희가 지금 가는 곳에서 구원을 받았다 하며 하늘에 오를 수 있다고 자만하는 백성은 정녕 알아야 할 것이니라.

14 나에게 오르는 길이 무엇이며 너희가 나에게 오려면 어떠한 길을 가야 하며 그리고 어떠한 역사의 발자취를 밟아 가야 하는지 정녕 알지 못함이니라.

15 다만, 나의 아들 예수를 믿으며 너희 손으로 지은 그 죄의 온상인 교회라는 곳에 나가기만 하면 너희는 천국을 간다는 잘못된 종교 지도자들의 말만 믿고 따라가는 가는 것이 나에게 오르는 길이 아니요, 지옥의 길을 달려가고 있다면 너희는 어찌하겠는가?

16 너희 자신을 한번 돌아다봐야 할 것이니라.

17 너희는 천국을 가는 길이 아니요, 지옥으로 가는 그 길을 달려가는 자들이며, 지금 천국에 가는 길의 방향과 방법 그 자체를 모르는 지도자들의 말에 따라 가고 있느니라.

18 아무것도 모르는 지도자들이 나의 백성을 제대로 가르치고 인도할 수 없기에 그들은 말하느니라.

19 의심치 말며 따르라, 그리고 묻지도 말며 따르며 그리고 알려고도 하지 말고 따르라, 무조건 교회만 나와서 기도하고 헌금을 바치고 나의 아들 예수의 이름을 부르기만 하면 천국에 간다 말하는 자들이 사탄이요, 거짓 선지자

임을 너희는 알아야 할 것이니라.
20 그곳에서 돌아서는 백성은 구원을 받게 되는 자요, 그렇지 않은 자는 영원히 그 지옥의 열차에서 내리지 못함이니, 지옥의 벼랑으로 떨어지는 것이니라.
21 이제 너희는 깨우쳐야 할 것이니라.
22 내가 나의 아들을 통하여 160권의 대장정의 역사를 이룬 법전 속에 기록되어 있는 내용을 하나하나 파헤쳐 들여다보면 너희가 알 수 있거늘,
23 어찌하여 그걸 돌아다보아 변하는 삶을 살지 않으려 하며 무조건 사탄이요, 사악한 자가 만든 것이라 치부하고 버리는가?
24 너희는 정녕 그 보배로움을 던지는 것이니라.
25 손에 든 금화와 은화는 던지지를 못하며 그걸 버리지도 못하는 자들이, 육의 삶에 의하여 보이는 것을 위하여 모든 것을 다 바치고 살면서,
26 어찌하여 보이지 않는 아름답고 영원히 존재하는 다음 세상을 위하여 잘못된 것을 하나 버리지 못하는 그와 같은 삶을 사는가?
27 지금 종교 지도자가 묻지도 말며 알려하지도 말며 무엇인가를 의심하지도 말라 하는 그와 같은 가르침, 그리고 무조건 교회에 오는 자만 구원을 받는다 말하는 그것이 바로 너희가 하늘에 오르는 길이라면, 나는 나의 아들을 통하여 160권의 법전을 세상에 이리 명하지 아니하였음을 너희는 알아야 할 것이니라.
28 나에게 선택된 모세가 가나안 땅에 가지 못하고 죽어 가는 그 삶이 그가 가진 운명이요,
29 나의 아들 예수가 많은 백성 속에 고통스럽게 죽어 가 나의 뜻이요, 나의 사랑을 전하고자 했던 그것은 그가 가지고 나온 운명이요, 그가 역사할 길이요,
30 지금은 나의 아들이 이 세상에 나의 성령을 받아 160권의 법전을 세상에 내보내 너희를 구원하고자 함이니, 모두 구원하는 그 역사는 같으나, 그 시대에 따라서 그 책임을 진 자가 맡은 임무가 다 다름이니라.
31 지금은 160권의 법전으로써 세상을 다스리고자 하는 것이 나의 뜻이요, 나의 역사함이니, 그리하여 나의 아들은 160권을 세상에 만들어 너희를 구원하는 그 역사의 책무를 맡은 자이니라.
32 너희가 이를 들여다봐도 수천 년 동안 믿음의 길을 오면서 역사의 흐름 속에 지금 변화의 역사가 올 때가 되었다는 것을 알 것이니라.
33 그리하여 너희 스스로 말세요, 마지막 시대라 말하지 않는가?
34 너희가 말세의 시대에 다시 나오고 못 나오는 것은, 너희가 죽어 나에게 심판을 받아 구원하기 전에 너희가 이 세상에서 어찌 살았느냐 하는 그것이 너희를 구원하는 기초가 됨을 잊어서는 아니 될 것이니라.

7,501 번째 하나님 말씀

2003년 9월 14일 07시 19분

1 사랑하는 나의 아들아!
2 "네, 아버님! 말씀하옵소서."
3 내가 일찍이 너희에게 무서운 대목을 내려 깨우쳐 주었음이니라.
4 나의 법전이 세상에 내려감이니, 나의 법전이 심판의 기준이요, 기본이며, 마지막 시대에 모든 너희를 구원하고 구원하지 못하는 역사함이라 하였음이니라.
5 법전을 읽고 정독하여 깨우치는 자는 나에게 와 심판을 받게 될 것이며, 그렇지 않은 자는 심판대에 서지도 못한다는 나의 그 무서운 뜻의 가르침을 너희가 소홀히 듣고 넘겨서는 아니 됨을 너희는 알아야 할 것이니라.
6 나의 법전이 심판의 기준이라 함은, 나 여호와가 직접 임하고 있기 때문이며 나 여호와가 직접 관장하고 내가 모두 다스리고 있기 때문이니라.
7 그리고 이를 기록하여 전하는 나의 아들은 그가 무엇을 깨닫기에 오늘과 같이 힘든 길을 가고 있는지 너희는 아는가?
8 지금 나로부터 성령의 내림을 받아 기록하여 책으로써 근거하여 160권을 만들어 세상에 전하는 그 어렵고 힘든 길을 가는 나의 아들은, 이것이 곧 나의 성령이라는 것을 확실히 알고 있기 때문임을 너희는 어찌 모르는가?
9 그리하여 그는 강론하며 너희에게 깨우침을 전하며 3회 이상 읽어 보라 함이 거기에 있음이니라.
10 나의 아들 예수가 그 죽음의 길을 마다하지 아니하고 올 수 있는 것은 무엇인 줄 알겠는가?
11 나 여호와가 존재함을 알며 내 명령이요, 내 뜻이라는 것을 알고 있기에 그는 그 길을 갔음이니라.
12 지금 바로 나의 아들이 160권의 법전을 만들어 세상에 내보내는 것은 나의 성령이라는 것을 나의 아들은 확실히 알고 있기 때문이거늘, 그를 모르는 너희가 감히 갑론을박하며 시시비비하지 말라.
13 그가 말하는 읽고 깨우치며 가슴에 안고 정독하라는 그 말은 모두 다 나의 뜻임을 알아야 할 것이니라.
14 나의 법전을 읽고 정독하는 자만이 구원의 길에 들어설 수 있다는 것을 나의 아들은 알고 있기 때문에 너희에게 가르쳐 줌이요, 깨우쳐 줌을 알아야 할 것이니라.
15 그는 알고 있다는 것을 알라.
16 그가 모두 알고 있기에 160권의 법전을 만드는 대장정의 이 길을 가고 있으며, 육의 삶에서 벗어나려 하며, 정녕 천사와 같은 모습으로써 변하고자 노력하며 그 길을 가고자 하느니라.
17 인간 세상의 60이라는 삶을 살았으니, 육을 가지고 있으며 세상의 부귀영화를 모두 아는 자가 그 모든 것을 다 저버리고 오로지 나의 법전만 기록하여 전하고자 하는 것은,
18 바로 이것이 나의 성령이요, 나의 뜻이며 나를 알고 있으며 내 음성을 듣고 있으며 나를 보고 있기 때문이거늘, 너희가 어찌하여 그를 모르는가?

19 그의 마음을 들여다보면 너희 또한
깨우침이 있을 것이니라.
20 모든 백성이 어찌하여 나의 성경을 읽
으면서도 깨닫지 못하며 나의 법전을
읽으면서 깨닫지 못하며, 어찌하여 묻
는 그 말에 대답할 수 있는 그 가르침
의 선생이 되지 못하는지 알겠느냐?
21 너희는 묻지도 말며 알려 하지도 말
며 의심하려 하지 말라 그리 나의 피
조물 만백성들을 이끌어 가느니라.
22 그들이 모두 성령으로 임하지 못하였
기 때문에 영적인 은혜가 없는 자들이
요, 영적인 은혜가 없는 자들이기 때
문에 그들은 하늘의 뜻을 모르고 있기
때문이니라.
23 그러니 많은 백성이 지도자가 아니요,
지도자가 아닌 자들이 이 세상을 이끌
어 가고 있으며, 나의 피조물 만백성
들이 아름답게 살고자 하는 자들까지
도 마음을 혼동하게 하는 것이 그들
이니라.
24 그들은 성경을 봐도 나의 뜻을 알 수
없으며, 나의 법전을 봐도 나의 뜻을
알 수 없음이니라.
25 그러니 무조건 따라오라, 그저 무조건
복종하라는 그것으로써 일관하는 어
리석은 선생임을 너희는 알아야 할
것이니라.
26 인간 세상에 살아가면서 가르치는 선
생도 실력이 없음을 제자들이 알면 그
를 탓하고 받아들이지 않는 그와 같은
일이 일어나거늘,
27 어찌하여 너희는 영혼의 삶이요, 한
번 가면 다시 나오지 못하는 그 지옥
불에 가고 안 가는 그와 같은 영혼을
구원하는 것을, 잘못된 자요, 잘못된
스승이 너희를 가르치고 있으며,
28 하늘의 뜻을 알지 못하는 자가 인간의
육의 욕심에 의하여 제 사욕을 채우려
고 역사하는 그와 같은 변질된 가르
침을 바로잡지 못하며 보지 못하는가?
29 이것은 오늘날 너희 욕심 때문이니라.
30 오로지 구원을 받으며 천국에 간다는
말에 그 거짓된 것에 현혹되어 너희가
한 치 앞을 보지 못하는 어리석은 백
성으로 전락하여 있기 때문임을 알라.
31 이제 깨어나야 할 것이니라.
32 너희가 그곳에서 헤어나지 아니하면
정녕 너희는 두 번 다시 기회가 없으
며,
33 육의 삶에서 나에게 와 심판을 받는
그 역사의 삶을 사는 것이 아니요, 그
저 심판 없이 지옥으로 내려가는 그와
같은 삶을 사는 것이 너희라는 것을
잊지 말라.

7,502 번째 하나님 말씀

2003년 9월 14일 11시 55분

1 사랑하는 나의 아들아!
2 "네, 아버님! 말씀하옵소서."
3 너의 제자들의 길을 열어 주며 그 눈
을 띄워 주어야 함을 잊어서는 아니
될 것이니라.
4 나의 십계명에 말하기를, '안식일을
기억하여 거룩히 지키라.' 하였음이니
라.
5 나의 십계명에 기록하여 전하였음이
니, 내가 너에게 가르치기를 뭐라 말
하였느냐?

6 남에게 갚을 것이 있는 자, 남에게 죄
지은 자, 그리고 해야 할 일이 남아 있
는 자는 그 안식일에 쉬어서는 아니
된다 하였음이니라.
7 너희가 게을러서 할 일을 하지 않은
것은 그걸 먼저 하는 것이 순서요, 안
식일이라 하여 무조건 그날을 쉬는 것
으로 지키는 것이 나 여호와의 뜻을
지키는 것이 아니라 내가 너희에게
그리 전하였음이니라.
8 그러니 너희는 이제 깨우쳐야 할 것
이니라.
9 나의 성경에 기록된 내용이요, 그리고
나의 법전에 기록되어 내려가는 그 모
든 내용도 다 중요하며 나의 뜻이나,
10 내가 나의 아들을 통하여 직접 그때그
때 내리는 그 뜻이 더 소중하고 귀하
며 그것이 우선이라는 것을 너희는
절대 잊어서는 아니 됨이니라.
11 그와 같은 깨달음을 갖고 성서를 읽으
며 나의 법전을 읽으며 모든 세상의
이치를 바라볼 때, 너희는 그것을 알
수 있을 것이며, 그 의미요, 뜻을 알게
될 것이니라.
12 그러니 내가 나의 아들을 통하여 너희
에게 직접 내리는 그 성령의 기도요,
그 음성이 가장 중요함을 너희는 알
아야 할 것이니라.
13 이 세상 수천수만의 그 백성 중에 내
가 직접 나의 아들을 통하여 내리는
명령이요, 그 음성을 듣는 백성이 과
연 어디 있는가?
14 너희가 그 많은 중에서 선택된 것은
무엇 때문에 선택되었다 생각하는가?
15 오로지 내가 너희를 선택했으며 내가
미리 준비한 백성이라는 그 의미를 잊
지 말라.
16 그 많은 백성 중에 나의 아들을 통하
여 내리는 나의 강론이요, 나의 음성
을 직접 듣는 너희야말로 너희가 선
택한 것이 아니요, 내가 너희를 준비
하여 이 세상에 내려보낸 자들이니라.
17 그러니 세상에 나오기 전에 준비되어
나온 너희가 어떠한 삶을 살아야 하
며 어떠한 길을 가야 하는가를 여기
서 오늘 깊이 깨우쳐야 할 것이니라.
18 정녕 너희가 인간 세상의 육의 삶을
위하여 그 육의 희로애락에 의하여
너희가 늘 보는 삶에 의해서 나로부터
미리 선택된 백성이 바르게 살지 못
하며 곱게 살지 못한다면, 너희는 곧
나의 이름을 욕되게 하는 것이며 나
여호와를 욕되게 함을 알아야 할 것이
니라.
19 그 누구도 모르는 것을 너희는 이제
알아야 할 것이니라.
20 내가 너희가 세상에 태어나기 전부터
선택하여 세상에 나온 백성이라는 것
을 너희는 알 것이니,
21 누구보다도 너희 스스로 너희를 지켜
나가는 그와 같은 삶을 살아야만 함을
잊지 말라.
22 남들은 네가 선택된 자라는 것을 모르
나 너희는 선택된 자라 알고 있지 않
으냐?
23 남이 네가 선택된 자라는 것을 모른다
하여 너희가 거짓된 짓, 인간으로써는
해서는 안 되는 그와 같은 행위를 한
다면, 너희가 나에게 와서 그 벌을 다
어찌 받으려 하는가?

24 남들은 너희를 모르나, 나 여호와는
알고 있음이니라.
25 내가 알고 있음이 중요함을 알라.
26 남들이 모른다 해서 너희가 인간의
도리를 다하지 못하고 산다 하면, 그
것이 그 순간은 넘어가나,
27 나 여호와가 있으며 그 벌을 내리고
상을 내리는 나 여호와가 알고 있으
니, 너희는 더 무섭고 두려운 것을 알
아야 할 것이니라.
28 그러니 너희 자신을 알고 살아가라.
29 그러니 너희는 한 점의 부끄럼이 있
는 그와 같은 삶을 살아서는 아니 됨
을 오늘 깊이 가슴에 새기고 돌아가야
함을 알라.
30 너희는 내가 선택한 백성이며 미리
준비된 백성이라는 것을 내가 나의 아
들을 통하여 너희에게 말함이니, 이는
너희의 깨우침이 그만큼 경지에 올라
와 있기 때문이니라.
31 그리고 너희가 조금만 더 여기서 노
력하고 간다면 지킬 수 있으며 행할
수 있는 백성이기 때문이니 그리 알라.

7,503 번째 하나님 말씀

2003년 9월 15일 07시 38분

1 사랑하는 나의 아들아!
2 "네, 아버님! 말씀하옵소서."
3 내가 너희에게 뭐라 가르쳤더냐?
4 너희가 열 개의 오물을 주워 치우는
그 마음보다도, 네 손에 든 작은 오물
하나를 버리지 않는 깨달음이요, 그
행함이 더 중요하다 내가 그리 말하
지 아니었던가?
5 너희가 어찌 변화되며 남을 사랑하는
마음, 사랑을 행하는 마음이 아무리
넓고 깊다 해도,
6 남을 핍박하며 남을 흉보며 남의 가슴
아픈 소리를 하는 그것은 바로 무엇인
줄 알겠는가?
7 너희가 열 개를 줍는 것보다도 하나
를 버리지 않는 것과 똑같은 그와 같
은 깨달음의 형국을 어찌 모르는가?
8 스스로 너 자신을 다스리기도 바쁘며,
너 자신을 다스리지도 못하며, 너를
알지 못하는 백성이 어찌하여 남의 허
물을 말할 수 있으며 남을 탓할 수 있
는 것인가?
9 내가 수없이 나의 법전에 기록하여,
남을 책하는 말, 남의 가슴 아픈 말,
남을 울리는 말을 하지 말라 내가 그
리 말하였거늘,
10 너희는 어찌하여 그와 같은 것을 가
슴 깊이 새겨 행하지 아니하며 실천하
지 아니하는가?
11 그것이 바로 너희 마음이니, 그 모두
다 욕심이니라.
12 네가 높고자, 네가 잘나고자, 네가 아
는 체를 하고자 하여 언성이 높아지는
것이며, 나서서 남의 것을 시시비비하
는 그와 같은 행동을 하는 것이 너희
이니라.
13 그 모든 마음을 버리는 것이 악습 열
개를 버리는 것보다도 더 소중하며,
14 너희가 악습 열 개를 버린다 해도 남
을 탓하며 남을 핍박하는 그와 같은
마음을 가지고 있다면, 이는 남을 미
워하는 마음이요, 저주하는 마음이요,
자신의 욕심이 도사리고 있기 때문이

니라.
15그 모두를 접어 두는 그와 같은 마음
으로써 살아가야 함을 너희는 알아야
할 것이니라.
16그와 같은 마음으로 너희 자신을 다
스리지 못한다면 네 마음속에 있는 그
모두를 버리는 그와 같은 변화를 이룰
수 없는 것이 너희라 내가 그리 가르
침이니 그리 알라.
17성경에 기록하여 전하지 아니하였더
냐?
18너희 눈에 있는 큰 티는 보지 못하면
서 남의 눈의 작은 티를 보고 말한다
하였거늘,
19어찌하여 성서에 기록되어 있는 2천
년 동안의 가르침이 세상에 책으로 근
거하여 나왔으며, 또한 지금 나의 아
들을 통하여 내가 너희에게 그 의미
를 상세히 설명하여 여러 번 깨우치
고 전하였건만,
20그것 하나도 행하지 못하는 자는 나
여호와가 용서치 아니함을 알아야 할
것이니라.
21내가 일찍이 너희에게 말하였느니라.
22아무리 형제지간에 반목하고 형제지
간에 잘못한다 해도, 부모 앞에서 그
형제를 탓하는 것은 불효한 자가 하
는 것이요, 효성스러운 자식은 절대로
하는 행위가 아니라 하였음이니라.
23부모는 열 자식이 다 소중하며 다 밉
지 않은 자식이요, 똑같은 것이니라.
24열 손가락 깨물어 아프지 아니한 손가
락이 없듯이 자식을 보는 마음은 똑같
음이니,
25조금 나은 자식이라 해서 부모 앞에서
형제들을 나무라고 핍박하는 것은 부
모에게 효성스러운 자가 아님을 알아
야 할 것이니라.
26그리하여 내가 성경에 기록하여 뭐라
말하였느냐?
27'형제지간에 미련한 자라 말하는 자는
바로 지옥 불로 간다' 하였음이니, 그
것이 그러한 뜻임을 알라.
28나의 사랑하는 아들딸은 모두 다 소중
하고 귀하거늘, 너희가 어찌하여 그
형제들을 핍박하고 함부로 말을 하는
가?
29그것은 너희가 내 앞에서 불효함이요,
나를 욕되게 하는 행위라는 것을 어찌
하여 모르는가?
30정확히 생각하면 육의 세상의 인연 관
계 속에도 부모 앞에도 자식 간에 함
부로 탓하지 못하는 것이거늘, 내가
오죽하면 성경에 미리 기록하여 전했
느냐?
31너희가 형제지간에 미련한 자라 말하
는 것은 네 육의 부모에게 욕된 자요,
32그리고 형제지간에 부모 앞에 탓하는
것은 부모를 무시하는 것이며 부모를
욕되게 하는 것이라 하였음이니,
33이 세상의 모든 백성은 나의 소중한
아들딸이라는 것을 너희가 어찌 모르
는가?
34그와 같은 자식을 나 여호와 부모 앞
에서 너희가 핍박하고 욕하는 것은
있을 수 없기에, 형제를 미련하다 하
는 자도 지옥 불로 가는 것이라 내가
일찍이 기록하여 전하였거늘,
35어찌하여 너희가 고성을 지르며 언성
을 높이며 얼굴을 붉히며 그와 같은

행위를 나 여호와 앞에서 하며, 내 자
식을 네가 무엇이기에 그리 함부로 조
금 낫다 하여 탓하고 핍박하는가?
36 그와 같은 행위를 해서는 아니 됨이니
라.
37 그것이 성서에 기록되어 있는 형제에
게 욕되는 행위를 하는 것은 너희가
지옥 불로 간다 함임을 잊지 말라, 사
랑하는 나의 아들아!
38 이를 그들에게 마지막으로 전해 주도
록 그리하라.

7,504 번째 하나님 말씀

2003년 9월 15일 07시 45분

1 사랑하는 나의 아들아!
2 "네, 아버님! 말씀하옵소서."
3 내가 너희에게 일찍이 깨우쳤음이니
라.
4 너희 스스로 큰 것이 큰 죄요, 작은 것
이 작은 죄라 임의로 평가하고 그와
같이 생각하는 그 자체가 오만이라는
것을 알며, 그와 같이 해서는 아니 된
다고 내가 말하였음이니라.
5 아무리 작은 죄라 해도 그것이 큰 죄
가 될 수 있으며, 너희가 큰 죄라 행하
는 것도 나 여호와가 보기는 가장 작
은 죄일 수도 있다고 그리 말하였음
이니라.
6 그러니 너희 임의대로 평가하고 너희
임의대로 생각하여 그걸 시시비비해
서는 아니 된다고 너희에게 일찍이
깨우쳐 주지 아니었던가?
7 그것이 너희가 모든 것을 다 알지 못
하고 살아가는 나의 백성임이니라.
8 그러기에 내가 너희에게 뭐라 말하였
느냐?
9 아무리 작은 선행이라 하여 행하지 아
니하며, 큰 것이라 하여 행하는 그와
같은 믿음으로써는 갈 수 없다고 말하
지 아니하였던가?
10 그러니 너희는 작은 것부터 지키고 작
은 것부터 행하는 그와 같은 나의 성
경이요, 나의 법전에 기록된 그 모든
내용이 두렵고 무서운 것을 알아야 할
것이거늘,
11 어찌하여 작은 것은 그저 흘러가는 것
처럼 너희 임의로 행하며, 조금 크다
는 것은 두려워 시정하고 고치려는
그와 같은 마음을 지금도 마음속에 가
지고 있는가?
12 나 여호와가 내리는 성령이요, 나의
뜻은 작고 큰 것이 없으며, 다 무게가
똑같으며 그 크기가 똑같은 것으로 알
아듣고 그리 행하라 하였거늘,
13 그러기에 형제지간에 반목하며 나의
성전에서 언성을 높이며 그리고 마음
에 불쾌감을 가지며 네 생각을 마음대
로 표출하는 그와 같은 행위를 하는
것이 너희이니라.
14 그걸 바라보는 나 여호와의 마음은 얼
마나 아플 것이며, 너희에게 내 뜻을
강론하며 가르치는 나의 아들은 변하
지 못한 너희의 그 모습을 볼 때 그 마
음이 과연 어떠하던가?
15 그것이 너희가 나의 아들이 가는 길에
파장을 이루는 것이요, 그에게 짐을
지우는 것이니,
16 그것은 너희가 인간의 기분에 의한 것
으로, 나의 아들이 나의 성령을 받아

만백성을 구하는 그 역사를 하는 그에
게 짐을 지우는 그와 같은 행위를 해
서는 아니 될 것이니라.
17 그와 같은 이치 하나도 깨우치지 못하
는 너희가 함부로 말을 하며 함부로
남을 평가하며,
18 나의 성전에서 웃음꽃을 피우기 전에
서로 얼굴을 찌푸리며 만남을 가고 있
음이니, 과연 나의 성전에 빛이 나며
나의 성전에 많은 백성이 와 강론을
들으려 하겠는가?
19 너희가 사랑과 웃음으로써 서로 마주
하고 사랑을 해도 그 속에 나의 피조
물 만백성들이 너희를 보고 올까 말
까 하거늘,
20 너희가 인상을 찌푸리며 마음을 웅크
리고 있으며, 서로 시기하고 질투하는
마음이요, 편안한 마음을 갖지 아니하
고 있음이니, 너희를 보고 나의 성전
에 어찌 웃음꽃을 피울 수 있는가?
21 나의 성전에서 웃음꽃을 피우지 아니
하는 한 너희는 오늘의 삶을 벗어날
수 없을 것이며, 내가 너희를 차후에
버릴 것이라는 것을 잊지 말라.
22 나의 성전에서 나의 성령이요, 나의
모든 뜻을 들으며 하늘에 오르는 길이
무엇이며 인간이 살아가는 길이 무엇
인지 알고 나의 아들을 통하여 직접
내리는 강론을 듣는 너희가 웃음꽃을
피우지 못하는 그와 같은 마음으로 살
때,
23 나는 너희를 더 이상 보지 아니할 것
이며 너희를 모두 다 접을 것이라는
것을 잊지 말라.
24 이것이 하늘의 법도이니라.
25 너희는 나의 성령을 직접 들으며 나
의 아들의 강론을 들으며 나의 법전을
읽으며, 그리고 내가 수없이 너희에게
깨우쳐 주었음이니라.
26 그러나 그걸 행하지 아니하고 거역하
는 것은 너희가 나의 뜻을 따르고자
하는 마음이 없기 때문임을 알아야 할
것이니라.
27 너희가 이 세상의 수십억 인구 중에
서 선택된 자들이요, 부름을 받은 자
요, 대역사를 하는 자들이라면,
28 과연 나로부터 받은 은혜를 생각하며
그 은혜를 영광이라 생각하면, 나의
성전에서 너희가 웃음꽃 외에 무엇이
거기에 더 있는가?
29 서로 눈치를 보며 서로 마음을 읽기
바쁘며 서로 마음을 바라보기가 바쁘
며, 그와 같이 보는 그 생각이요, 그와
같은 마음으로써 서로 만나고 나의 법
전을 가지고 공부하고 깨우치는 자는
내가 너희를 모두 다 버릴 것이며 손
을 놓을 것이니 그리 알라.
30 이것이 너희에게 내리는 경고이니라.

7,505 번째 하나님 말씀

2003년 9월 15일 11시 08분

1 사랑하는 나의 아들아!
2 "네, 아버님! 말씀하옵소서."
3 나의 아들을 통하여 내가 내리는 강론
을 들으며 내 성령을 모두 태워 세상
에 내려보내는 나의 법전을 접하여 읽
고 깨우친 백성, 너희가 변하지 아니
하면 이 세상의 어떤 백성도 변할 수
없다고 내가 너희에게 일찍이 깨우쳐

주었음이니라.
4 그리하여 내가 너희에게 뭐라 말하였
더냐?
5 너희에게 십계명에 기록된, '네 부모
를 공경하라.' 함은 두말할 것이 없으
며, '형제에게 미련한 자라 말하는 자
는 지옥 불로 떨어진다' 하였음이니,
너희는 그와 같은 의미를 과연 어찌
아는가?
6 내가 '네 부모를 공경하라.' 십계명에
기록하여 전했음이니, 이는 바로 무엇
이던가?
7 형제에게 미련하다고 반목하는 자는
바로 제 부모를 욕되게 하는 자요,
8 제 부모 앞에서 그 자식이 형제지간에
형제를 나무라는 것은 제가 형제를 나
무라는 것이 아니요, 제 부모를 욕되
게 하며 제 부모를 나무라는 것이니,
9 그 육의 부모 앞에서 그 부모를 나무
라는 그와 같은 아들이 효성스러운 자
식이며 효도하는 자식이던가?
10 그 부모를 욕되게 하는 자요, 부모를
욕하는 자이니라.
11 그리하여 내가 형제에게 미련하다 하
는 자는 지옥 불로 간다고 내린 그 의
미를 너희는 알아야 할 것이니라.
12 형제를 미련하다고 욕하는 자는 지옥
불로 간다 함은 곧 십계명에 '네 부모
를 공경하라.' 한 것을 거역하는 자요,
부모를 제가 탓하는 자요, 부모를 미
흡하다 하는 자며, 부모를 미련하다
하는 자와 똑같기 때문임을 너희는
잊어서는 아니 될 것이니라.
13 이제 나의 피조물 만백성 너희는 다
한 형제이니라.
14 창조주 아버지인 내가 너희를 내려다
보거늘, 너희가 내 앞에서 나의 성전
에서 형제지간에 허물을 말하며 허물
을 탓한다 하면 이는 곧 무엇인 줄 알
겠는가?
15 너희가 육의 부모의 마음을 아프게 하
는 그 형제보다도 더 나 여호와의 마
음을 아프게 하는 것이며, 나를 탓하
는 것이며, 나에게 거역하는 것이라는
것을 너희는 이제 알아야 할 것이니
라.
16 너희가 인간 부모를 사랑하는 것이 가
장 작은 사랑이요, 그 부모의 사랑을
행하지 못하는 자는 나 여호와를 사랑
하며 행함을 따를 수 없다고 말하였음
이니라.
17 그리하여 부모에게 작은 사랑을, 효성
하는 마음을 실천하는 자가 나를 사랑
할 수 있는 자요, 그를 행하지 아니하
는 자는 나를 행할 수 없음이라 내가
그리 말하였거늘,
18 모든 종교 집단이요, 지도자들이 지금
어찌 가는가?
19 그 작은 십계명에 기록된 '네 부모를
공경하라.' 한 부모를 공경하고 살아
가는 근본인 그 뜻을 지금 지키지 아
니하고 있으며 그를 저버리고 있음이
니라.
20 그리하며 나에게 와 구원을 받으며 나
를 경배하며 나를 따르는 백성이라 말
할 수 있는가?
21 이제 너희는 네 형제를 미련한 자라
하면 지옥 불로 가며, 네 부모를 탓하
는 자요, 네 부모를 미련한 자라 하는
뜻임을 너희에게 가르쳐 주었음이니,

22 나로부터 선택된 백성 너희는 내 앞
에서 형제지간에 미련한 자라 반목하
는 그와 같은 말을 하지 말라.
23 이제 그와 같은 말을 하는 자는 내가
그들을 골라낼 것이며 그들을 뽑아낼
것임을 너희는 알아야 할 것이니라.
24 이제는 내가 너희를 용서치 아니할
것이며, 나의 성전에 나오지 못하도록
할 것이며, 나의 강론을 듣지 못하게
할 것이며, 나의 법전을 그 손에서 모
두 회수할 것이니라.
25 그와 같은 나의 뜻을 너희가 안다면,
두 번 다시 내 앞에서 형제지간에 반
목하며 나를 혼내며 나를 탓하는 그와
같은 어리석은 행위를 하지 말라 그리
전하라, 사랑하는 나의 아들아!
26 너희가 그것부터 행하지 아니하면, 작
은 나의 명령부터 행하지 아니하면
과연 나의 뜻을 역사할 수 있으며, 네
마음을 비웠으며 너희가 욕심을 비웠
다고 말할 수 있는가?
27 내가 십계명중에 '네 부모를 공경하
라.' 한 그 뜻은 나의 계명이 이보다도
더 소중하고 귀한 것이 없는 것이니라.
28 그리하여 내가 형제지간에 미련한 자
라 하는 자는 지옥 불로 간다는 것은,
29 그는 내 뜻을 거역하며 공경해야 할
부모를 공경하지 아니하는 자요, 부모
에게 매질하는 자요, 부모를 욕되게
하는 자요, 부모의 가슴을 아프게 하
는 자이니라.
30 그 육의 부모의 마음을 아프게 하는
자는 내가 용서치 아니하거늘, 어찌하
여 나 여호와의 똑같은 나의 아들딸로
서 내 앞에서 너희가 형제지간에 반
목하는가?
31 이는 곧 너희가 나를 욕되게 하는 것
이며 나를 능멸하는 것이니,
32 이제는 내가 너희를 이 성전에 올 수
없는 자, 그 손에서 법전을 회수할 것
이니라.
33 마지막 기회이니 명심하여 행하도록
그리 전하라, 사랑하는 나의 아들아!

7,506 번째 하나님 말씀

2003년 9월 15일 11시 14분

1 사랑하는 나의 아들아!
2 "네, 아버님! 말씀하옵소서."
3 나의 성전에 오는 자, 나의 법전을 읽
는 백성, 그 모두 그리고 수십억 인구
중에 선택되어 참진리가 무엇이며 하
늘에 오르는 길이 무엇인가, 너희는
목적지를 알며 길을 알고 가는 자들이
니,
4 내가 길을 닦아 그 길을 밟고 하늘로
오르라는 은혜를 입은 너희는 만나면
즐거운 웃음이요, 헤어질 때 즐거운
웃음으로써 서로 아쉬움을 안고 헤어
지는 그와 같은 만남의 장소가 되지
아니할 때, 나는 너희를 용서치 아니
할 것임을 알라.
5 너희가 그러한 마음으로 나의 성전을
찾지 아니하였을 때 그리고 나의 성전
에 오는 그 마음이 그와 같지 아니할
때,
6 만나면 즐거움이요, 행복한 웃음을 짓
고 헤어질 때 아쉬움의 웃음을 지을
수 있는 그와 같은 인간관계가 되지
아니하면,

7 내가 버릴 자와 뽑을 자를 구분하여
그들을 다 버릴 것이니 그게 곧 가라
지니라.
8 그는 아무리 물을 주고 태양빛을 쬐어
가꾸고 가꾸어도 곡식을 열지 못하며
영글지 못함을 너희는 알아야 할 것
이니라.
9 내가 33년이라는 그 세월 동안에 나
의 아들에게 빛을 내리며 물을 주며
태양빛을 쪼여 나의 아들을 가꿔 나
감이니,
10 너희가 더불어 그 빛이요, 그 물을 반
아 바로 서는 그와 같은 삶을 살라 하
였음이니라.
11 나의 아들이 열을 깨우쳤을 때 너희는
백을 깨우쳐야 그걸 알 수 있으며 깨
달을 수 있다고 하였으며,
12 나의 아들은 내가 직접 가르치고 통제
함이니, 그를 전해 듣고 배우는 너희
는 백을 연구해야만 그걸 알 수 있다
고 내가 그리 말하였느니라.
13 지금 나의 성전에 오는 자들이 만남의
기쁨이요, 웃음으로써 만나지 못하며
헤어질 때 그 기쁨의 웃음이 아쉬움의
웃음으로 변하는 그와 같은 삶을 살지
아니하면,
14 너희는 아무것도 역사한 것이 없으며,
그 가슴속에 욕심을 그득히 가지고 있
음이니, 다른 신을 숭배하고 따름이니,
15 나의 아들의 생명을 요구하고 위협할
때, 제 생명을 대신 가져가라고 대들
자가 없으며,
16 160권의 법전이 세상에 나올 때까지
목숨을 바쳐 이를 지키겠다는 각오는
커녕 그것이 어찌 되든지 그와 같은
역사를 할 수 있는 자가 아님이니라.
17 그러니 그와 같은 자는 내 아들과 더
불어 갈 수 없으며, 나의 법전의 성령
을 들을 수 없으며, 160권의 법전의
역사를 만드는 그 마지막 책장에 그
이름이 기록될 자격이 없음이니라.
18 이를 명심하고 또 명심하여 따르지 아
니하면 내가 너희를 버릴 자와 버리
지 아니할 자를 엄히 정할 것이니라.
19 이제 나의 아들 너는 내가 나의 성전
에 올 수 있는 자와 없는 자의 이름을
명할 때마다 그를 문전 앞에 들여놓아
서는 아니 될 것이니라.
20 만날 때 웃으며, 헤어질 때 웃음으로
써 헤어지지 못하는 자는 제 욕심이요,
21 나 여호와의 뜻이요, 위대함을 나로부
터 받은 그 은혜를 모르며, 제 작은 생
각이요, 육의 생각이요, 인간 세상의
삶을 먼저 놓고 있으니,
22 지금 잘못 가는 교회요, 저희 뜻대로
모두 이끌어 가는 종교 집단 지도자들
과 과연 무엇이 다르단 말이던가?
23 알면서 행하지 않는 자가 잘못됨이니
라.
24 이 세상이 지금같이 사악한 자요, 너
희가 말하는 종말이요, 말세라는 것이
어찌하여 이루어졌는지 아느냐?
25 모두 알면서 행하지 않는 자들이 종교
지도자요, 거짓된 자들이기 때문이니
라.
26 올바르게 가라 가르치고 명하면서, 저
희는 뒷전에서 행하지 않는 그와 같은
자들이니,
27 너희가 아무리 깨우치고 변화되었다
해도 행동을 그리하지 아니하면 그건

깨우침이 아니요,
28 남을 가르칠 때는 옳은 말을 하며 성
경을 응용하고 나의 법전을 응용하여
가르치나, 자신은 정녕 그와 같은 행
위를 행하지 아니하고 산다면,
29 이와 같은 자들이 있기 때문에 오늘의
이 험악한 세상이 되었으며, 모든 종
교 집단 지도자들이 대표적인 과오를
저지르고 있음이 여기에 있으며, 나로
부터 버림을 받은 자식들로 지금 전락
한 것이 그것이니라.
30 성경에 기록된 내용을 다 옳다 가르치
며 맞다 가르치며 선과 악을 가르치느
니라.
31 그러나 정녕 지키고 행해야 할 그들
이 행하지 아니하고, 사악한 짓을 죄
를 알면서도 행하는 자들이기 때문에
지금 이 험악한 세상이 되었음이니라.
32 나의 아들을 따르는 제자 너희가 알
면서도 행하지 아니함은 바로 그들보
다도 더 사악한 자들이요,
33 마지막 시대에 나의 성령을 태워서 내
려보내는 성경이 아닌 나의 법전을 접
하는 너희가 그와 같은 자로 산다면,
너희는 이 세상을 더욱 험악하게 만들
사악한 자들이기 때문에, 내가 너희를
뽑아 유황불에 던지며 태워 버릴 것이
니라.
34 만나면 웃으며, 헤어질 때 웃음으로써
너희는 나의 성전의 소중함을 아는 자
가 되라.
35 나의 성전에 들어올 때 그 앞에 절을
하며 고개를 숙이고 들어오는 자가 있
으니, 어찌하여 너희가 그리 행동하고
들어와서, 말하는 것은 인간관계로 만
나며 그와 같이 이루지 못하는가?
36 이것이 다 너희가 잘못된 자들이라는
것을 알아야 할 것이니라.
37 나의 성전에 파장을 이루는 자, 원인
을 제공하는 자, 시시비비를 하는 자
는 모두 뽑아 버릴 것이며, 내가 엄히
그 명단을 너에게 내릴 것이니,
38 그들을 두 번 다시 받아들이는 그와
같은 역사는 하지 말라.
39 그들은 네가 어렵고 힘들 때 정녕 너
를 따라갈 자들이 아님이니라.
40 어렵고 힘들 때 등을 돌릴 수 있는 자
를 믿고 가다 나의 아들이 낙담하며
실패하는 그것을 내가 두 번 다시 보
려 하지 아니함이니,
41 이제 내가 완벽한 제자들이 옆에 있도
록 할 것이니라.
42 이제는 너희에게 두 번 다시 기회가
없음을 알라.
43 이것이 마지막 나의 경고임을 알라.
44 그 누구도 용서치 아니할 것이니 그리
알라.

7,507 번째 하나님 말씀

2003년 9월 15일 11시 20분

1 사랑하는 나의 아들아!
2 "네, 아버님! 말씀하옵소서."
3 지금의 모든 종교 집단이요, 지도자들
이 과연 어찌 가는가?
4 저희를 믿고 재물을 바치는 백성, 모
든 것을 바치는 그 백성이 불안하고
초조하여 너희에게 묻느니라.
5 '천국은 어떻게 가는 길이며 어찌 가
며 천국은 과연 어디에 어떤 형태로

이루어지며 어찌 존재하느냐?' 저희
가 갑갑하고 답답하여 그들에게 물음
이니라.
6 그러나 그들의 대답은 몇천 년 동안
모든 종교 집단이요, 지도자들이 똑같
이 한결같은 대답으로써 그들을 다 묵
살하는 것이 그들이니라.
7 그런 질문을 해서도 아니 되며, 의심
을 해서도 아니 되며, 무조건 헌금을
많이 내고 나의 아들 예수를 믿으면
되며, 그것이 신도가 가야 할 길이라
그리 가르침이니라.
8 그리하여 너희는 모두 알 필요도 없
으며 알려고 하지도 말며 알려고 해서
도 아니 되며, 모른다 하여 그것을 물
으려 하지도 말라는 그와 같이 똑같
은 대답으로 지금까지 일관해 오는 것
이니라.
9 그 원인은 어디에 있는가?
10 모든 종교 집단이요, 지도자가 저 자
신이 모르는 영적인 시각장애인들이
니라.
11 영적으로 앞을 못 보는 자들이니, 그
리 말할 수밖에 없는 것이 그들의 형
태이니라.
12 그러나 너희는 그것을 모두 알아야
할 것이니라.
13 너희는 구약의 시대요, 신약의 시대
요, 이제 제3의 시대에 하늘에 오르는
길이요, 천국에 가는 길을 너희에게
상세히 제시해 주며 다 깨우쳐 주는
그 내용이 거기 있음을 알아야 할 것
이니라.
14 제시해 주고 깨우쳐 준 구약과 신약의
그 내용이 있는 것도 알지 못하는 자
들이요, 너희가 그를 모름이니 더욱이
내가 제3의 시대에 나의 법전을 내려
보내어 너희를 깨우치는 그 뜻을 과연
알겠는가?
15 그러니 묻지도 말며 알려 하지도 말며
알 필요도 없다 하며 그저 무지몽매
한 그와 같은 대답으로써 의심하고 의
혹하는 나의 백성을 그리 몰아붙이고
가는 것이 너희며,
16 핀잔으로써 말문을 닫도록 일관하며,
믿음이 약한 자요, 믿음이 강하지 못
한 자요, 믿음이 흐린 자요, 지금 사탄
이 침투한 자라 그리 몰아붙이고 가는
것이 너희가 아니던가?
17 이제는 나 여호와가 모든 천국에 가는
길이요, 하늘에 오르는 길을 나의 법
전에 제시해 주고 성경에 제시해 줌을
알라.
18 그러나 지금의 모든 믿음의 길을 가는
백성 너희는 과연 어찌하느냐?
19 내가 너희에게 생선을 비유해서 깨우
쳐 준다 하면 너희는 위는 잘라 버리
고 밑도 잘라 버리고 중간인 가운데
토막만 가지고 생선이라 믿는 것이 오
늘의 종교 집단이요, 지도자 너희가
가는 믿음이요, 신앙생활이라는 것을
알아야 할 것이니라.
20 너희는 구약 시대를 모두 잘라 내며
지금 제3의 시대에 역사하는 것도 모
두 잘라 내고 그저 생선의 가운데 토
막 그것 하나를 가지고 생선이라 말함
이니,
21 그것으로 천국에 가는 길이라 그리 말
하는 어리석은 백성임을 너희는 알아
야 할 것이니라.

22 믿음의 길은 그와 같은 것이 아니니라.
23 하늘에 오르고 나에게 선택된 백성 너
희는 구약을 인정하며 신약을 인정하
며 지금 내가 제3의 시대에 법전을 내
리는 것을 인정하며,
24 이와 똑같은 맥락으로써 그 세 시대가
모두 존재해야만 그 속에서 하늘에 오
르는 길을 모두 제시하고 깨우쳐 주는
내용이 구약에 들어 있으며 신약에 들
어 있으며 마지막 나의 법전에 상세히
풀어 너희에게 제시해 준다는 것을
알아야 할 것이니라.
25 그러니 지금의 믿음의 길을 가는 백성
이 자신만을 알며, 얼마나 어리석은
백성인가를 알겠는가?
26 구약의 그 시대에 하늘에 오르는 길을
제시하는 그 머리통을 잘라 버리며,
그리고 제3의 시대에 너희를 상세히
깨우쳐 주는 아래 토막을 다 잘라 버
리고,
27 오로지 신약 시대인 가운데 토막만 가
지고 역사하는 것이 하늘에 오르는
길이라 말함이니,
28 이 모든 것은 변함없이 너희를 깨우
쳐 주는 나의 성령이요, 나의 뜻임을
알아야 할 것이니라.
29 그러니 구약 속에서 배우며 신약 속에
서 배우며 지금 제3의 시대에 내가 내
린 법전 속에서 듣고 깨우치는 자들만
진정한 하늘에 오르는 길을 알게 될
것이며, 나로부터 선택된 백성으로서
거듭남을 너희는 알아야 할 것이니라.
30 생선의 가운데 토막만 가지고 그것이
생선이라 말하며, 그것이 생선의 전부
라 고집하는 백성은 아무것도 모르는
자들이니, 그것이 곧 무엇이냐?
31 제 고집만을 부리다가 그것을 생선이
라 알고 나에게 와 심판을 받으니,
32 나 여호와가 아래와 위가 붙어 있는
완전한 생선을 보여 줄 때 너희 스스
로 얼마나 어리석고 잘못된 존재인지
알고 지옥으로 기어 내려가는 형국이
라는 것을 잊지 말라.

7,508 번째 하나님 말씀

2003년 9월 15일 11시 26분

1 사랑하는 나의 아들아!
2 "네, 아버님! 말씀하옵소서."
3 나 여호와는 하늘에 오르는 그 길을
옛날이나 지금이나 아무런 변화 없이
똑같은 한 길을 열어 놓고 있으며 내
가 너희에게 전하고 있음이니라.
4 구약에서 내가 너희에게 전하는 하늘
에 오르는 길의 깨달음이나, 신약에서
하늘에 오르는 길을 깨닫는 그 길이
나, 제3의 시대에 나의 법전에서 깨우
침을 읽고 하늘에 오르는 그 길이나,
5 모두 똑같이 옛날이나 지금이나 과거,
현재, 미래가 똑같이 하늘에 오르는
길은 한 길이며,
6 모두 내가 열어 놓고 있음을 너희는
알아야 할 것이니라.
7 세월이 흘렀어도 나 여호와는 분명하
게 하늘에 오르는 길을 정해 놓았음
을 알라.
8 그 길은 변하지 아니하며, 그 길은 달
라지는 것이 아니요, 바뀔 수 없는 것
이니라.
9 너희가 나에게 오르는 길은 분명히 한

길로 정해져 있으며 만들어져 있음이
니, 너희는 그 길에 들어서기만 하면
되는 것이니라.
10 너희가 나의 계명대로 사는 것, 그리
고 사랑으로써 행하며 실천하며 사는
그것이 바로 너희가 하늘에 오르는
그 길이니라.
11 너희가 나에게 오르고자 한다면 이 길
을 조금이라도 벗어나서 다른 길은 선
택해 오려 해도 올 수 없으며, 다른 길
은 절대 없다는 것을 명심하고 또 명
심해야 함을 알아야 할 것이니라.
12 구약과 신약에 내가 명한 그 사랑이
요, 계명을 지키고 사는 그 길이요, 그
것만 하늘에 오르는 길이요, 그 길 외
에는 어떠한 길도 없음이니라.
13 그러나 너희가 그 비유의 뜻을 알지
못하며, 그 명한 뜻을 잘못 가르쳤으
며 잘못 알고 왔기에,
14 내가 이제 제3의 시대를 열어 나의 아
들을 통하여 160권이라는 법전으로
나의 성령을 모두 태워 글로 기록하
여 또 한 번 너희에게 마지막 기회를
내려 줌이니라.
15 이를 보고 천국에 오르는 길이요, 이
를 상세히 보고 깨우쳐 거기에 내가
설명한 그 내용대로 행하고 살면 되는
것이니,
16 글을 아는 자, 들을 수 있는 자는 어떠
한 백성이든 알아들을 수 있도록 설명
을 간단히 해서 내려보냈음이니라.
17 그러니 마지막이라 함이요, 이 길이
아니고는 너희가 절대로 천국에 오를
수 없으며 나에게 역사할 수 없다는
것을 알아야 할 것이며,
18 이를 뿌리치고 이를 보지 아니하고 올
수 있다는 생각을 접어 두어야 할 것
임을 너희는 알아야 할 것이니라.
19 내가 마지막 시대에 법전을 내려 하늘
에 오르는 길을 가장 상세하게 가장
쉽게 모든 진리를 전함이니,
20 이를 깨우쳐 행하지 아니하고 어떠한
편법과 간교한 인간의 수단과 방법으
로써, 그리고 어떠한 요령과 방법을
다 피운다 해도 너희는 절대 나에게
오를 수 없으며,
21 그와 같은 방법은 하늘나라에 통하지
아니함을 너희는 알아야 할 것이니라.
22 인간 세상에서는 반칙하며 편법을 쓰
며 간교한 방법으로써 남을 속이는 그
와 같은 수단의 역사로써 무엇을 취할
수 있으며 승리를 취할 수 있을 것이
니라.
23 그러나 하늘의 법도는 그 모든 것을
너희보다 더 깊이 알고 있기에, 편법
과 간교한 사악한 방법으로써 절대 너
희가 나에게 오를 수 없다는 것을 알
라.
24 지금 너희는 말로는 그저 믿음이요,
행함은 없이 그저 말로써만 구원을
받는다 하며 우리 부자를 찾고 울고불
고하면 구원을 받으며 금화와 은화를
바쳐 구원을 받는다는 그와 같은 생각
을 하는 백성 너희는 지금 하늘에 오
르는 그 길의 출발선에 서지도 못한
자들이며, 아직 출발선에도 임하지 못
한 어리석은 자들이라는 것을 너희는
알아야 할 것이니라.
25 출발도 하지 못한 자들이 벌써 하늘에
와 구원을 받았다 말하며 명단이 하늘

에 와 있는 것처럼 말하는 자의 그 행
동이 무엇인 줄 아느냐?
26 하늘에 오르는 그 길을 도둑질할 수
있으며 강도질해서 마음대로 뺏고 챙
길 수 있다고 말하는 종교 집단이요,
지도자요, 그를 듣고 믿으며 그와 같
이 강도질하고 도둑질하여 뺏을 수 있
다는 그 말을 믿는 자들이니라.
27 하늘에 오르는 길이요, 천국의 나에게
오르는 길을 도적질하며 강도질해서
어떠한 방법으로써 뺏을 수 있다고
생각하는 어리석은 백성 너희가 지금
이라도 바로 서지 아니하며 그 버릇을
고치지 아니하며 거기서 헤어나지 못
하면, 너희는 정녕 나에게 구원을 받
을 수 없으며,
28 '나는 너희를 모른다.' 그리 대답함을
명심하고 또 명심하여 절대 잊지 말
라.
29 그와 같은 방법이 아니고는 너희가
나에게 올 수 없음이니라.
30 어떠한 편법도, 어떠한 간교한 방법
도, 어떠한 요령도 통하지 않는 것이
하늘의 법도임을 알라.
31 번개보다도 빨리 스쳐 가는 너희가
행하는 것도 내가 다 알고 있으며, 너
희가 행하지 아니한 미래에 너희가
역사할 마음이요, 미래에 행할 것까지
도 다 아는 나 여호와 앞에 너희가 간
교한 방법으로써 하늘에 오를 수 있다
고 생각하지 말라.
32 도둑질이 아니라, 강도질이 아니라,
살인을 하더라도 하늘에 오르는 그 길
은 너희가 챙길 수 없으며, 대신할 수
없으며, 뺏을 수 없다는 것을 명심하
고 또 명심하는 백성이 되도록 그리하
라.

7,509 번째 하나님 말씀

2003년 9월 15일 11시 33분

1 사랑하는 나의 아들아!
2 **"네, 아버님! 말씀하옵소서."**
3 지금 믿음의 길에서 구원을 받았다 하
는 나의 피조물 만백성, 너희는 믿음
으로만 모두를 역사하고 행하면 구원
을 받는다는 그 착각 속에서 수천 년
동안 믿음을 위한 믿음의 길을 오다,
지옥 불에 와 헤어나지 못하는 그 고
통 속에 존재한다는 것을 내가 수없이
나의 법전에 기록하여 전했음이니, 너
희는 귀를 열고 이를 들어야 할 것이
니라.
4 믿는 그 자체로 구원을 받았다는 너희
의 그 신앙은 무엇인 줄 알겠느냐?
5 가장 기초적이요, 초보적인 신앙생활
에서 아직도 벗어나지 못하고 있음을
너희는 알아야 할 것이니라.
6 너희가 지금 믿음으로써 구원을 받는
다고 생각하는 것은 가장 초보적이요,
가장 유치원적인 학문의 단계에 있다
는 것을 알아야 할 것이니라.
7 유치원이요, 초보적인 그 학문에서 벗
어나야만 중·고등이요, 대학이요, 일
반 교육을 받아 성인이 되는 것처럼,
그 변화의 역사를 이루지 못하는 것이
너희이니라.
8 그러니 지금 너희가 믿음을 위한 믿
음으로만 구원을 받는다는 것은 가장
기초적이요, 초보적인 신앙생활이라

는 것을 알아야 할 것이며,
9 나의 법전을 읽고 이 대목을 듣거든 너희 자신을 돌이켜 보고 생각해 보라.
10 지금 기초요, 초보적인 생활에서 벗어나지 못하고 다람쥐 쳇바퀴 돌듯이 돌고 도는 이 신앙생활에서 벗어나야 함을 너희는 알아야 할 것이니라.
11 그리하여 나의 법전을 통하여 너희에게 이 뜻을 전함이니, 그러니 내가 너희를 얼마나 사랑하고 아끼는지 알아야 할 것이니라.
12 내가 너희를 사랑하고 소중히 아낌을 너희는 알아야 할 것이니라.
13 나의 아들 예수가 나의 뜻대로 행하지 아니하면 결국 천국에 누구도 들어올 수 없다고 하여 내가 나의 아들을 통하여 너희에게 전한 그 내용을 알지 않는가?
14 나의 뜻대로 행함이 중요함을 너희는 알아야 할 것이니라.
15 나 여호와가 존재함을 알기에, 목숨을 바쳐 순종하며 죽어 간 나의 아들 예수가 뭐라 말했더냐?
16 행함이 없는 믿음은 곧 죽은 믿음이요, 행함이 소중하며 나 여호와의 뜻대로 모두 행하는 것이 하늘에 오르는 길이라 그리 가르치고 전했건만,
17 너희는 기초적이요, 초보적인 믿음에서 벗어나지 못하기에 그저 믿고 믿는 것으로써, 나의 아들 예수의 이름을 부르짖는 것으로써 모두 만사형통하고 이루어진다는 생각을 벗어나지 못하는 어리석은 자들임을 알라.
18 나의 아들 예수의 이름을 부르며 믿기만 하며 소리 지르고 찬양하며 재물을 바치면 구원을 받는다는 것이 가장 기본적이요, 기초적인 것이니, 믿음이 천 개라면 너희는 거기서 하나밖에 모르고 지금 허덕이는 자들임을 알라.
19 성서에 기록된 뜻을 알라.
20 나의 아들 예수가 목숨을 바쳐 가면서 너희에게 전한 뜻을, 나 여호와의 뜻대로 행하지 아니하면 결코 너희는 천국에 오를 수 없다는 그 무서운 가르침을 어찌 소홀히 들으며,
21 행함이 없는 믿음은 죽음의 믿음이요, 목숨이 끊어진 믿음이라고 가르친 성서의 길을 보면서 너희가 어찌하여 행함을 그리 소홀히 생각하고 행함을 저버리고 사는가?
22 이것이 너희가 기초적인 믿음이요, 유치원적인 믿음의 신앙생활에서 벗어나지 못하고 제자리를 맴돌고 있기 때문임을 알아야 할 것이니라.
23 세상 교회의 기복 신앙에서 벗어나야만 됨이니라.
24 너희가 믿음이요, 믿음으로써 모두 이루어진다는 것은 그저 나의 아들 예수의 이름만 부르면 구원을 받는다는 것이니, 돼지 머리 놓고 깊은 산 속에 가서 고깔 쓰고 절하는 자와 무엇이 다르며 그들이 말하는 신앙의 믿음과 무엇이 다르던가?
25 그러니 너희는 인간 교리의 믿음에 머물러 있는 자들이 되어서는 아니 될 것이니라.
26 그 어둠의 믿음 속에서 새로운 신앙의 밝은 빛을 보지 아니하며 거기서 벗어나지 못하는 자는 거듭나지 못하며, 다시 태어나는 그 역사를 얻을 수 없

는 가련한 백성이라는 것을 내가 나의
아들을 통하여 너희에게 이리 전하고
또 전하는 것은 내가 너희를 사랑하
기 때문이니라.
27 내가 너희를 더 어떻게 사랑하며, 내
가 너희를 더 어찌 위하며, 내가 너희
를 위해서 무엇을 더 어찌해야만 너
희가 나의 뜻을 따르며 나의 법전을
믿으며 나의 아들이 나로부터 선택된
이 시대의 목자요, 나의 아들이라는
것을 믿겠는가?
28 너희는 무엇을 나에게 더 요구하며 무
엇을 원하는가?
29 너희는 160권의 법전의 그 위대함을
알라.
30 그리고 기초적이요, 초보적인 유치원
이라는 그 어린 시절의 학문에서 벗어
나는 현명함을 버리지 말라, 사랑하는
나의 아들딸들아!

7,510 번째 하나님 말씀

2003년 9월 15일 11시 37분

1 사랑하는 나의 아들아!
2 "네, 아버님! 말씀하옵소서."
3 2천 년 동안 암흑의 세상이며 내가 너
희를 들여다보지 아니했다 하였음이
니라.
4 그러니 지금의 모든 종교 집단이요,
지도자 그들이 과연 어찌 가는가?
5 그리고 구원을 받았다며 은혜의 눈물
을 흘리며 광분하는 그 신도들은 바로
초보적인 신앙에 얽매어 지금까지 가
고 있으며 그 틀을 벗어나지 못한 자
들이라는 것을 깊이 깨우쳐야 할 것
이니라.
6 내가 그 불쌍하고 가련한 백성을 위하
여 인간의 교육 과정을 예를 들어 믿
음의 길을 열어 주며 깨우쳐 주고자
하며 그 길을 보도록 하고자 함이니라.
7 너희가 유치원의 공부 과정을 거치며
초등학교의 과정을 거치며 중등 교육
이요, 고등 교육이요, 또 사회에 어떠
한 인간으로서 성장하느냐 하는 것은
인성과 교육의 결과로 알 수 있는 것
이 아니더냐?
8 너희가 그 단계를 거쳐 사회에 나와
필요한 인간이요, 남으로부터 칭송받
는 자요, 그리고 나 여호와의 뜻에 따
라 살고 못 사는 것은 사회에 나와 너
희가 가진 인성을 어찌 가르치고 어
찌 다스리느냐에 따라서 그 심판의 결
과가 된다고 말하였음이니라.
9 이제 너희는 인간 교육의 과정처럼
모든 신앙의 교육 과정이요, 믿음의
과정이 그와 같은 것이라는 것을 알아
야 할 것이니라.
10 그와 같이 천국의 길도 그러하니라.
11 그리하여 내가 너희에게 일찍이 4단
계로 깨우쳐 주지 아니하였더냐?
12 4백 미터의 계주를 하는 선수들은 출
발자가 있으며 중간에 뛰는 자가 있으
며 마지막 달리는 주자가 있다 하여
내가 그걸 예를 들어 너희에게 깨우쳐
주었거늘, 어찌하여 이 뜻을 소홀히
들어 넘긴단 말이더냐?
13 지금 모든 신앙생활을 하는 백성이요,
종교 집단이요, 지도자라는 자들이 유
치원과정을 벗어나지 못하고 있음이
니라.

14 그저 유치원 과정만 공부하고 가르쳐
도 사회 생활하는 데 지장이 없을 것
이라 하여 중등 교육, 고등교육을 받
지 못하도록 유치원 선생이 그리 말한
다면 과연 어떠한 결과가 있겠는가?
15 그 과정을 사회 생활 하는 데 지장이
없다 하여 그걸 배우지 못하도록 나의
백성을 이끌어 간다면 과연 어떠하겠
는가?
16 신앙생활이 지금 그와 같은 형국으로
이루어지고 있음을 너희는 알아야 할
것이니라.
17 신앙을 초보적인 유치원 단계에서 그
것만 고집하고 있으며 그걸 벗어나지
아니하여도 살 수 있다고 말하며, 세
상 사는 데 지장이 없다 가르치는 자
들이 지금의 믿음의 길을 가는 자들이
요,
18 그 믿음의 틀에서 벗어나지 아니하며
쳇바퀴 돌듯이 안주하려는 그와 같은
종교 집단이요, 지도자들이 있기 때문
에 나의 피조물 만백성들이 지도자로
서 거듭나지 못함을 알라.
19 지금 너희는 어떠한 과정을 거치는
줄 알겠는가?
20 지금 바로 너희가 초등 학문을 거쳐
고등 학문을 거쳐 대학의 마지막 학기
를 공부하는 그와 같은 형국이며, 나
의 법전이 세상에 내려가 그걸 보고
깨우치는 백성은 거기에 지금 매진하
고 있건만,
21 아직도 유치원 과정에서 세상 사는 데
지장이 없는 길이라 하여 그와 같은
초보적인 믿음 속에서 구원을 받는 길
이라 하며 벗어날 필요가 없다며 몸부
림치는 어리석은 오늘의 그 믿음을 깨
우쳐야 할 것이며,
22 너희는 인간 교육 과정의 학문처럼 믿
음도 그와 같이 변화되는 역사가 똑같
이 역사한다는 것을 절대 잊지 말도록
그리하라.

7,511 번째 하나님 말씀

2003년 9월 15일 11시 42분

1 사랑하는 나의 아들아!
2 "네, 아버님! 말씀하옵소서."
3 지금 수천 년 동안 믿음이라는 그 길
을 온 종교 집단이요, 지도자들이 얼
마나 사악하며 잘못된 줄 알겠는가?
4 그들로 인하여 이 세상은 이렇게 어두
워졌으며, 너희가 말하는 말세가 되었
으며, 인간이 인간을 두려워하며 세상
의 인간을 도둑으로 보며 모두 적으로
보는 험악한 세상으로 만든 원흉이 그
들이니라.
5 종교 집단이요, 지도자들이 지금 유치
원 과정과 대학 과정을 거쳐 선생으로
서 세상에 나가 만백성을 구원하고 가
르칠 수 있는 나의 백성을 그들은 과
연 어찌 가르치고 있느냐?
6 믿음이라는 길에 들어간 백성을 10
년, 30년, 50년, 평생 붙잡아 놓고 유
치원 교육만 죽을 때까지 시키고 있으
며 그걸 주입시키고 있는 것이 그들이
니라.
7 그들이 정녕 인간의 교육 과정을 거치
는 것처럼 했더라면 그들이 고등 교육
을 마치고 세상에 나가 만백성을 구하
며 나의 뜻을 전하는 그와 같은 역사

의 선생으로서 수없이 배출하고 만들었어야 하는 것이 답임을 너희는 알아야 할 것이니라.
8 그와 같은 것을 중단한 것이며 그와 같은 것을 막은 자들이요, 그 길을 막아 놓은 자들이 그들이니라.
9 너희가 10년, 30년, 50년 그저 죽을 때까지 평생 유치원 교육에 다람쥐 쳇바퀴 돌듯이 돌고 돌게 묶어 놓은 그들 때문에 지금 나의 피조물 만백성들이 10년, 20년, 30년, 50년 교육을 받아 선생으로 나가 만백성을 구하는 지도자로서 역사하는 것을 모두 막은 자들이며,
10 그러니 그 많은 선생이 썩어져 그저 제자리에서 죽어 가는 그와 같은 형국이 되어 있음을 너희는 알아야 할 것이니라.
11 평생을 붙잡아 놓고 유치원 교육만 시키며 죽을 때까지 이를 시키는 것이 구원의 길이라고 가르치며 세뇌시킨 것이 종교 집단이요, 지도자들이니라.
12 그들은 어리기에 저희 뜻을 거역하지 아니하며 저희 마음대로 부릴 수 있기 때문이니라.
13 그리고 유치원생들에게 회비를 징수하기 쉬우며 재물을 뺏기가 쉬우며 그를 우롱하기 쉽기 때문이니라.
14 어린아이들을 다스리고 이용하기가 쉬운 것처럼, 그와 같은 사악한 자들이 오늘의 형국이 되었으며,
15 이제 그들이 제자리에서 돌고 돌아 썩고 썩어, 나가 선생으로서 만백성을 구할 그 대명을 받아 만백성을 구함으로써 저희가 나에게 은혜를 받는 그 모두를 다 버리고, 지금 지옥 불로 가는 그와 같은 신세가 되어 있음을 알아야 할 것이니라.
16 내가 나의 아들을 통하여 뭐라 하였느냐?
17 교회라는 곳이요, 성당이요, 회막은 너희가 2년 이상 그들을 잡아 두어서는 안 된다 하였음이니,
18 2년 동안 너희가 열심히 가르치고, 또 모자란 자는 3년을 가르쳐 선생으로서 세상에 내보냈더라면, 그들이 세상에 나가 선생으로서 만백성을 구할 수 있거늘,
19 유치원생으로 평생을 묶어 놓고 재물을 거둬들이는 사악한 형국이 되어 저 자신이 썩었으며 저 자신이 지옥 불로 가는 것을 모르는 백성이니라.
20 나의 피조물 만백성들을 선생으로서 나가 만백성을 구하여 나로부터 은혜를 받을 그 기회를 모두 뺏어 버리고 회수한 자들이 그들이니라.
21 너희를 지옥 불로 가게 한 그들을 단죄할 줄을 모르고 지금까지도 '옳소, 맞소, 아멘, 할렐루야!' 손뼉을 치고 소리치는 어리석은 백성들아!
22 내가 어찌 너희에게 무슨 내용을 기록하여 전하며 160권 속에 어떠한 나의 피맺힌 한을 적고 기록하여야 너희를 깨우치겠는가?
23 어찌하여 10년, 30년, 50년, 평생을 배우면서 유치원생으로 남아 있단 말이더냐?
24 선생으로 나갈 나이가 지나고 지나서 쇠진하여 이제는 더 나갈 수 없는 그 때까지 평생 유치원 교육을 받아 그

속에서 맴돌고 있음이니,
25 유치원의 믿음이요, 기초의 매듭에서
벗어나지 못하기에 너희는 진정한 믿
음을 모르고 지옥으로 가는 어리석은
백성이니, 이제라도 깨우쳐야 할 것이
니라.
26 내가 어떤 내용으로써 어떤 뜻으로 나
의 법전에 기록하여 너희에게 전해야
만 너희가 나 여호와의 뜻을 알며 나
의 이 아픈 가슴을 들여다볼 수 있단
말이더냐?
27 사랑하는 나의 아들딸들아!
28 오로지 나의 아들을 따르는 제자들이
요, 나의 법전을 읽고 깨우친 만백성
너희가 나가서 해야 할 일임을 알라.
29 그러니 너희가 형제지간에 시시비비
하며 형제지간에 화목하지 못하며 만
나면 즐거워 웃으며 헤어지면 아쉬워
웃는 그와 같은 마음으로 변하는 것이
당연하거늘,
30 어찌하여 그것 하나 실천하지 못하고
어리석은 백성으로 안주하려 하느냐?

7,512 번째 하나님 말씀

2003년 9월 15일 11시 47분

1 사랑하는 나의 아들아!
2 **"네, 아버님! 말씀하옵소서."**
3 이제 너희가 정녕 선생으로서 거듭나
고자 하며 선생으로서 만백성을 구원
하여 나에게 받을 수 없는 그 은혜를
받으며 하늘에 오르는 천국의 그 길의
역사를 얻고자 한다면,
4 너희를 지금까지 끌고 온 사악한 종교
집단 지도자들이요, 초보적인 유치원
교육 과정에 너희를 묶어 놓고 이끌
어 가며 재물을 갈취하는 그와 같은
잘못된 선생의 품을 떠나야 할 것이며,
5 거기서 벗어나는 대변화의 역사를 이
루지 못한다 하면 너희는 결국 지옥
으로 간다는 것을 절대 잊지 말라.
6 너희가 나의 뜻을 전하는 선생으로 다
시 역사하며 다시 태어나서 만백성을
구하고 이끄는 것만이 나에게 은혜를
받을 수 있는 영광이며, 바로 천국에
오는 길이라는 것을 알아야 할 것이
니라.
7 오늘 내가 책으로써 증명하며 나의
성령으로써 하늘의 뜻을 나의 아들을
통하여 나의 법전에 기록하여 너희에
게 전함이니,
8 너희가 이를 읽고 스스로 깨우치지 아
니하면 너희는 평생을 유치원생으로
서 늙어 죽고 말게 되어 있음을 알아
야 할 것이니라.
9 너희가 지금까지 배우고 깨우친 그 깨
달음을 가지고 밖에 나와 만백성을 구
원하는 선생으로 서는 것이 당연하거
늘, 유치원생의 공부를 평생 죽을 때
까지 배우느니라.
10 유치원생이라는 것은 과연 무엇이더
냐?
11 너희가 글을 배우고 말을 배울 때 예
의범절을 배울 때 부모의 보호 아래
있어야 할 때 유치원 공부를 하며 그
교육을 받는 것이니라.
12 그러나 지금 종교 집단 지도자는 너희
가 늙어 죽을 때까지 유치원교육에만
헤매고 있으며,
13 그리고 그 길만 하늘에 오르는 길이라

하여 몸부림치는 너희를 바라볼 때, 너희가 유치원생으로서는 너무나 늙어 있음이니라.
14 유치원생으로서는 그 주름살이 맞지 아니하며 그 굵어진 몸매가 유치원생으로는 볼 수 없으며, 유치원생으로서 너무 늙고 늙어 나 여호와가 보기도 민망한 것이 너희임을 알아야 할 것이니라.
15 너희는 어찌하여 나이가 60이 넘어도 유치원생으로 남아 있느냐?
16 너희의 그 모습을 보는 나 여호와가 너무나도 처량하고 불쌍하여 법전을 너희에게 내려보냄이니라.
17 어찌하여 너희는 유치원생으로서 다 늙어 가는가?
18 그 패기 있고 젊음이 있고 희망이 있고 능력이 있는 그 선생으로서 만백성을 구하는 역사를 하지 아니하고,
19 어찌하여 늙어 내가 보기도 민망한 유치원생으로서 늙은 모습으로써 쳇바퀴 돌듯이 그 사악한 종교 지도자요, 선생 밑에서 계속 몸부림치며 있는가?
20 그 모습이 너무나 초라하고 불쌍하며, 네가 나에게 와 심판을 받을 날이 머지않았음이니,
21 내가 보기도 민망한 늙고 늙은 유치원생활을 청산하고 이제는 너희는 그 나이에 걸맞은 사회인으로서 생활하도록 그리하라.
22 너희가 가진 모든 종교의 믿음의 지식을 가지고 나와 만백성을 구하는 나의 뜻을 역사하는 선생으로 거듭날 것이며,
23 너희가 거듭나고자 할 때 선생으로서 충분히 자리 잡을 수 있는 나의 법전 160권이 세상에 나가니, 한 권을 가지고 정독해도 너희가 선생으로서 손색이 없을 것이니 그리 알라.
24 이제 유치원생의 믿음에서 벗어나라.
25 그렇지 않으면 그것은 죽음이요, 영원히 나에게 올 수 없는 길이라는 것을 알라.

7,513 번째 하나님 말씀

2003년 9월 15일 11시 51분

1 사랑하는 나의 아들아!
2 "네, 아버님! 말씀하옵소서."
3 너를 따르는 제자들이요, 나의 법전을 읽고 깨우친 만백성 너희는 어떠한 삶을 살아야 하는가를 너희 스스로 잘 알고 있을 것이니라.
4 너희는 이 세상 속에서 살면서 세상 속의 삶을 모두 닮지 않고 사는 그와 같은 삶을 사는 것이 너희이니, 그 길이 어렵고 힘든 것을 나 여호와가 알고 있음이니라.
5 세상 속에서 살면서 세상 속을 닮지 않는 그와 같은 삶으로써 거듭난다는 것이 얼마나 힘들고 고통스러운 길인지 나 여호와는 알고 있음이니라.
6 세상을 닮지 않는 그러한 삶을 살지 않으면 아니 되며, 그 길이 하늘에 오르는 길이요, 내 품에 오는 길이기에 내가 너희에게 그 길을 가라 함이니 이를 어찌하겠는가?
7 그 길이 하늘에서 이루어진 것같이 이 땅에서 이루어지는 기본이요, 기초이기 때문이니라.

8 그러니 너희는 그와 같은 삶을 살지
아니하면 아니 됨을 알아야 할 것이
니라.
9 너희가 먼저 이 세상의 모든 것 속에
서 살면서 그들을 닮지 않는 삶을 살
며,
10 그리하여 나의 사랑하는 백성 그들에
게 물을 주고 양분을 주어 잘 가꾸고
다스리는 그와 같은 어렵고 힘든 길을
가지 아니하면 아니 됨을 너희는 알
아야 할 것이니라.
11 하나의 과일 나무가 잘 성장하여 좋은
열매를 맺으려면 농부가 물을 주고
태양빛을 쪼일 때 쪼여 주고 추울 때
보호하며 더울 때 보호하며 정성을 들
여 몇 년의 기간이 흐른 다음에 그 결
과를 얻지 않더냐?
12 그러니 너희가 평생 모든 정성을 들
여 한 사람의 나의 피조물 백성을 구
하여 의인을 만든다면 그보다 더 큰
은혜가 없음을 너희는 알아야 할 것
이니라.
13 그러니 사랑하는 나의 아들을 따르는
제자들이요, 그리고 선택된 너희를 사
랑함이니라.
14 너희가 세상 모두를 닮지 않고 사는
것이 힘든 삶이지만, 그를 닮지 않고
사는 삶이 너희가 가야 하는 길이며,
그와 같은 백성을 육성하는 것이 너
희의 길이니라.
15 너희 자신을 다스리기도 힘든 그 삶
에서 다른 백성에게 빛을 내리며 양분
을 주며 그들을 다듬어 주고 잘 가꾸
고 보호하여 내가 원하는 그 백성을
육성하는 것이 얼마나 힘든 길인지
아느니라.
16 그만큼 힘들고 어려운 길을 온 것만
큼, 또한 너희에게 반드시 은혜가 있
을 것이라는 것을 너희는 알아야 할
것이니, 그리 알라, 사랑하는 나의 아
들딸들아!

7,514 번째 하나님 말씀

2003년 9월 15일 11시 56분

1 사랑하는 나의 아들아!
2 "네, 아버님! 말씀하옵소서."
3 지금의 모든 종교 집단이 거듭나야 함
이라 내가 너에게 수없이 깨우치고 전
했음이니라.
4 그들은 정녕 구원을 받을 수 없으며
천국에 오를 수 없으며 나를 볼 수도
없다 하였음이니라.
5 나의 법전을 세상에 내려보내는 것은
그들을 깨우쳐 내가 구원하고자 함이
니, 이미 이를 믿는 너희는 스스로 변
화되는 그와 같은 역사의 삶을 살아야
함을 잊지 말라.
6 이와 같은 변화의 시대가 오지 아니하
면 아니 되게 한 것이 오늘의 종교 집
단이요, 지도자들이 그와 같이 만들었
음이니,
7 그리하여 내가 나의 아들을 통하여
160권의 법전이요, 새로운 성경을 세
상에 내려보내는 이 모두도 그들이
그리 만들었음이니라.
8 그 결정적인 원인은 과연 무엇이더냐?
9 나 여호와를 믿는다고 말하는 그 백성
이 나의 뜻과 나의 영광과 그 은혜에
역사하고자 하는 행함이 아니요, 그걸

거역하는 삶을 살아온 자들이며 모두
그와 같은 역사를 이룬 자들이니라.
10 나 여호와로부터 선택된 백성이라는
믿음의 길을 가는 백성이 나 여호와
의 이름을 욕되게 하는 장본인이 되었
으며, 나의 뜻을 거역하는 데 선봉장
이 된 것이 그들이니라.
11 그리하여 그들이 그와 같은 역사를 해
왔기에 내가 지금 나의 아들을 통하
여 법전을 세상에 내려보내 심판할 자
를 구분하는 이와 같은 역사는 너희
스스로 자초한 결과라는 것을 알라.
12 나 여호와의 백성이라 자처하는 백성
이 정녕 나의 백성이 아니요, 나를 믿
지 않는 그와 같은 백성도 아니요, 너
희는 나를 믿는 백성도 아니요, 세상
밖에서 너희가 이단이라 하는 이방인
이라는 믿지 않는 백성도 아니요,
13 믿음의 길을 간다는 그 백성이 이도
저도 아닌 것이 오늘의 그들이니라.
14 그들은 양다리를 서로 걸친 자들이니
라.
15 양쪽에 다리를 걸쳐 놓고 이해관계에
따라서 이 발을 빼고 저 발을 뺄 수 있
는 그와 같은 양다리를 걸친 백성으로
서 살아가는 것이 오늘의 종교 집단이
요, 믿음 속에 가는 그들이니라.
16 그들은 나 여호와요, 우리 부자의 이
름을 더럽히고 모욕당하게 하는 대표
적인 자들임을 알라.
17 그들이야말로 양다리를 걸쳐 필요할
때 빼고 넣는 그와 같은 사악한 자들
이니라.
18 그러니 그들의 믿음이 곧 나의 백성의
오늘의 형태가 그러한 자들이니라.
19 그러니 거기에 무슨 진리가 있고 참진
리가 있으며 아름다움이 있느냐?
20 이방인이라는 세상 속의 삶이요, 그리
고 믿음이라는 그 양쪽에 다리를 걸쳐
놓고 저희가 필요에 따라서 그저 옮
기며 움직이는 그와 같은 것이 오늘의
종교 집단이요, 지도자요, 사악한 자
들이라 말하였음이니라.
21 그들이 바로 무엇이더냐?
22 나 외에 다른 신을 믿지 않는 자라 말
하면서, 저희가 어렵고 힘들 때는 점
술가를 찾으며 고깔 쓴 무당 앞에 가
고개 숙여 금화와 은화를 바치며 제
운명을 물어보며 미래를 물어보는 그
와 같은 사악한 행위를 하는 자들의
대표적인 자들이니라.
23 지금 저희의 믿음이 기복 신앙도 부
족하여 그런 짓을 하는 자들이라 하였
으니, 양다리를 걸친 자들이니라.
24 속과 겉이 다른 자는 나 여호와의 가
장 무서운 체벌을 받는 자라 내가 너
희에게 말하였으니,
25 그들이 나의 이름을 더럽히며 나를 욕
되게 하며 나를 가장 추한 모습으로써
세상에 비치도록 하는 것이니라.
26 그들이 잘못 비치게 했으며 그들이 잘
못했기에 우리 부자의 이름이 더럽혀
졌으며, 나 여호와를 믿지 않는 이방
인들이 많이 나와 있으며, 나를 저주
하는 사람들, 나를 원망하는 백성이
세상에 자리를 잡게 되었다는 것을 잊
지 말라.
27 너희는 이쪽도 저쪽도 아닌 이 지상에
살 수 있는 자격도 없는 백성이요, 이
중인격자라는 것을 알라.

28 그걸 깨우치며 내가 전함이니, 이를
보고도 너희가 깨우쳐 두렵고 무서움
을 알아 깨달음을 얻지 못하는 백성은,
29 오늘의 그 수치스러움보다도 천배 만
배 고통스러운 지옥의 생활이 너희에
게 영원히 존재한다는 걸 잊지 말라.

7,515 번째 하나님 말씀

2003년 9월 15일 12시 01분

1 사랑하는 나의 아들아!
2 "네, 아버님! 말씀하옵소서."
3 두 마음을 가진 자가 사악한 자며 그
를 용서치 아니한다 하였음이니, 양다
리를 걸치고 믿음의 길을 가는 그 백
성은 내가 도저히 용서할 수 없음을
알아야 할 것이니라.
4 그들이 얼마나 이중적인 생활을 하고
있는가?
5 그러한 지도자 너희는 성경을 통하여
십계명을 통하여 무엇이 참진리요, 비
진리의 길인지를 잘 알고 있느니라.
6 양다리를 걸친 그 백성이 성경을 통
하여 십계명이 무엇이며, 그걸 지키면
구원의 길이요, 역사한다는 것을 모르
는 줄 아느냐?
7 그들은 잘 알고 있느니라.
8 지금 나의 아들을 따르는 제자들보다
도 그리고 나의 법전을 읽고 깨우친
백성보다도 그들은 성경을 통하여 십
계명의 위대함을 알며, 어떤 것이 참
진리며 어떤 것이 비진리라는 것을
너무나도 잘 아는 자들이니라.
9 또한, 어떠한 길이 악한 길이요, 하늘
에 오르는 길이요, 또 선한 길이요, 하
늘에 못 오르는 길이요, 오르고 못 오
르는 길인지 그들은 누구보다 잘 알고
있느니라.
10 나 여호와가 무엇을 원하고 바라는 것
인가를 그들은 더더욱 잘 아는 자들이
니라.
11 그러면서 그들은 옳다고 느끼며 맞는
다고 생각하는 그 성경의 일부분들을
가지고 설교를 통하여 나의 피조물 만
백성들에게 옳고 그른 것을 가르치느
니라.
12 어떠한 집회를 통하여 어떠한 교회의
설교를 통하여 옳고 그른 것이라 하여
성경에 있는 내용을 가지고 그들은 가
르치고 전하느니라.
13 그리고 제가 아는 것, 제가 옳다고 생
각하는 것, 그리고 제가 맞는다고 생
각하는 것, 나 여호와의 뜻이라는 것
을 저희는 열을 다하여 나의 피조물
만백성들에게 설교하고 가르친다며
악을 쓰느니라.
14 그러나 거기서 가장 중요한 것은 무엇
인 줄 알겠느냐?
15 그렇다면 그들이 모두 그대로 행하고
살며 그리고 적용하여 행하고 역사함
을 먼저 보여 주는 것이 종교 지도자
가 가야 할 길이며, 옳고 그름을 가지
고 설교한 자가 본보기로서 자세를 행
함이니라.
16 그러나 그들은 어찌하는 줄 알겠는가?
17 생활에는 절대 적용하지 아니함이니
라.
18 그리고 저희는 옳고 그름을 다 알고
있어서 가르치고 전하라 그리고 행동
하라 하면서도, 저희는 행하지 않고

적용하지 않고 실천하지 않는 것이 그
들이니라.
19 그러면서 그들은 반대의 생활을 하면
서 반대의 생활 속에서 인간의 모든
향락을 즐기니, 죄가 죄인 줄을 모르
며 두려움을 모르는 자들이니라.
20 남에게 가르치면서 제가 행하지 않는
그것이 가장 큰 문제요, 오늘의 사회
악이요, 그리하여 오늘과 같이 험악한
세상이 되었음을 알라.
21 지금이 사악한 시대요, 종말의 시대
요, 거짓된 세상이요, 살인마가 들끓
는 무서운 세상이 된 것은 바로 무엇
이더냐?
22 그 모든 원인을 제공한 것은 옳고 그
름을 알면서도 저희가 불리할 때마다
양다리를 걸친 것처럼, 필요할 때는
옳은 것을 옳다 말하며, 필요치 아니
할 때는 옳은 것을 사악한 것이라 뒤
집어서 말하는, 그리하여 양다리를 걸
치고 두 마음을 가지고 가르치는 그
들이니라.
23 다 알면서도 필요에 따라서 옳은 것도
거짓이 되고 거짓된 것도 진실로 되
며, 그리하여 저희 생활 또한 그러하
니라.
24 저희 생활 자체도 적용하여 가르친
대로 행하는 것이 아니요, 저희는 반
대 급부의 생활을 하며, 필요에 따라
서 옳고 그름을 뒤죽박죽으로 뒤집는
그 사악한 자들이 이 세상에 존재함이
니,
25 내가 그들을 유황불에 던지고자 함이
니 그리 알라, 사랑하는 나의 아들아!

7,516 번째 하나님 말씀

2003년 9월 15일 21시 11분

1 사랑하는 나의 아들아!
2 "네, 아버님! 말씀하옵소서."
3 말하지 못하며 한 자리에 서 있는 그
식물도 너희가 사랑하고 미워하는 것
을 다 안다고 그리 말하였음이니라.
4 너희가 기르는 동물 또한 어떠하더냐?
5 너희가 미워하고 사랑하고 사랑하지
아니하는 것을 다 아는 것이 생명을
가진 동물들이라 그리 말하였음이니
라.
6 하물며 인간인 너희와 더불어 살아가
는 그 형제가 사랑하고 아끼며 미워하
는 그 마음을 정녕 모른다 생각하는가?
7 너희는 그걸 모른다 생각하여 마음을
속이고 형제요, 이웃과 대화하며 거짓
된 사랑이요, 거짓된 말로써 모두 베
풂이니,
8 과연 동물도 알고 식물도 아는 그와
같은 너희 본심을 인간이 모른다고
생각하는가?
9 그러니 너희가 얼마나 어리석고 불쌍
한 백성인 줄 알겠는가?
10 그러니 이제 나의 법전을 읽고 나의
아들을 따르는 제자 너희는 속과 겉
이 다른 그와 같은 행위를 해서는 아
니 됨을 알아야 할 것이니라.
11 제자리에 서 있는 식물도 저를 사랑함
을 알며, 아무것도 모르는 것처럼 그
저 애완동물로 기르는 그 동물들도 모
든 것을 다 아는 것을,
12 어찌하여 그보다 지혜가 높으며 생각
이 같은 형제요, 인간을 진실로 대하

며 진정한 마음으로 대하며 그를 사랑
하지 않고,
13 그가 모를 거라 하여 그를 미워하고
저주하는 속마음을 감추고 겉 마음으
로써 행동하려 하는가?
14 그것이 오늘날 이와 같은 불신의 세상
이 되었으며 인간이 인간을 두려워하
는 그와 같은 세상이 되었음이니라.
15 그리하여 나의 법전을 통하여 너희에
게 두 마음을 가진 자를 용서할 수 없
다 했듯이, 너희는 이제 그와 같은 마
음으로써 형제지간에 대화해서는 아
니 되며,
16 나의 아들을 따르는 제자 너희는 나
의 성전에 와 그와 같은 생각이요, 그
와 같은 마음으로 행해서는 아니 됨이
니라.
17 그와 같은 마음을 가지고 행동을 하며
서로 교류하며 상대한다면 너희는 만
나서 즐거운 웃음을 웃을 수가 없으
며, 헤어질 때 즐거운 마음으로 웃음
으로써 헤어질 수 있는 그와 같은 일
은 절대 없음을 알라.
18 이제 너의 제자들에게 일깨워 주라.
19 말없이 서 있는 한 그루의 나무도, 너
희가 예쁘게 심어 놓고 가꾸어 놓은
그 나무도 너희가 사랑하고 사랑하지
아니하며 미워하고 저주하는 것을 다
안다 하였음이니,
20 그러니 너희가 그와 같은 마음으로
살아가서는 아니 됨을 그들에게 전하
고 깨우쳐야 함을 잊지 말라.
21 그리고 너 또한 말을 함부로 해서는
아니 됨을 내가 너에게 수십 번 강조
하고 가르쳤음이니라.
22 네가 한 말은 지워지지 아니하며 세상
에 영원히 존재함이니,
23 네가 아무리 힘들고 어렵다 해도 할
말과 하지 아니할 말을 구분하지 아니
하고 말을 한다면, 나의 법전은 이 세
상에 나가 빛을 볼 수 없음을 너는 알
아야 할 것이니라.
24 너의 제자들이 가고자 하는 것, 네 말
한 마디에 그들은 생명을 걸고 있으며
목숨을 걸고 있으며, 그들이 가고자
하는 그와 같은 뜻을 네가 어찌하여
그리 가볍게 생각하며, 네 임의대로
쉽게 생각하는가?
25 그와 같은 행동을 해서는 내가 절대
너를 용서치 아니할 것이니,
26 이제 너의 제자들이 변하는 속도가 나
날이 다르듯이, 너 또한 그 변하는 역
사가 깊이 앞에 가지 아니하면 그들을
이끌어 갈 수가 없음이니라.
27 네가 말 한마디를 잘못함으로써 그걸
받아들이는 제자들의 생각은 천 갈래
만 갈래 마음의 동요가 있음이니라.
28 너는 어찌하여 네 제자의 말과 행동으
로써 네 마음에 파장을 이루는 것은
금기시하며 해서는 아니 된다 하며 그
건 엄히 다스리면서,
29 너의 말 한마디요, 행동 하나로써 그
제자들에게 파장을 이루며 상처를 입
히며 그들에게 불안한 마음을 역사하
는 것을 너는 어찌하여 그리도 모르는
가?
30 그러니 네가 나를 버리며 나를 생각하
지 않는 삶을 사는 나의 아들이라 말
할 수 있겠는가?
31 오늘 이후 네가 그와 같은 의미를 깊

이 깨우쳐 행하지 아니하면 아니 될 것이니 그리 알라, 사랑하는 나의 아들아!

7,517 번째 하나님 말씀

2003년 9월 15일 21시 17분

1 사랑하는 나의 아들아!
2 **"네, 아버님! 말씀하옵소서."**
3 모두 '나'를 먼저 생각해서는 안 되며, '나'를 접어 두지 아니하면 모든 역사를 할 수 없다 하였음이니,
4 네 모든 행동함이요, 너의 제자들이 행하는 것이 너희 자신을 먼저 생각하며 너희 위주로 모든 것을 말해서도 아니 되며, 너희는 그와 같은 대화를 해서도 아니 되며,
5 그와 같은 자세로 살아가서는 정녕 용서받지 못할 것이며, 그건 있을 수가 없다는 것을 알라.
6 너희는 먼저 저 자신을 생각하면 정녕 나에게 오를 수 없음을 내가 다시 한 번 강조함이니라.
7 누가 네 오른 뺨을 치거든 너희는 어떻게 하라 가르쳤더냐?
8 왼뺨을 주저 없이 내 놓으라 그리하였으며, 내밀라고 가르치는 교훈이 있지 않던가?
9 과연 그 교훈은 무엇이더냐?
10 너희가 오른 뺨을 때리는 자에게 왼뺨을 때리라 그저 주저 없이 내놓을 수 있는 것은 무엇이더냐?
11 그와 같이 너희가 인내하고 참을 수 있는 것은 네가 존재하며 네가 살아있는 자라 생각하면 너희가 과연 그와 같은 행동을 할 수 있으며 그와 같은 역사를 이룰 수 있다고 생각하는가?
12 결코, '나'를 생각하면 그와 같은 행동을 할 수 없는 것이 너희이니라.
13 성서에 너희 자신을 죽이며 너는 없는 삶을 살라 내가 그리 수없이 가르쳤으며, 나의 법전에도 그리 기록하여 전했느니라.
14 일찍이 성서에 기록하여 전하기를 뭐라 말하였더냐?
15 재판을 걸어서 너희의 속옷을 가져가고자 하는 자가 있거든, 그 속옷을 주는 것은 물론이요, 네가 걸친 겉옷까지도 벗어 주라 하였음이니,
16 이 또한 너희가 '나'를 생각하며 '나 자신'을 먼저 생각하는 그와 같은 행동을 함으로써 과연 할 수 있는가?
17 이 또한 너희가 '나 자신'이요, '나'를 먼저 생각하는 그와 같은 마음을 비우고 살라 함을 나의 아들을 통하여 너희에게 가르치지 아니하였던가?
18 너희가 정녕 가기 싫은 그 길을 '5리를 같이 가고자 하거든 10리를 같이 가 주라'는 것 또한 무엇이더냐?
19 '나'를 먼저 생각하면 너희가 그와 같은 행위를 할 수 있는가?
20 '나'를 생각하지 아니하며 네 고달픔이요, 네 힘듦을 생각지 아니하는 그와 같은 삶의 마음 자세를 역사하라는 것이 바로 그러한 것이니라.
21 내가 뭐라 전하였더냐?
22 오른손이 하는 것을 왼손이 모르도록 너희 자신이 모든 것을 베풀라 하였음이니, 이 또한 너희가 나를 먼저 생각하는 행위에서 그와 같은 역사를 할

수 있느냐?
23 절대 이룰 수 없음이니라.
24 나의 법전에 너희에게 뭐라 말하였느
냐?
25 남을 위해서 기도하는 삶을 살며 남
을 위해 경배하는 기도를 드리라 하였
음이니라.
26 남을 위한 삶을 살라 하였으며, 자기
자신을 던져 남을 구하는 그와 같은
삶을 살도록 하라, 너희에게 그리 전
하지 아니하였던가?
27 남을 위한 기도를 하며 남을 위한 헌
금을 하며 남을 위한 봉사를 하며 남
을 위해 모든 것을 베푸는 그와 같은
삶을 살라 가르쳤음이니라.
28 남을 위해 모든 역사를 하라, 그리고
그리 생각하라, 그리고 그와 같이 행
동을 하라고 내가 너희에게 그리 명
한 것은 바로 무엇이더냐?
29 '나'를 두고는 너희가 그와 같은 역사
를 절대 할 수 없기 때문임을 알아야
할 것이니라.
30 내가 너희에게 얼마나 너희 자신을
생각하지 말며 '나'를 버려야 한다는
것을 성경에 기록하여 전하였더냐?
31 네 형제가 너에게 와서 잘못 했을 때,
과연 몇 번에 걸쳐서 그를 용서해야
하느냐고 너희는 나의 아들 예수에게
물었음이니라.
32 그리하며 너희는 뭐라 말하였느냐?
33 '일곱 번이라는 숫자로써 용서하면 되
겠나이까?' 하고 예수에게 그리 물었
음이니라.
34 그러나 나의 아들 예수는 너희에게
뭐라 대답하였느냐?
35 일곱 번이 아니고 '일곱 번씩을 일흔
번이라도 용서하는 것이 너희가 가야
할 길'이라 하였음이니,
36 과연 그와 같은 역사함으로 살아가는
것이 '나'를 두고 '나'를 먼저 생각하고
살면서 역사할 수 있다고 생각하느냐?
37 이제는 나의 법전을 읽고 깨우친 백성
이요, 나의 아들에게 선택된 제자 너
희는 이와 같은 모든 성경 구절을 하
나하나 정리하여 그 속에 담아 있는
뜻을 깊이 깨우쳐 행하도록 하라.
38 '나'는 없으며, 너희 자신이 먼저 존재
하면 이와 같은 일을 너희가 다 거역
함이니라.
39 그리하여 내가 너희에게 '죽은 자'라
하였음이요, 너희는 죽은 자로서 다시
거듭나는 역사함을 살라고 내가 명한
것이 여기에 있음을 명심하고 또 명심
하도록 그리하라.
40 성경에 기록되어 있는 '나'를 버리라
는 그와 같은 많은 뜻이요, 나의 법전
에 기록된 내용을 읽을 때마다 너희
가 가슴 깊이 새겨 꼭 기억하도록 하
라.
41 '나'를 접어 둠이, 나를 버림이 얼마나
소중하고 위대하면 내가 성경에 수없
이 기록하였으며, 나의 법전에 또한
그와 같은 내용을 수없이 기록하여 너
희에게 전하는 역사를 이루고 있는가
를 깊이 깨우쳐, 소중함을 알아야 할
것이니라.

7,518 번째 하나님 말씀

2003년 9월 15일 21시 22분

1 사랑하는 나의 아들아!
2 "네, 아버님! 말씀하옵소서."
3 이 세상의 모든 것은 나에게 너희가 빌려 쓰는 것이요, 너희 것이 하나도 없다고 그리 말하였음이니라.
4 그러니 너희는 나로부터 빌려 쓰다 그것을 그대로 나에게 반납하는 것이요, 나에게 돌려주는 것이 너희의 도리라 하였음이니라.
5 너희는 이제 나 여호와로부터 모두 빌려 쓰는 것이며, 또한 너희 후손이요, 너희 자식들에게 이 세상의 모든 것을 다 임시로 빌려 쓰며 그들 것을 쓰고 관리한다는 것을 깊이 깨우쳐야 할 것이니라.
6 너희가 이 세상에 쓰던 것은 죽어 나에게 심판을 받으러 오는 그 순간에 다 놓고 옴이니, 그것은 바로 너희 자식들이요, 너희 후손이 또 그걸 관리하고 쓰게 되어 있음이니라.
7 너희는 하늘로부터 나에게 빌려 쓰는 것이요, 너희 후손들 것을 관리하고 그들 것을 쓰고 있다는 것을 깨달아야 할 것이니라.
8 너희 후손 것을 빌려 쓰고 있음을 가슴 깊이 새겨야 할 것이니, 이 세상의 모든 것을 함부로 해서는 아니 됨을 알라.
9 너희 언어요, 말 한마디요, 행동하는 것, 그리고 재물을 관리하는 것이 모두 다 너희 것이 아니요, 너희 아들딸이요, 후손 것을 지금 관리하고 쓰고 있다는 그와 같은 무서운 사실을 깨달아야 할 것이니라.
10 너희가 쓰고 난 다음에 너희를 대신하여 과연 누가 관리하고 누가 정리하는가?
11 너희가 쓰고 난 다음에 너희를 대신하여 관리하고 쓰는 것은 바로 너희 후손이요, 아들딸이라는 것을 잊지 말라.
12 이 이치를 안다면, 너희가 자식이 소중한 것을 깨달으며 자식은 귀한 줄을 알면서,
13 어찌하여 그 자식들에게 물려줄 나 여호와의 재산을 관리하고 쓰는 것은 두려움과 소중함을 모르며, 그걸 귀히 잘 관리해야겠다는 그와 같은 마음을 갖지 못하고 사는가?
14 너희는 후손이요, 자식만 소중한 것이며,
15 너희 후손들이 영원히 관리하고 써야 하는 내가 너희에게 임시 보관한 그 재산은 소중하고 귀하며 함부로 써서는 아니 된다는 것을, 어찌하여 그 이치 하나도 깨닫지 못한단 말이던가?
16 그것은 모두 나의 재산이요, 다 소중한 것이니라.
17 그러니 그와 같은 것의 소중함을 깨달으며, 모든 언행 하나, 작은 종이 하나까지도 쓰고 버리는 모든 행동에서 생각해 보고 또 생각해 보는 그와 같은 마음 자세로 행해야 할 것이니라.
18 그것은 너희 것이 아니요, 너희 후손이요, 자식들 것이니라.
19 그러니 너희가 어떠한 형태로 살아가며 어떠한 형국으로 역사하며,
20 어떠한 말로써 이 세상을 지배하며,

어떠한 몸가짐으로써 이 세상을 다스
리느냐에 따라서 너희가 남의 것을
제대로 빌려 쓰고 다스리는 자의 자격
이 있고 없는 것이 여기 있음이니라.
21 나의 것을 잘 관리하고 쓴 자는 나로
부터 상을 받을 것이며,
22 그리고 나의 것을 함부로 쓴 자, 너희
자식 것을 함부로 남용하고 쓴 자는
모두 나로부터 그 대가를 받는다는 것
을 잊어서는 아니 될 것이니라.
23 이제 모든 것은 너희 것이 없다는 것
을 알아야 할 것이니라.
24 그리고 모든 것을 다 빌려 쓰고 있다
는 그 깊은 생각이요, 그 깨달음을 오
늘 이 밤 나의 법전에 기록하여 전함
이니, 이를 보고 깊이 깨우치라.
25 너희 자식 것을 남용하며 함부로 썼을
때 반드시 그 대가를 치른다는 이 엄
연한 사실을 잊지 말라.
26 나 여호와의 것을 너희가 함부로 썼
으며 나 여호와의 것을 다음에 물려줄
자에게 그대로 물려주지 못하며 원형
을 변경시켰으며 모두를 파괴했으며,
27 질서를 파괴했으며 인간의 인성마저
도 모두 무너트리고 파괴한 그 상태
로써 너희 후손이요, 나의 백성에게
물려준다면, 그 대가는 너희가 반드시
치르고 넘어가야 할 것이라는 것을
절대 잊지 말라.

7,519 번째 하나님 말씀

2003년 9월 15일 21시 28분

1 사랑하는 나의 아들아!
2 **"네, 아버님! 말씀하옵소서."**
3 수천 년의 역사가 흐른 다음에 수십억
인구 중에서 지금 나의 아들을 따르며
나로부터 선택되어 나의 뜻에 따라
역사하고자 나의 아들과 더불어 행하
는 백성 너희는 과연 어떠한 백성이
더냐?
4 내가 대역사를 이루며 한 시대의 모든
변화를 다시 역사하는 그 대명을 권세
있는 백성으로 선택한 것도 아니요,
부자로 영향력을 행사하는 백성도 아
닌 너희를 나 여호와가 선택하였음이
니라.
5 또한, 너희는 남들보다 뛰어난 지도력
이 있는 것이 아니요, 언변이 있는 것
도 아니니라.
6 다만, 너희는 그저 평범한 백성으로서
나에게 선택되었음이니, 남들이 남용
하는 권력이 있음도 아니요, 그걸 가
진 것도 아니니라.
7 다만, 가난하고 어려운 그 생활 속에
서 남들과 차별화되지 아니하는 그와
같은 삶을 사는 백성 너희가 나로부터
선택되었으며, 나의 아들과 더불어 이
역사를 이끌어 가는 것이니라.
8 너희처럼 나약한 그 백성을 내가 선
택하여, 너희에게 감히 생각도 할 수
없는 몇천 년 동안 굳어지고 굳어 온
그 모든 종교 집단을 다스리며 그들에
게 변화를 요구하며 그 문을 닫는 역
사를 지금 너희가 실시하고 있으며,
9 상상할 수 없는 그 놀라운 변화요, 그
엄청난 과업을 내가 너희에게 명하여
지금 행하라 함이니, 너희는 나약하고
초라하다 생각할 것이니라.
10 나약한 너희에게 나의 법전을 이 세상

에 전하여 하얀 눈이 모든 것을 다 덮
는 것처럼 나의 법전으로 다 덮도록
전하는 역사를 이루라 함이니,
11 인간의 계산이요, 생각으로써는 도저
히 이는 역사할 수 없을 것이며, 너희
가 아무리 계산법으로 그걸 해 본다
해도 그는 이룰 수 없는 것이라 하여
두려워하며 겁먹을 것이며 불안한 마
음을 지우지 못할 것이니라.
12 그러나 너희는 두려워하지 말라.
13 너희는 나의 아들 예수가 2천 년 전에
그 역사함이 어떠한 줄 알겠는가?
14 오늘의 너희보다 더 미약한 그 제자
들과 그를 따르는 백성이었음이니라.
15 그러나 오늘의 2천 년의 역사가 흐른
다음에 과연 나의 아들 예수를 부르짖
고 찾는 자들이 얼마나 있던가?
16 나의 아들 예수를 부르짖으며 그것이
구원의 길이요, 하늘에 오르는 길이라
하여 너희가 그 보혈로써 은혜를 받
았다 하며 나의 아들을 울고불고 찾는
그 백성이 이 세상을 지배하는 그와
같은 역사가 이루어지지 아니하였던
가?
17 나의 아들 예수가 세상에서 죽어 간
몇십 년 후부터 그 역사는 이루어지기
시작하였으며, 그 변화는 이루어지기
시작하여 오늘의 그와 같은 형국에 이
르지 아니하였더냐?
18 그러니 나의 역사요, 내가 직접 관장
하는 시대요, 내가 너희의 모든 것을
통제하고 다스리며, 나의 참진리를 가
지고 만백성을 깨우치는 그 역사를 나
대신 이루는 너희가 과연 무엇을 두
려워할 것이냐?
19 너희가 역사함은 새 시대를 여는 것
이며, 반드시 너희는 승자이며 그 모
든 역사를 이룰 것이니 두려워하지 말
며 겁먹지 말라.
20 그리하여 내가 영향력이 없는 백성이
요, 권력이 없는 자요, 뛰어난 지도력
이 없는 자요, 그저 평범한 나의 백성
중에서 너희를 선택하여 조용히 160
권을 만드는 그 역사를 하며, 그 역사
가 이루어진다면 내가 너희에게 임하
여 너희에게 능력을 부여할 것이니라.
21 예수의 시대가 2천 년 후에 오늘 그를
찾고 울고불고하며 그의 보혈로써 은
혜를 받았다며 그저 광란의 짓을 하는
그 많은 백성이 이 세상을 지배하고
통제하는 것처럼,
22 그보다도 열배 백배 더 무서운 그 역
사가 반드시 이루어질 것이니, 두려워
하지 말라, 사랑하는 나의 아들딸들아!
23 오늘의 나의 아들을 따르는 제자 너희
보다 예수를 따르던 제자들이 더 나약
했으며 그들이 더 빈약하였으며 더 허
약했음이니라.
24 그리고 그 백성이야말로 더 나약해졌
음이니, 이제 나의 법전을 읽고 깨우
치는 그 백성, 선택된 자들이 네 앞에
왔을 때 그들은 예수의 역사보다 백배
천배 나은 그와 같은 무서운 변화의
역사를 이룰 것이니 그리 알라, 사랑
하는 나의 아들아!

7,520 번째 하나님 말씀

2003년 9월 15일 21시 33분

1 사랑하는 나의 아들아!

2 "네, 아버님! 말씀하옵소서."
3 지금 선택된 너희는 나 여호와의 역
사함을 믿지 못하며 또한 인간적인 능
력과 인간적인 한계에 의하여 계산하
고 모든 것을 바라본다면,
4 너희는 정녕 내가 내리는 10년 만에
이 세상을 하얀 눈이 덮듯 대역사의
변화를 이루지 못할 것이며,
5 그리고 지금의 방대한 종교 집단 그들
이 서서히 문을 닫아 가며 그들이 쓰
러져 가는 그와 같은 대변화는 이루어
질 수 없을 것이니라.
6 너희는 이와 같은 대변화는 전혀 이루
어질 수 없으며 불가능한 것이라 생
각할 것이며,
7 너희에게는 그와 같이 보일 것이며 그
와 같은 생각으로써 모두를 다 다스려
나가며 너희는 그 마음에서 벗어날
수 있는 그와 같은 용기도 없을 것이
니라.
8 그러나 너희는 그 모든 것을 두려워
하지 말라 하였음이니라.
9 너희가 나의 뜻에 따라 역사하고자
하는 그 모든 것을 일찍이 포기하며
두려워하여 그것을 역사하지 아니한
다면 대변화의 놀라운 그 역사는 이루
어질 수가 없을 것이니라.
10 하얀 눈이 세상을 덮듯이 나의 법전이
세상을 덮는 그와 같은 대역사는 이
루어질 수 없으며, 지금의 방대한 종
교 집단이 서서히 문을 닫으며 그들이
서서히 쓰러져 가는 그와 같은 역사는
생각할 수도 없을 것이니라.
11 이것을 너희가 미리 두려워하며 미리
겁을 먹으며 포기하고 돌아서며 중간
에서 중지한다면 결코 아무것도 역사
할 수 없을 것이니라.
12 그러나 너희는 지금 어찌 가고 있는가?
13 다행히 나의 아들을 따르는 그 제자들
은 '우리는 할 수 있으며 우리는 역사
할 수 있다'고 포기하지 아니하며 자
신을 가지고 지금 모두 이루어져 가고
있기에 160권의 법전이 세상에 나오
는 대역사가 이루어짐이니라.
14 그리하여 나의 법전이요, 나의 성령이
요, 나의 뜻은 반드시 이루어질 것이
니라.
15 그리하여 너희가 나의 소중한 나의
아들딸이며 너희로 인하여 모든 기초
가 이루어진다 함을 알아야 할 것이
니라.
16 너희는 할 수 있으며 해야 한다는 도
전적인 그 의지와 용기가 있어 모두
역사함이니라.
17 너희는 사전에 포기하며 두려워 중단
하는 그와 같은 나의 아들을 따르는
제자들이 아니요,
18 도전적이며, 할 수 있다, 해야 한다는
그 용기가 있음이니, 그것이 바로 내
가 말하는 10년에 모두 다 역사한다
는 것을 너희는 알아야 할 것이니라.
19 오늘의 교회의 그 믿음이 과연 얼마만
하더냐?
20 2천 년의 역사가 흘러와 오늘날 그들
이 이와 같이 이루었음이니, 너희는
10년이라는 그 세월에 모든 역사를
이룬다는 그것을 바라보지 못하며, 기
다리지 못하며, 더불어 노력하지 못하
는 그와 같은 너희가 되어서는 아니
될 것이니라.

21 지금 너희가 이룰 수 있는 도전적인
그 마음이요, 해야 한다는 그 각오, 그
것이 있기에 모두 역사할 것이라는
것을 나는 믿고 있음이니 그리 알라.

7,521 번째 하나님 말씀

2003년 9월 16일 07시 36분

1 사랑하는 나의 아들아!
2 "네, 아버님! 말씀하옵소서."
3 내가 너에게 두 장의 그림을 보여 주
었음이니, 그 평범한 그림의 내용이
과연 무엇이더냐?
4 "네, 아버님! 아버님께서 저에게 보여
주신 그림은 그러하옵나이다.
5 여러 형제가 살다가 그들이 고향을
떠나 멀리 가게 됨이니, 그들이 서로
공동으로 기르던 한 마리의 양이 있사
옵나이다.
6 그 양을 그대로 두고 가자니 그 양이
제대로 살지 못하며 짐승에게 잡혀 먹
힐 것 같은 생각을 하여, 그들은 양을
땅에 묻어 주고 가는 것이 그들이 베
풀 수 있는 사랑이라 생각하여 그 양
을 묻고자 그들이 땅을 파고 있었사옵
나이다.
7 그 땅을 파는 그것을 보고 양이 눈물
을 흘림이니, 막내가 말을 하기를, '저
양이 새끼를 뱄으니, 최소한도 여덟
마리는 낳을 것이요, 그러니 우리가
한 마리의 양을 죽이는 것은 아홉 마
리의 양을 죽이는 것이니, 그를 땅에
묻지 말고 이웃의 농부 아저씨에게 주
고 가는 것이 어떠냐?' 그리 말하였사
옵나이다.
8 그 형제가 아홉 마리의 양을 죽일 수
없다고 생각하여, 그 말이 옳다 하여
양을 농부에게 갖다 주고 떠난 그 그
림을 보았사옵나이다."
9 그리하여 과연 그들은 어찌 되었더냐?
10 "그 형제가 객지에 나가 살다 모두 다
실패하며 그래도 고향만 못한 것이라
하여 그들이 모여 고향으로 오기 시작
하였사옵나이다.
11 그리하여 그 형제들이 살던 옛집에 그
폐가에 돌아와서 보니, 이웃집에 있는
그 아저씨가 그들을 찾아와 하는 말
이, '나에게 주고 간 재산을 돌려주겠
다' 하여 그가 수백 마리의 양을 만들
어 그들에게 돌려줌이니, 그들이 노후
에 편안하게 살 수 있는 그와 같은 그
림을 보여 주셨사옵나이다."
12 그러니라, 아들아!
13 이것은 평범한 이야기 같으나, 지금의
나의 모든 피조물 만백성들이 묻어서
죽이면 죽였지 남에게 줄 수 없다는
그와 같은 마음을 가진 것이 너희이
니라.
14 오늘의 너희 마음을 내가 한 장의 그
림으로 보여 주었음이니라.
15 더욱이 믿음의 길을 가는 백성이요,
나를 경배한다는 백성이 이 세상을
지배하고 있느니라.
16 그러나 그들 또한 내가 보는 너희의
그림은 그 양을 남에게 주고 가기 전
에 모두 다 묻으면 묻었지 남을 줄 수
없다는 것이 너희가 가진 지금의 마
음의 형태이니,
17 믿는 자 안 믿는 자가 다 그와 같은 형
국이라 하였음이니라.

18 그러니 그 그림의 내용대로 너희가
무엇인가를 얻고 깨달음이 있어야 할
것이니라.
19 너희는 그와 같은 마음으로 살아가도
록 해야 할 것이니 그리 알라.
20 그리고 하나의 그림은 무엇을 내가 더
보여 주었더냐?
21 "네, 아버님! 그렇습니다.
22 마을 사람들이 공을 하나 가지고서 서
로 상대방의 문전에 집어넣는 경기를
하는 것을 보여 주셨사옵나이다.
23 사람들이 상대방의 실력이 좋으니 죽
기 살기로 그 공을 막으며 저희가 몸
을 아끼지 아니하고 그 공을 막으니,
그 공을 절대 넣을 수 없었으며,
24 그 공은 들어갈 듯하면서도 그들이 열
심히 막고 힘을 다하여 저지하는 능력
에 의하여, 그들의 그 마음이 너무나
도 아름다워, 들어갈 수 있는 그 공을
들어가지 않도록 아버님께서 하시는
것을 보았사옵나이다."
25 그러면 그들이 공격할 때는 과연 어
떠한 마음으로 공격하더냐?
26 "그들이 제 문전에 들어온 공을 막기
위해서는 몸과 마음을 가리지 아니하
고 막아 내나,
27 공격을 할 때는 공명심 때문에 서로
하나가 되지 못하며 단결되지 못하며,
약지 못한 방법으로써 우매한 짓을 하
고 있었음을 보여 주었사옵나이다.
28 그러하니 실력 있는 자들이 있다 해
도 그들이 서로 공명심을 생각하여
줄 때 주지 아니하고 또 넣을 수 있는
사람에게 행하지 아니함이니,
29 그들은 한 주먹의 콩을 던진 것처럼
뿔뿔이 헤어져 있음이니, 그 능력이
효과가 없는 것을 아버님께서 보여 주
셨사옵나이다."
30 그러하니라.
31 너희가 지금 나의 법전을 만들어 세상
을 지키는 데 최선을 다하고자 하나,
32 또한 상대방의 골문에 공을 넣으려고
공격하는 그 자세는 그와 같이 콩을
한 주먹을 놓고 흐트러트린 것처럼 너
희 마음이 다 흐트러져 있음이니, 결
과를 얻을 수 없음이니라.
33 너희 문전으로 넣는 공을 막는 것도
최선을 다해서 막아야 하나, 너희가
상대방의 문전에 공을 넣을 때 넣어야
만 승자가 되는 것이 아니더냐?
34 지금 너희 마음이 다 그리되어 있으
며, 하나가 되지 아니하였음이니라.
35 그러니 너희가 하나가 되어 공격할
때, 너희가 즐거운 마음으로 줄 사람
에게 주며 받을 사람에게 받을 수 있
도록 고운 마음으로 주고받는 그와 같
은 행위를 할 때, 너희는 그 공을 넣을
기회가 생길 것이며,
36 마음이 하나가 되지 아니하며 단합이
안 되고 팀워크가 되지 않는 그 적은
너희에게 무너질 수밖에 없음이니라.
37 그리하여 내가 너에게 두 장의 그 그
림을 보여 주었음이니, 그를 너의 제
자들에게 설명해 주어야 할 것이며,
38 간단한 이치라 너희가 말하나, 거기에
너희가 세상에 가야 할 모든 길과 그
리고 너희가 살아가는 오늘의 마음의
심성을 내가 그려 놨음이니 그리 알
라, 사랑하는 나의 아들아!

7,522 번째 하나님 말씀

2003년 9월 16일 07시 42분

1 사랑하는 나의 아들아!
2 "네, 아버님! 말씀하옵소서."
3 너희가 오늘의 가는 길이 어렵고 힘
든 길이라 하여 조금도 의심치 말며
두려운 마음을 갖지 말라 그들에게 전
하라.
4 이 세상이 이와 같은 형국으로써는 너
희도 알다시피 하늘나라가 지상에서
절대 이루어질 수 없으니, 점점 나의
이 자연은 병들어 가며 이 지상은 썩
어져 가기 때문이니라.
5 새로운 시대는 반드시 열리게 되어 있
으며, 새로운 시대가 건설되지 아니하
면 아니 되느니라.
6 그렇다면 지난날의 잘못된 모든 것을
다 태워 버리며 새로운 땅에 새로운
싹이 이루어지게 됨이니,
7 새로운 시대는 반드시 열리며 그것은
모두 역사하게 됨을 너희는 알아야
할 것이니라.
8 지금 너를 따르는 그 제자들이요, 나
의 법전을 읽고 깨우친 백성 그들이
인간의 생각으로써 인간의 판단으로
써 생각해볼 때, 정녕 그들이 감당키
어려운 크나큰 도전을 지금 하고 있음
이니라.
9 가장 소중한 너희 생명이 죽고 사는
사선을 넘고 넘어야 하는 그 어려움에
봉착하게 된 것이며, 또한 너희는 그
고비를 두려워할 것이나,
10 무난히 그 고비를 넘을 수 있음을 알
라.
11 또한, 그 고비를 너희가 무난히 넘었
을 때만 모든 역사는 이루어질 것이니
라.
12 너희가 그 고비를 넘지 아니하며 사전
에 모두 포기한다면 나 여호와가 역
사하고자 하는 대변화의 커다란 이
역사는 이루어질 수 없으며 새로운
시대는 열리지 아니할 것이며, 그 기
회조차 생각할 수 없는 그와 같은 형
국으로 되어 갈 것이니라.
13 다만, 오늘의 너희가 마음을 다스리고
천사와 같이 변하는 것은 늦게 가나,
14 그래도 너희가 할 수 있으며 하겠다는
그 열의가 있으며, 사전에 포기하지
아니하며 주저하지 아니하는 너희가
있기 때문에, 새로운 시대는 반드시
역사함이니, 그리하여 너희가 소중한
자들이라 하였음이니라.
15 너희는 믿어야 할 것이니라.
16 이와 같이 대변화의 역사를 이루는 것
은 나 여호와가 너희와 함께하지 아니
하며 모든 것을 내가 역사하지 아니하
면 이루어질 수 없으며 결코 성공할
수 없다는 것을 알라.
17 지금의 모든 종파와 종교 지도자들은
나 여호와가 같이하고 있지 못하느니
라.
18 그러나 나와 더불어 가는 너희가 있음
이니, 내가 나의 뜻대로 행하지 않는
자들의 문을 닫을 것이며 그들을 단죄
하며 그들을 다스리는 것은 당연하니
너희는 두려워하지 말며 겁먹지 말라.
19 나의 법전이요, 나의 성령이 같이하기
때문임이니, 너희는 두려워할 것이 하
나도 없음을 알라.

20 모든 것은 나 여호와의 주관하에 이루
어지는 결과일 것이니라.
21 진정한 진리의 지도자로 명을 받고 선
택된 목자는 인간의 생각이요, 자신의
모든 것을 가르치는 것이 아니요,
22 성령으로서만 직접 가르치며 성령으
로서만 역사하는 것이 나로부터 선택
된 지도자요, 목자가 가는 길이니라.
23 그러나 지금의 모든 종교 집단이요,
지도자들이 그 설교하며 나의 피조물
만백성들을 가르치는 그 자신들이 과
연 어떠하던가?
24 저 자신의 의견을 펴는 그와 같은 형
태로써 모두 다 타락된 것이요, 제 의
견이요, 제 생각을 유리한 쪽으로 하
여 육의 삶에 모든 초점을 맞추고 가
는 그와 같은 형국이 되다 보니,
25 자신의 편견을 나타내기에만 모두 다
혈안이 되어 있는 그와 같은 형국으로
가는 것이 지금의 종교 집단이요, 지
도자들이 가는 길이니라.
26 그리하여 내가 그를 다스리고자 너희
를 역사함이니, 반드시 나 여호와가
같이하고 있으며 내가 모두 역사한다
는 것을 잊지 말며 너희는 두려워하
지 말라.
27 오늘에 새로운 시대요, 새로운 역사가
이루어져야 하는 것은 당연한 일이요,
지금의 이와 같은 형국으로써는 하늘
에서 이루어진 것같이 이 땅에서 절
대 이루어질 수 없음이니,
28 그를 위하여 버릴 자 버리며 취할 자
취하는 그와 같은 심판의 역사가 이루
어짐이니 그리 알며,
29 너희가 가슴 아파하지 말며 두려워하
지 말며 불안해하지 말라.

7,523 번째 하나님 말씀

2003년 9월 16일 11시 42분

1 사랑하는 나의 아들아!
2 "네, 아버님! 말씀하옵소서."
3 너희가 구약 성경에 통달하며 신약 성
경에 통달하며 그리고 나의 법전을 읽
고 또 읽어 그것을 모두 다 통달한다
하여도, 그 모든 것은 다 너희가 바로
서고 바로 역사하는 길을 안내하며
인도하는 것뿐이니라.
4 다만, 그걸 읽고 깨우친 백성 너희가
어찌 행하느냐에 따라서 그것이 가장
소중한 것이며 그리하여 모든 것은 다
너희 마음에 달렸다 하였음이니라.
5 너희 자신이 선하고 악함을 행하는
것, 그리고 네가 살아가는 생활 방식
이요, 남에게 부끄럽지 않은 삶이요,
부끄러운 삶이요, 그것은 모두 다 너
희 스스로 제일 잘 알고 있으며, 그걸
누구보다도 잘 깨닫고 있다 하였음이
니라.
6 그리하여 너 자신을 다스려 가는 것이
가장 위대한 것이며 그것이 하늘에 오
르는 길이요,
7 그리하여 너희가 선과 악을 스스로
구분하는 그와 같은 깨달음을 얻었다
하면 그대로 행하고 지키는 것이 너
희가 나에게 구원을 받는 길이요,
8 너희가 각종 종교의 종파에서 구원을
받고자 울고불고하는 것, 그리고 헌금
을 바치며 재물을 바치며 시간과 노동
력을 바치며 광분하여 울고불고하는

그와 같은 모든 그 역사는 다 무엇이
더냐?
9 너희 자신의 마음을 다스리지 못하고
백날 기도하고 울고불고한다 해도 그
모두는 내가 듣지 아니함이라 하였음
이니라.
10 너희 자신이 가진 악습이요, 부끄러운
행위요, 너희 자신이 어떠한 삶을 어
찌 살아가는 것인가를 네가 잘 앎이니,
11 그를 속이고 깨우치지 아니하고 회개
하지 아니하며 그걸 고치지 아니하고
아무리 울고불고 기도해도 소용없다
내가 나의 법전에 기록하여 전하였느
니라.
12 너희가 회개하라는 것이 무엇이더냐?
13 말로써 잘못한 것을 반성하고 울고불
고하는 것이 회개의 기도가 아니라,
14 너희 마음속에 너만 가진 사악한 마
음이요, 남에게 네가 하는 행동이 부
끄러움이요, 네가 남들 모르게 생각하
는 모든 추하고 더럽고 부끄러운 생각
을 하는 것을 모두 네가 부끄러움을
알고 생각하지 아니하며 행동에 옮기
지 아니하는 그와 같은 것이 바로 회
개요, 회개의 기도라 그리하였음이니
라.
15 너희가 나에게 회개의 기도라는 것은
하나하나 깨우쳐 가는 것이 회개의 기
도라 하였음이니,
16 너희가 진정한 마음속에 사악한 마음
을 감추며 남들 앞에 추하고 더러운
생각을 하고 사는 그와 같은 마음을
감추고 와서 아무리 울고불고한다 해
도,
17 그것은 내가 듣지 아니한다는 것은 바
로 너희가 회개의 의미요, 회개하고자
하는 마음이 아니기 때문이니라.
18 너희가 나에게 와 회개를 하는 것은
잘못된 것이요, 너희의 악습을 고쳐
바른 삶을 살며 나의 뜻대로 살아가고
자 하는 것이 회개이거늘,
19 속에 검은 마음이요, 다른 신이요, 사
악한 마음을 그대로 눌러 놓고 와서
말로만 반성하며 눈물 콧물 흘리며 울
고불고한다 해서 그것이 회개가 아님
이니,
20 너희는 나에게 와서 회개하는 의미를
모르며, 또한 회개하는 자세의 마음을
모름이니라.
21 회개라는 그 마음의 자세는 제 자신의
잘못됨을 하나하나 끄집어내, 나에게
그와 같은 행위를 하지 아니할 것이며
그와 같이 역사하지 않겠다는 것을
맹세하고,
22 그다음부터 그 뜻을 지키며 나와 약속
을 지키고 살아가는 그것이 진정한 회
개하는 마음 자세요, 회개하는 백성이
가야 할 길이라는 것을 잊지 말라.
23 그 간단한 이치 하나도 지키지 못하며
행하지 못하는 너희가 아무리 울고불
고 각종 헌금을 바치며 재물을 바치며
몇십 년 동안 믿음을 왔다는 자도 모
두 다 물거품이니라.
24 내가 나의 아들을 통하여 너희에게 일
깨워 주었느니라.
25 과연 너희의 믿음이 무엇이더냐?
26 10년, 20년, 30년, 50년, 평생 너희가
그저 다람쥐 쳇바퀴 돌듯이 성서만 가
지고 배우고 또 배우고 마니, 그게 바
로 유치원의 기본 교육을 벗어나지 못

한 자들이라 하지 않았더냐?
27 그러니 너희가 20년이요, 30년이요,
공부한 자는 그만큼 성장한 자요, 그
만큼 큰 자이며 그리고 어른이 된 자
이니,
28 어른이 된 자요, 성장한 사람은 어린
백성을 가르치고 깨우쳐 주는 것이 도
리거늘,
29 너희가 주름살이 많고 늙어 죽을 때
까지, 나에게 오는 죽음의 그 문턱을
넘을 때까지 너 혼자만 성서요, 믿음
이요, 초보적인 그 믿음에서 벗어나지
못하며,
30 이웃을 깨우치지 못하며 이웃을 가르
치지 못하고, 선생으로서 역사할 자가
그저 유치원생으로 평생 그저 주름진
얼굴에 믿음을 믿고 오다 죽음의 길을
옴이니,
31 그것이 과연 바른길인가, 진정한 믿음
의 길인가?
32 이를 깨우쳐 주기 위하여 내가 다시
한 번 나의 법전에 내 뜻을 기록함이
니,
33 너희는 10년 20년 공부한 만큼 세상
에 나와 만백성을 가르치는 선생이요,
지도자로서 서야 할 것이니라.
34 너희가 가르치는 자와 배우는 자의 그
차이는 무엇인 줄 알겠느냐?
35 가르치는 자는 가르치면서 스스로 제
공부를 하며, 제 스스로 깨달음을 얻
으며, 제 제자를 육성함으로 인하여
그 제자에게 본보기 된 그 삶을 살려
고 그 스승이 바로 서고자 노력함이니,
36 너희가 교회요, 성당이요, 10년, 20년,
30년, 50년, 평생을 다닌 사람은 그만
큼 많은 제자를 육성하는 선생으로서
바로 서야 함을 잊지 말라.
37 항상 유치원의 초년생으로 제자리를
돌다 나에게 심판을 받음이니, 너희가
와서 말하기를 '나는 여호와의 뜻대로
살았으며 다른 신을 두지 않고 살았
다' 그리하며 죄가 없다 말하나, 내가
너희를 모른다고 한다 하였음이니라.
38 너희가 욕심을 가진 죄가 있으며, 네
가 구원을 받는 욕심 때문에 유치원이
라는 그 초보 단계를 벗어나지 못하
며, 네가 남을 깨우쳐 하늘에 오르는
그 길의 가르침에 선생으로서 자리하
지 아니한 것 또한 너희 죄가 큼이니
그리 알라.

7,524 번째 하나님 말씀

2003년 9월 16일 11시 46분

1 사랑하는 나의 아들아!
2 **"네, 아버님! 말씀하옵소서."**
3 너희는 인간 세상에 가정을 이루고
삶이니, 그 가정 속에 자식을 낳으며
또 아이들을 낳아 기름이니라.
4 그러니 너희가 낳은 자식이 성장하면
서 그가 말을 배우며 입을 열어서 처
음에 말을 할 때를 기쁨으로 기다리
니, 그 아이가 입을 열어 너희에게 말
할 때의 그 기쁨은 과연 어떠하겠느냐?
5 그 아이가 첫 번째 입을 여는 그 말이
엄마 아빠라 부르는 그 말로써 처음에
입을 연다 하면, 그 자식을 기른 엄마
요, 아빠요, 부모의 마음은 기쁘기 한
량없을 것이니라.
6 너희는 자식을 길러 그 자식이 말을

배워 첫 입을 열었을 때, 아빠 엄마라
부르는 그 단어를 듣는 걸로 감격하며
감사하며 자식을 둔 보람을 느끼면서,
7 어찌하여 나 여호와가 너희가 나를
찾는 그 입을 열어 줄 수 있는 그 노력
은 하지 않는가?
8 나 여호와가 너희에게 뭐라 말하였느
냐?
9 너희가 나 여호와를 아버지라 부를 수
있도록 너희 입을 열어 준다 하였음
이니라.
10 그리하여 내가 너희의 입을 열어 주
었을 때, 너희가 처음 나를 '아버지'라
부를 수 있으며 부모라 부를 수 있다
하였음이니라.
11 그러니 너희가 그와 같이 변화되는
삶을 살아, 내가 아버지라 부를 수 있
는 그 입을 열어 주었을 때 너희가 나
를 부르는 그 음성을 듣는 나 여호와
의 기쁨이 과연 어떠하겠는가?
12 너희는 어찌하여 그와 같은 깨달음
하나 생각하지 못하며, 그 길을 위하
여 노력하며 변화되는 삶을 살지 아니
하는가?
13 너희는 어린아이가 엄마 아빠라 부르
는 그 처음의 음성에만 기쁨을 알며,
나 여호와가 너희의 입을 열어 주어
너희가 처음으로 나를 찾는 '앗! 하나
님!'이라고 부르는 그와 같은 영광을
얻는 그 순간에 나 여호와의 기쁨을
과연 생각해 보았는가?
14 너희가 변하는 삶 속에서 내가 '앗! 하
나님!' 하고 찾을 수 있도록 입을 열어
주었을 때 너희가 나를 아버지라 부
를 수 있음이니,
15 너희가 그 영광을 얻는 순간은 나 여
호와의 형용할 수 없는 기쁨이요, 이
세상을 모두 다 주어도 바꿀 수 없는
그와 같은 기쁨이니라.
16 그러니 나 여호와의 기쁨을 위하여 너
희는 어찌하여 그와 같은 역사 하나
를 이루어 줄 수 없단 말이던가?
17 이 세상에 생명을 받아 나가 모든 동
식물이요, 세상의 돌아가는 이치를 다
깨닫고 은혜를 받고 사는 너희가 나에
게 그 하나의 기쁨을 주지 못하는 그
어리석은 백성이니,
18 지금의 모든 종파의 지도자들이 어찌
가는 줄 알겠는가?
19 참진리의 길을 위해 저희가 모두 맹
종하는 것이 아니요,
20 저희의 생각을 전달하는 데 모든 것을
다 바치는 자들이기 때문에 참진리의
길을 보지 못하는 자들이니라.
21 그러니 그 속에서 구원을 받고자 잘못
된 종교 지도자에게 강론을 들으며
그리고 설교를 들으며 감이니라.
22 하늘에 오르는 길이요, 내가 역사하는
것을 모르는 선생에게 배워 너희가
더 알지 못함이니, 내가 너희의 입을
열어 주지 못함이니라.
23 그러니 이제 나의 아들을 따르는 백성
이요, 나의 법전을 읽고 깨우친 백성
너희야말로 내가 너희에게 나를 아버
지라 부를 수 있는 입을 열어 줄 수 있
는 그 영광을 얻는 그 삶으로 변화되
어야 할 것이며,
24 그와 같은 영광을 이룰 때 나 여호와
의 기쁨이 하늘에 닿음이라 그리 전함
을 명심하여 행하도록 그리하라, 사랑

하는 나의 아들딸들아!

7,525 번째 하나님 말씀

2003년 9월 16일 11시 54분

1 사랑하는 나의 아들아!
2 "네, 아버님! 말씀하옵소서."
3 이 세상 나의 피조물 만백성 너희가 짐승만도 못한 자가 있다는 그런 말을 서슴없이 함이니라.
4 짐승만도 못한 인간들이 이 세상에 존재하며 살아간다고 그리하느니라.
5 그러나 그와 같이 말을 하는 자 또한 자세가 어떠하던가?
6 인간 세속에 살아가는 모든 백성 너희가 어떠한 심성으로 살아가는지 너희가 알겠느냐?
7 네가 먹지 못하는 음식은 남도 먹지 못하도록 재를 뿌리는 것이 너희 마음이라 그리 말하고 전함이니라.
8 그러니 그와 같은 말로써 자신을 평가하며 그 마음을 가진 백성이 남이 음식을 먹을 수 있도록 도와주며 편하게 먹을 수 있도록 그들에게 협조해 주는 그와 같은 마음을 가진 백성보다도,
9 내가 먹지 못하니 남도 먹지 못하도록 재를 뿌리며 흙을 뿌리는 그와 같은 백성이 더 많기 때문이니, 그 책임은 과연 누구에게 있으며, 그와 같은 역사는 과연 누가 이루었다 말하느냐?
10 지금의 모든 종교 집단의 지도자보다도 더 큰 집단이 없으며 더 위대한 역사를 가진 자들이 없음이니, 그 책임은 가장 큰 집단이요, 위대한 역사를 가진 너희가 그 책임이 있음을 누구도 항변하지 못할 것이니라.
11 그러니 그와 같은 마음을 가지고 세상을 사는 백성은 이 세상의 아름다움을 모름이니라.
12 지금 내가 하늘에서 이루어진 것같이 이 지상에 낙원을 이룬다 하였음이니, 이 지상은 너희가 어떻게 마음을 먹느냐에 따라서 하늘의 낙원이 이루어지는 그와 같은 형국임을 너희는 알아야 할 것이니라.
13 너희는 이 세상에 살아가면서 모든 동식물이 움직이는 것, 그리고 바닷속에 사는 물고기요, 그 모든 미물까지도 그들이 살아가는 방법을 정녕 한번 돌이켜 보도록 그리하라.
14 그들은 어떻게 사는가?
15 최소한 남을 해치는 삶을 살고자 하는 것은 아니니라.
16 그들은 오로지 저희가 지탱하며 제가 살아가려는 방법으로써 강자가 약자를 취하는 그와 같은 삶을 살아가는 것이 그들에게 내가 내려 준 법도의 삶이니라.
17 그러면서도 그들은 어찌 사는가?
18 이유 없이 남에게 해를 끼치며, 더 갖고자 더 역사하고자 하는 인간의 마음과 같이 그리하지는 아니하느니라.
19 제가 못 먹는 것을 남이 먹지 못하도록 그들은 훼방하지 아니함이니, 그것이 얼마나 그들과 차별화된 삶이더냐?
20 내가 나의 피조물 만백성 너희를 세상에 내보냈을 때 그와 같은 사악한 마음으로 살라 한 것이 아니요,
21 그 짐승들을 다스리며 그 짐승보다도 생각이 높으며 판단하는 지혜가 높음

은 너희가 그와 같은 삶을 살도록 하
여 내가 세상에 내려보냈음이니라.
22 그러나 너희가 그와 같이 마음이 사
악해져 있음이니, 이 세상의 모든 동
식물이요, 미물이요, 나무들이 대화하
고 통하는 그들의 특유의 방법이요,
그 말소리요, 그들이 소통하고 사는
것을 모르느니라.
23 그들은 다 저희 나름대로 의사를 소
통하며 살아가는 것을 너희가 알지
못하며 듣지 못하는 것이니,
24 그 귀가 열리는 자만 나의 성령으로써
임하여 나에게 오를 수 있는 백성임을
알아야 할 것이니라.
25 너희가 나의 성령으로 임하는 백성은
그것을 모두 듣고 볼 수 있음이니라.
26 동물들이 대화하는 것, 의사소통하는
것, 그리고 바닷속에 물고기들이 의사
소통하며 살아가는 것, 위험이 닥칠
때 서로 알리는 것, 그리고 식물들이
제자리에 살아서 움직이지 아니한다
하나 그들 나름대로 살아가는 그 삶이
있음이니라.
27 저희를 괴롭히는 미물이 있을 때, 다
른 동물이 좋아하는 색채요, 냄새를
그 식물들이 발산하여 그보다도 강한
자가 와서 저를 괴롭히는 벌레를 잡아
먹도록 하는 그와 같은 지혜와 능력
을 가지고 그들이 대화하고 의사소통
을 하고 살아간다는 것을 너희는 정
녕 모르고 살아갈 것이니라.
28 모든 동식물이 다 의사소통을 하며 살
아가는 것이 그들의 삶이라는 것을 너
희는 어찌 모르느냐?
29 그들이 서로 많은 동물끼리 더불어
사는 그 속에서도 같은 종류의 제 새
끼를 찾으며 제 가족을 찾는 것은,
30 그들이 다 나름대로 의사소통을 하며
그 의사가 전달되는 그와 같은 삶을
산다는 것을 너희는 알아야 할 것이
니라.
31 너희가 가꾸어 취하는 그 식물도 모두
자신을 지키려고 그들은 방어하는 능
력을 발휘하며 그를 방어하는 그와 같
은 의사소통을 함이니라.
32 식물이 피해를 볼 때, 옆에 있는 식물
에 그걸 전하여 그가 보호받도록 하
며, 그 위험으로부터 보호할 수 있는
그와 같은 파장을 보내고 전하는 그
역사를 알지 못할 것이니라.
33 제자리에 서 있으며 말을 하지 못하는
식물들도 그와 같이 전달하여 이웃을
보호하고 살아가게 할 수 있는 것이
그들이 살아가는 상태이며 형태이니
라.
34 하물며 지혜를 높게 만든 백성 너희가
제가 못 먹는 음식을 남도 못 먹게 재
를 뿌리고 흙을 뿌리는 그와 같은 사
악한 백성으로 전락하였음이니,
35 그 타락되고 타락됨을 바로잡을 길이
없어 지금 내가 나의 아들을 통하여
160권의 법전을 세상에 내보내며, 그
가 죽을 때까지 하늘의 아름다운 그
진리를 너희에게 전하는 그 역사가 이
루어짐을 알아야 할 것이니라.
36 이제 너희가 성령으로 임한다 함은
그 모두를 볼 수 있으며 그 모두를 들
을 수 있음임을 너희는 알아야 할 것
이니라.
37 나 여호와는 너희를 위하여 항상 동

식물이 모두 의사소통을 하듯이 내가
너희와 대화를 하며 의사소통을 하고
자 이 세상에 모든 것을 다 내려보냈
으며 그리하여 그 역사를 이루고자 하
는 것이 나이니라.
38 나는 항상 너희와 의사소통하며 내
뜻을 전하며 너희가 그 뜻을 받아들
이게 하고자 하는 것이 나 여호와이니
라.
39 너희가 식물이 말하는 것, 동물들이
말하는 것, 물속에서 사는 그 물고기
들이 말하는 것을 알 수 있는 성령으
로 변화되는 그와 같은 삶을 살 때,
40 너희는 나 여호와와 소통할 수 있으며
의사를 전달하고 전달받을 수 있으며
그와 같은 역사가 이루어질 수 있음을
너희는 알아야 할 것이니라.
41 그러니 너희가 그와 같은 대화를 할
수 있는 경지에 올랐을 때 너희가 나
의 음성을 들으며 나를 볼 수 있으며
나와 직접 의사소통할 수 있다는 것을
절대 잊지 말라, 사랑하는 나의 아들
딸들아!
42 그러니 네 마음속에 있는 욕심이라는
다른 신이요, 그것을 모두 다 뿌리째
뽑아내지 아니하면 아니 됨을 너희는
알아야 할 것이니라.
43 너희 마음속의 욕심이요, 거짓 하는
것, 사악한 그 공장이 자리 잡고 있어
그를 계속 생산하고 있음이니,
44 그 공장 자체를 뽑아내는 대변화의
역사를 스스로 이루어 내지 아니하면
아니 됨을 전하라, 사랑하는 나의 아
들딸들에게.

7,526 번째 하나님 말씀

2003년 9월 16일 11시 59분

1 사랑하는 나의 아들아!
2 "네, 아버님! 말씀하옵소서."
3 모든 백성이 너희에게 와 하늘에 오
르는 길이 무엇이며 구원을 받는 길이
무엇이냐 그리 묻거든,
4 네 마음속에 가진 네 마음을 네가 잘
앎이니, 그것이 하늘에 오르는 길이
요, 못 오르는 길이라 그리 전하라.
5 그래도 그가 정녕 알아듣지 못하거든,
나의 계명이요, 나 여호와의 뜻대로
행하고 사는 것이 하늘에 오르는 길이
라 그리 전하도록 하라.
6 그러나 지금 나의 뜻대로 살아가며 변
하는 삶을 살지 못한다면 결국 나에게
오를 수 없는 백성이라는 것을 그들에
게 전해 주라.
7 수천 년 동안 모든 종교 집단이요, 지
도자들은 정녕 나 여호와의 뜻에 따라
내가 원하는 것에 의해 살아가는 것이
아니니라.
8 모든 종교 집단 지도자들이 울고불고
기도하고 경배하는 것을 모두 내가 듣
지 아니하며 개구리 울음소리만도 못
하다 한 것은 바로 무엇인 줄 알겠느
냐?
9 그들은 나 여호와의 뜻대로 행하고 살
아가는 것이 아니요, 나 여호와를 저
희 마음대로 끌고 다니고자 하는 그와
같은 믿음으로써 지금 가는 것이니라.
10 저희가 나의 뜻을 따라 배우고 깨우쳐
순종하며 오는 것이 아니요,
11 저희가 나의 뜻을 가지고 나를 변화

시켜 이끌고 다니며, 순간의 입맛에 맞추어 그저 나의 모든 것을 갖다 활용하고 이용하는 것이 그들이 지금 가는 믿음의 행태이니라.

12 그러니 그들이 나 여호와의 이름이요, 우리 부자의 이름이요, 나를 얼마나 욕되게 하는 짓이며 나 여호와를 얼마나 짓밟는 행위를 하고 있는지 과연 너희는 알겠느냐?

13 160권의 법전을 나의 성령이라 하여 세상에 내려보냄이니, 어느 인간이 이와 같은 역사를 할 수 있으며, 이를 만들 수 있다고 말하는가?

14 너희는 이 자체도 들여다볼 줄 모르며, 이 자체도 보지도 못하는 자들이니라.

15 그리하여 짓밟고 태우며 찢어 버리는 그와 같은 행위를 하는 것이 지금 너희의 행함이 아니더냐?

16 이제 그들에게 전하라.

17 너희가 정녕 하늘에 오르고자 하면 네 마음속에 가진 네가 너무나 잘 아는 너 자신의 욕심이요, 그 사악한 뿌리를 뽑으며 나 여호와의 심성대로 사는 것, 그것이 곧 계명이요, 나의 법전대로 사는 것이 하늘에 오르는 길이라 그리 전하라.

18 그래도 그가 깨우치지 못하거든 너희는 그리 전하라.

19 네가 육의 생각이요, 육의 속성이요, 땅의 세상의 속성을 가지고는 절대 구원을 받을 수 없음이니, 너희 자신을 돌아다보는 반성부터 먼저 하라 그리 가르치라.

20 나의 피조물 만백성 너희를 구원하기 위하여 나의 아들 예수는 어떠한 것을 역사했더냐?

21 바로 그를 보고 배우는 것이 오늘날 나의 아들을 따르는 제자들이요, 그리고 나의 법전을 읽고 깨우친 백성 너희가 행해야 할 길이니라.

22 그러니 일반 신도요, 일반 백성보다 차별화되는 삶을 살아가야 함을 내가 오늘 나의 아들을 통하여 너희에게 명함이니라.

23 나의 아들 예수는 어찌하였느냐?

24 자신을 허물어트려서 너희를 구원하고자, 남을 구원하고자 하였음이니라.

25 그러니 이제는 나의 아들을 따르는 제자요, 나의 법전을 읽고 깨우친 너희는 자신을 허물어 남을 구하고, 남에게 주고자 했던 것을 모두 주저 없이 베풀고 행하는 그와 같은 삶으로써 살아야 함을 절대 잊지 말고 명심하도록 그리하라.

26 너희 자신을 허물어 남을 구원하는 그와 같은 삶이 너희 삶이니라.

27 지금의 모든 종교 집단 지도자들은 과연 그들이 가는 길은 어찌하는가?

28 그들은 지금 나의 뜻을 거역하는 자들이니라.

29 모든 나의 백성이요, 남들에게는 무거운 짐을 지고 계속 오라 말하면서, 저희는 손가락 하나 까딱하지 아니하며, 그저 말로써만 모든 것을 역사하는 자들이니라.

30 짐을 같이 나누어 지고 가는 자가 진정한 종교 지도자요, 그리고 남의 무거운 짐을 대신 지고자 하는 것이 모든 종교 지도자요, 집단들이 가야 하

는 길이나,
31 지금의 모든 종교 집단이요, 지도자들
이 그리 가는 것이 무엇이더냐?
32 그들은 남에게 무거운 짐을 계속 지우
며 더 무거운 짐을 얹어 주는, 그리고
그 무거운 짐을 지고 따라오라고 말
하면서 저희는 손가락 하나 움직이지
아니하며 꼼짝하지 않는 자들이니, 거
기에는 진리가 없으며 사랑이 없으며,
33 그리하여 그것은 나의 백성이 아니요,
사탄의 자식으로서 전락한 자들이라
하였음이니라.
34 그 소굴에서 벗어나지 아니하는 자는
영영 나에게 오를 수 없으며, 나에게
오르는 빛을 볼 수 없으며 구원을 받
을 수 없음이라 함이 여기 있음을 너
희는 명심하고 또 명심해야 할 것을
잊지 말라, 사랑하는 나의 아들딸들아!

7,527 번째 하나님 말씀

2003년 9월 16일 12시 04분

1 사랑하는 나의 아들아!
2 "네, 아버님! 말씀하옵소서."
3 구약 시대의 대장정의 역사요, 신약
시대의 그 모든 역사에 너희는 귀 기
울이지 말며 그것에 연연하지 말며 그
걸 생각하지 말라.
4 그리고 지금까지 흘러오는 그 믿음 속
에서 너희 자신이 바로 서는 그와 같
은 삶을 살아가는 데 최선을 다해야
할 것이니라.
5 그러니 지금의 모든 종교 집단 지도자
들이 나 여호와의 뜻이요, 내가 역사
하는 그와 같은 삶을 살지 아니한 자
들이요,
6 모두 나의 뜻을 거역하고 살아온 자들
이니라.
7 그러나 너희는 그 속에서 구원한 자
요, 뛰쳐나온 자요, 그리하여 나 여호
와를 위하여 하나의 생명을 바친 자라
그리하였음이니라.
8 그러니 나의 아들을 따르는 제자들이
요, 지금 나의 법전을 읽고 깨우친 백
성 너희는 구약과 신약이요, 그 역사
요, 어떠한 종교 집단의 그 방대한 것
에 현혹되지 말며,
9 오로지 하늘에 오르는 그 길을 나의
아들을 통하여 지금 너희에게 명함이
니, 이를 깊이 들어 너희 것으로 만들
어 구원을 받는 그 길에 서도록 그리
하라.
10 나의 아들 예수가 이 세상에 살면서
그가 이룬 가장 큰 역사는 무엇이라
생각하느냐?
11 그는 바로 이 세상의 모든 것을 싸워
서 이긴 것이니라.
12 나의 아들 예수가 이 세상의 모든 것
들과 싸워서 이겼음이니, 그리하여 그
는 나에게 오를 수 있으며 그가 나의
아들임을 증명하였음이니,
13 바로 나의 아들을 따르는 제자들이요,
나의 법전을 읽은 너희도 나의 아들
예수가 이 세상의 모든 것과 싸워서
이겼듯이 너희도 바로 싸워서 이기는
자가 되라.
14 그것이 너희가 나에게 오는 길이며
나로부터 선택된 백성이 가는 길이며
나의 아들을 따르는 그 제자들이 가야
할 길이라는 것을 명심하고 또 명심함

을 잊지 말라.
15 이를 너희가 가슴속에 칼로 새기듯이 깊이 새겨, 나의 아들 예수가 이 세상의 모든 것과 싸워서 이겼듯이 너희가 모든 것과 다 싸워서 이기지 아니하면 너희는 나에게 오를 수 없다는 것을 전하라.
16 얼마 남지 않은 인생의 삶에서 너희는 싸워서 이기는 자가 되라.
17 내가 너희에게 그만큼 기회를 주었음이니 이를 잊지 말라.
18 지금 세상에 겉치장만 하며 겉치레만 하는 그와 같은 종교 집단의 지도자들은 눈이 멀고 귀가 닫혀 있음이니, 아무것도 모르는 그들의 말에 현혹되어 지옥 불로 가는 너희 형제들 앞에 전하라.
19 너희가 정녕 구원을 받고자 하면 네 마음을 다스려야 할 것이며, 예수가 이 세상의 모든 것을 싸워서 다 이겼듯이 너희도 싸워서 이기는 자가 되라.
20 예수의 보혈로써 예수의 은혜로써 예수가 대속하여 죽었다는 그와 같은 허황된 것으로써 구원을 받는다는 꿈속에서 깨우쳐 주라.
21 대속하여 모든 죄를 안고 갔다며 너희의 과거·현재·미래의 모든 죄까지 나의 아들이 대신 짊어지고 가 대신 심판을 받았다 하는 그와 같은 욕심에 그득 찬 그 말에 현혹되어 지옥 불로 가는 그 백성에게,
22 하늘에 오르고자 하거든 나의 아들 예수를 울고불고 눈물로써 '주여, 구세주여!' 부르지 말고, 나의 아들 예수가 세상 모든 것과 싸워서 이겼듯이 너희가 싸워서 이기는 그 삶이 바로 하늘에 오르는 길이라는 이 한 맺힌 말을 전하라.
23 나 여호와가 오늘의 이 말을 전하려고 많은 세월을 기다렸으며 많은 세월을 인내하였음이니라.
24 너희가 깨닫는 단계에 내 뜻을 알아들을 때까지 내가 기다렸음이니, 오늘의 너희는 나의 뜻을 알아들을 것이니라.
25 나의 아들 예수가 세상 것과 싸워서 이겼듯이, 너희도 싸워서 모든 것을 이기는 그와 같은 백성으로서 거듭나도록 그리하라, 사랑하는 나의 아들딸들아!
26 그리고 만백성이요, 모든 종교 집단에서 지금 지옥 불로 가는 그들에게 이 뜻을 글로써 너희가 전해 주도록 그리하라, 사랑하는 나의 아들딸들아!

7,528 번째 하나님 말씀

2003년 9월 16일 12시 09분

1 사랑하는 나의 아들아!
2 "네, 아버님! 말씀하옵소서."
3 너를 찾아오는 모든 백성이요, 너희를 찾아오는 그 백성에게 너희가 먼저 물어보라.
4 너희 자신이 죽음의 문턱을 언제 넘을지 과연 알고 있는가, 그리고 네가 그 죽음의 문턱이요, 심판을 받는 날짜를 알고 있는가 물어보도록 그리하라.
5 그리하여 대답하지 못하거든, 너희 자신이 죽음의 문턱을 언제 넘을지 모르

며 이 세상의 모든 삶이 끝나 하나님
앞에 심판을 받을지 모르는 자가,
6 어찌하여 육의 세상의 보이는 것을 위
하여 남의 자리를 탐내며, 남이 가진
것을 빼앗고자 하며, 가진 자가 더 취
하고자 하며, 높은 자가 더 높은 자리
를 갖고자 하는 그 욕심을 버리지 못
하고 그와 같이 살아가는가, 너 자신
을 한번 돌아다보라 그리하라.
7 죽어 나에게 와 심판을 받는 그 날짜
도 모르는 너희가 어찌하여 오늘의
삶을 허황된 삶을 위하여 모두 다 바
치는가?
8 너희가 생명이 존재하고 있음은 무엇
이며 죽은 자면 무엇이라 하였더냐?
9 너희의 살아 있는 생명도 나 여호와에
게 빌려 쓰는 것이요, 죽은 그 육신이
요, 영혼도 모두 나에게 빌려 쓰는 것
이니,
10 너희가 가진 것이요, 네 것은 하나도
없다는 그 의미를 안다면,
11 이는 곧 너희가 죽어 나에게 올 때 그
모든 육으로 보이는 재물이요, 이루어
놓은 명성은 하나도 가져오지 못하는
것이라 했거늘,
12 그러니 너희가 언제 죽어 나에게 와
심판을 받는지 날짜를 모르거든, 남의
자리를 탐내지 말며 앞에 가는 자를
시기하고 질투하지 말며, 무너트리려
하지 말라.
13 그리고 선하고 아름다운 마음으로써
세상을 보고 살아가는 그와 같은 마음
자세로 변화되지 아니하면, 너희는 사
후 세계에서, 영원히 나오지 못하는
그 지옥의 세계에서 영원히 존재한다
는 것을 그들에게 가르쳐 주라.
14 그리고 그들에게 전하라.
15 너희가 명예요, 재물이요, 부귀요, 영
화를 더럽고 추한 방법으로써 역사했
다면 과연 그것이 무슨 의미가 있으며
무슨 가치가 있는가?
16 그러니 그와 같은 삶을 사는 나의 백
성 너희가 얼마나 어리석은 바보며 얼
마나 어리석은 인간인가를 그들에게
깨우쳐 주도록 그리하라, 사랑하는 나
의 아들딸들아!
17 그러면서 너희는 그들을 잘 인도하고
깨우쳐 주어야 할 책임이 있음을 알
아야 할 것이니라.
18 가문이 있는 친구를 사귀고자 하며,
또 권좌에 있는 친구를 사귀고자 하
며, 인간 세상에 너희보다 높은 자리
에 있는 자요, 너희보다 나은 자를 사
귀어 그 사람과 더불어 교통하고자 한
다면,
19 네가 직접 이루지 못하니 인간 세상에
소개해 주는 사람이 있어서 그가 어찌
소개를 해 주며 첫인상을 어찌 잘 심
어 주느냐에 따라서 서로 교통할 수
있으며 가까운 사이가 될 수도 있으며
신뢰할 수 있는 사이도 될 수 있으며
불신하는 사이도 될 수 있느니라.
20 그와 같이 인간 세상에서 잘 깨우쳐
주고 안내해 주고 소개해 주는 그와
같은 인간의 삶이 이루어지듯이,
21 너희는 바로 나 여호와를 만백성에게
잘 깨우쳐 주며 잘 인도해 주며 나 여
호와의 뜻이 무엇인가를 잘 소개하고
바로 전하는 그와 같은 책무를 가진
중간에 있는 자들이니라.

22 그게 바로 나로부터 선택된 전사요,
나의 명에 따라 살아가는 백성이니라.
23 그러니 너희가 나의 법전을 읽고 깨
우쳐, 나의 법전에 따라 나 여호와가
역사하는 것을, 내가 이루고자 하는
것을, 내일모레 언제 저 자신이 죽음
의 문턱을 넘을지 모르면서 욕심이 그
득하여 살아가는 그 백성에게, 세상의
이치를 소개해 주어야 할 것이며 참
진리를 소개해 주며,
24 또한 위로는 나 여호와가 역사하고자
하는 그 뜻을 너희가 자상하고 소상
히 그들에게 깨우쳐,
25 그들이 나와 교통할 수 있으며 친숙한
사이가 될 수 있도록 그 임무를 다하
도록 하라, 사랑하는 나의 아들딸들아!
26 내가 너희를 그리하여 사랑함이니라.

7,529 번째 하나님 말씀

2003년 9월 16일 12시 12분

1 사랑하는 나의 아들아!
2 "네, 아버님! 말씀하옵소서."
3 너희가 구약의 시대에 교회를 지었으
며 성전을 지었으며 성막을 지었고
성전이라 하여 기도하고 경배하는 그
와 같은 장소를 만들어 역사하였음이
니라.
4 그러나 내가 너희에게 뭐라 말하였느
냐?
5 너희는 교회를 짓지 말며 성전을 짓지
말며 성막을 짓지 말라 그리 말하였
음이니라.
6 너희는 지금 교회를 열 발짝마다 하나
씩 세우고 십자가를 높이 매달아 놓음
이니 공원묘지와 같다 하였으며, 그
속이 다 썩은 냄새가 진동한다고 말하
였음이니라.
7 그러니 내가 나의 아들 예수를 통하여
너희에게 교회를 짓지 말라 하지 아니
하였던가?
8 구약의 시대에 그와 같이 잘못된 역사
를 나의 아들 예수가 와서 뭐라 말하
였느냐?
9 성전을 짓지 말라 하였으며 성전을 허
물어 3일 만에 다시 짓는다 말하면서
뭐라 말하였느냐?
10 모든 성전은 너희 자신의 마음속에
있는 것이라 말하였으며, 너희 마음속
에 성전을 지으라고 명하고 전하였음
이니,
11 그리하여 신약의 시대에서부터 교회
요, 성막이요, 성당을 짓는 것은 나의
뜻을 거역하는 자들이요, 나의 뜻을
순종하지 아니하는 자들이라 내가 나
의 아들을 통하여 법전에 기록하여 전
함을 너희는 알아야 할 것이니라.
12 나의 아들 예수가 너희에게 전하지 아
니하였던가?
13 교회요, 성전을 모두 네 마음에 그걸
역사하며 만들고 지으라 하였거늘, 너
희는 어찌하여 인간 세상에 손으로 지
은 그 성전을 만드는 데만 연연하는가?
14 너희가 교회요, 성전을 지어서는 아니
되는 뜻이 여기 있음을 알라.
15 나의 아들 예수가 신약 시대에 너희에
게 모두 가르쳤음이니, 구약은 지나간
시대의 것이요, 신약의 시대만 역사한
다 하며, 그리하여 한 획도 빼도 더해
도 아니 된다면서,

16 나의 아들이 네 마음속에 성전이요,
교회를 지으라 한 그 명을 듣지 아니
하고 어찌하여 너희는 육의 건축물로
써 육의 교회만 짓는 데 그리 연연하
는가?
17 그것은 너희를 나타내고 과시하기 위
하여 나의 피조물 만백성들을 영원히
너희의 종과 같이 부리고자 하는 그와
같은 사악한 계획하에 모두 역사하는
것임을 너희는 알라.
18 내가 너희에게 생선을 비유하여 말하
였느니라.
19 머리가 있고 가운데가 있고 꼬리가 있
는 것이 완전한 생선이니, 구약의 시
대는 접어 버리며 신약의 시대인 가운
데 토막을 생선이라 하며 제3의 시대
인 아랫부분은 너희가 인정하지 아니
하는 그와 같은 형국이라 하였음이니
라.
20 그리하여 너희가 그걸 믿고 악을 쓰
고 울고불고하다 나에게 심판을 받을
때,
21 내가 완전한 생선은 이것이라 하여 너
희에게 보여 줄 때 너희 스스로 지옥
불로 기어가는 그와 같은 길을 가는
것이 너희라 내가 명했음이니, 이를
잊지 말라, 사랑하는 나의 아들딸들아!

7,530 번째 하나님 말씀

2003년 9월 16일 12시 17분

1 사랑하는 나의 아들아!
2 "네, 아버님! 말씀하옵소서."
3 지금까지 수천 년 동안 믿음을 왔으며
그 많은 신도요, 백성을 가르치는 그
집단이 무엇이라 말하였느냐?
4 너희 인간의 교육으로 말하면 유치원
의 초등 교육을 벗어나지 못했으며 그
곳에 평생 모든 것을 다 바치며 유치
원의 공부 수준을 벗어나지 못하는 자
라 하였음이니라.
5 그리하여 너희가 중·고등이요, 사회
의 모든 학문을 깨우쳐 바른 사람으로
성장하는 그것이 바로 믿음이요, 진리
요, 깨달음의 길이라 내가 그리 말하
였음이니라.
6 그러니 지금의 나의 피조물 만백성들
에게 너희가 나의 법전을 전하고 그
들에게 일깨워 준다 해도, 그들이 정
녕 알아듣지 못하며 받지 못하며 받아
들이지 못하는 것은 당연한 것이니라.
7 지금 나의 아들을 따르는 그 제자들이
요, 그리고 나의 법전을 읽고 깨우쳐
이 성전에 와 공부하는 백성 너희는
바로 뭐라 하였느냐?
8 성장한 사람들이며 사회인으로서 성
장한 백성이라 내가 너희에게 그리
말하였음이니라.
9 그러니 유치원생들에게 성장한 어른
의 그 가르침이요, 뜻을 아무리 전하
고 깨우쳐 준다 해도, 과연 그들이 알
아듣을 수 있고 이해할 수 있겠는가?
10 그리하여 그들이 이해하지 못하며 듣
지 못하고 있으며 유치원생의 공부만
인생의 전부며 그것만 하늘에 오르는
길이라며 붙잡고,
11 다른 것은 다 사탄이요, 이단이라 하
여 치받고 욕하는 자들이니, 이는 당
연함을 너희는 알아야 할 것이니라.
12 이제 너희는 알아야 할 것이니라.

13 너희가 나의 법전을 가지고 전하고 또
전하는 역사를 할 때, 너희처럼 성장
된 백성이 있을 것이며,
14 성장된 백성은 나의 법전을 받아들일
것이며, 그걸 보는 순간에 그는 깨달
음을 얻을 것이며, 너희는 그러한 사
람들을 만날 것이니라.
15 그러니 그러한 사람들부터 안내하고
인도하는 데 최선을 다하라.
16 이제 나의 아들을 따르는 그 제자들이
요, 또한 지도반으로서 교육을 마친
선택된 백성 너희는 알아야 할 것이
니라.
17 너희는 어른이 되어 성장하였으나, 유
치원 속에서 지금도 유치원 교육을 받
는 그 수많은 백성은 그걸 모름이니라.
18 유치원생이라는 어린아이들은 부모
의 보호를 받으며 부모의 손길에서 벗
어나지 못함이니,
19 바로 그와 같은 불쌍한 자들이기에,
20 성장한 어른의 가르침이요, 말을 듣지
못하며, 되려 너희에게 사탄이요, 이
단이요, 사악한 자요, 마지막 시대에
세상을 혼동케 하는 악마의 자식이라
악을 쓰고 있음이니,
21 그 불쌍한 자들을 어찌해야 구원할 수
있겠는가?
22 그러나 너희는 어른으로서 아이들을
가르치는 것은 당연하니, 힘들고 어렵
다 해도 그들을 깨우치는 데 최선을
다하되, 또한 너희와 같이 성장한 백
성이 이 세상에 많이 있음이니라.
23 그들이 너희의 강론을 들으러 올 것
이며, 너희가 이야기하는 것을 다 들
을 것이며, 너희가 전하는 뜻을 알아
듣는 자들이 있을 것이니,
24 그 백성부터 하나하나 구원하여 나의
아들을 통하여 내리는 강론을 듣게 하
며, 나의 법전에 대한 설명을 듣게 하
며, 내가 이루고자 하는 역사가 무엇
인가를 그들에게 깨우쳐 그들을 구원
하는 데 최선을 다하라.
25 성장한 백성이 있음을 잊지 말라.
26 다만, 오늘날 너희를 핍박하며 너희를
따르지 아니하며 너희 말을 듣지 아니
하며 사탄이요, 이단이라 말하는 그
어린 백성은 평생 하나의 기초적인
믿음에서 벗어나지 못한 자들이니라.
27 유치원의 그 교육 과정을 벗지 못한
자들이니, 성장한 너희 말과 뜻을 알
아들을 수 없는 것은 당연하니 그리
알며 실망하지 말라, 사랑하는 나의
아들딸들아!

7,531 번째 하나님 말씀

2003년 9월 17일 06시 49분

1 사랑하는 나의 아들아!
2 "네, 아버님! 말씀하옵소서."
3 지금의 모든 종교 집단이요, 지도자
요, 믿음의 길을 오는 백성의 그 열정
과 정성을 내가 다 아느니라.
4 그러나 그들은 진정한 믿음이요, 참진
리의 교리를 보지 못하며, 인간의 욕
심에 의하여 자기 자신을 펴고자 하는
그들의 그 간교한 방법에 현혹되어 가
고 있음이니, 그것이 잘못되었다 함을
내가 너희에게 말하고자 함이니라.
5 너희는 지금 모든 행함이 얼마나 중
요하던가?

6 나의 피조물 만백성들에게 무거운 짐을 지워 주며 그들에게는 바로 살라 말하며 그리 강조하나,
7 가르치는 종교 지도자들은 그와 같이 행하지 아니하며 설교하고 강론하는 자들은 그리 말하나, 정작 저희는 지키지 못함이니, 그를 하늘이 알며 나의 백성이 그를 다 알고 있음이니라.
8 그러니 바로 서는 것이 얼마나 소중한 것이며 얼마나 귀한 것인가를 알겠는가?
9 종교 지도자가 바로 서지 못한다는 것은 무엇을 의미하는지 알겠느냐?
10 아무리 참진리라 해도, 저희가 불리할 때 저희가 필요할 때는 그 참진리를 접어 두고 비진리가 옳다고 강조할 수 있으며 그리 가르치는 자들이니,
11 내가 일찍이 말하기를 큰 그릇에 생수를 부어 줌이니, 한 덩어리의 오물이 거기에 있으면 그 물을 먹을 수 없다고 말했듯이,
12 너희가 진리를 가르치며 나의 뜻을 가르친다 하면서 나의 백성에게는 어찌 살라 어찌 가라 말하며, 막상 그를 지키고 행해야 하는 종교 지도자들이 그를 행하지 아니하고 등을 돌리고 사는 그와 같은 형국이 잘못되었다 함이니라.
13 그들은 유사시에는 진리를 비진리로 가르치며 거짓된 것을 진실로 가르치며 그와 같이 항상 변질될 자들이니, 나의 피조물 만백성들을 우롱하며 속이는 자들이니라.
14 그리하여 바르게 가고자 하는 너희에게도 그와 같은 하나의 오물이요, 거짓된 행위요, 비진리를 너희에게 심어 줌으로 인하여 너희가 그것이 진리인 것처럼 그리 부르짖고 가는 그와 같은 형국이 되어 있기에, 내가 종교 지도자가 바로 서야 한다 함이 여기 있음이니라.
15 그리하여 나의 아들을 따르는 제자들이요, 내가 쓰고자 하는 너희는 바로 서야 하며, 하나의 오점이 있어서는 아니 된다는 것을 너희에게 가르치고 전함이니 그리 알라.
16 그러니 제자들에게 무거운 짐을 지워 주는 자, 그 짐을 지고 가는 것이 얼마나 힘든지 그들은 모르며, 저희는 편안하고 즐거운 자세로 세상을 살아가는 자들이니라.
17 그러니 너희도 또한 마찬가지니라.
18 각자가 임무가 있어서 그들이 그 임무를 수행하지 아니하며 그 임무의 역사함을 모르며 그 힘들고 어려운 것을 모르는 그와 같은 자들은 남을 비방하며 남의 말을 하며 남을 인신공격할 수 있는 그와 같은 마음을 가진 자들이며 그와 같은 행위를 하는 자들이니라.
19 겉과 속이 다른 자요, 그리고 남의 고충을 모르며 남을 비방하는데 그 속마음을 모르며 그가 역사하고 행하는 것을 모르면서 그를 욕하는 자, 그리고 남에게만 무거운 짐을 지고 가라 하며, 저는 뒷전에 서서 힘들게 가는 그들에게 그를 바라보며 비아냥의 웃음을 보이는 자, 이것이 오늘의 종교 집단이요, 지도자들이 이끌어 가는 그 형태라 함이니,

20 그리하여 그와 같은 것으로써는 너희
가 나에게 오를 수 없으며 구원을 받
을 수 없다 함을 명심하고 깨우쳐야
할 것이니 그리 알라.
21 그러니 너희 스스로 자기 자신이 어찌
한다 말하였느냐?
22 옳고 그른 것을 저 자신이 잘 알고 있
으며, 제가 하는 말이 사악한 말이요,
남을 음해하는 말이요, 욕심에서 하는
말이요, 그리고 제가 하는 행동이 제
욕심을 위해서 육을 위해서 하는 행위
인지 아닌지 그 모두를 다 잘 알고 있
다 하였음이니,
23 저 자신이 변하는 것, 저 자신을 다스
리는 것이 곧 하늘에 오르는 길이라
하였음이니라.
24 너희가 아무리 어떠한 명분에 의하여
어떠한 뜻에 의한다 해도, 남에 대한
말을 하며 남에 대한 비방을 할 때, 너
희 자신을 합리화시켜서는 아니 될
것이니라.
25 모든 종교 집단이요, 지도자들이 저
자신을 합리화시켰으며, 오로지 제가
하는 것만 옳으며, 나의 뜻에 따라 선
택된 목자라 하여 저희가 잘못하는
것은 보지도 말며 탓하지도 말며 그걸
시정하려 권유도 하지 말라는 자들이
니,
26 그들이 나 여호와보다 더 높고자 하
는 것이며, 나 여호와보다도 저희가
더 위대한 자요, 신이 되고자 하는 사
악한 자들이니,
27 다른 신을 두는 자, 그 설교를 들으며
그 가르침을 듣는 것은 너희는 나의
목자의 가르침을 듣는 것이 아니요,
사탄이요, 이단의 말을 듣는 것이라는
것을 너희는 여기서 알고 가야 함을
절대 잊지 말라, 사랑하는 나의 아들
딸들아!

7,532 번째 하나님 말씀

2003년 9월 17일 11시 19분

1 사랑하는 나의 아들아!
2 **"네, 아버님! 말씀하옵소서."**
3 이 세상에 살아가면서 과연 너희는
어떠한 마음 자세요, 어떠한 생각으로
써 살아가는가?
4 너희가 이 세상에 태어남이요, 이 모
두는 다 나 여호와의 주관하에 역사하
는 것이며 너희가 잘 관리하고 쓰다
나에게 돌려주는 것이라 그리 말하였
느니라.
5 과연 너희는 그와 같은 마음 자세로
써 살아가고 있는가 자신을 한번 돌아
다봐야 할 것이니라.
6 너희는 모두 나 여호와를 위하여 사는
것이며, 나 여호와에게 무엇인가를 가
지고 관리하던 것을 돌려주겠다는 그
와 같은 마음으로 비우고 과연 살아가
는 백성이던가?
7 너희는 그와 같은 마음을 가지고 사는
자들이 아니니라.
8 너희가 육의 세상에 사는 것에 소중한
것이 있으며 귀한 것이 있으면 그 모
두가 다 내 것을 관리하기 때문에 나
에게 돌려주어야 한다는 그 원칙이요,
그 의미를 아는 자라 하면,
9 오늘과 같이 더 좋은 교회요, 더 큰 성
당이요, 그리고 더 호화로운 것을 역

사하고자 하는 믿음의 길은 결코 갈 수 없음이니라.
10 그러니 너희가 얼마나 어리석고 불쌍한 백성인 줄 알겠느냐?
11 마리아는 예수를 성령으로 잉태하여 그 아들을 나에게 돌려주었음이니라.
12 또 아브라함은 과연 어찌했는가?
13 늦게 얻은 자식인 이삭을 그는 나에게 바치려 했음이니, 그는 무엇을 깨닫고 있었는가?
14 늦게 얻은 그 소중하고 귀한 육의 자식 또한 나로부터 얻은 것이며 나로부터 보내진 것을 알기 때문에,
15 그는 나로부터 받은 것이요, 나로부터 얻은 그 자식을 나에게 돌리는 것은 당연한 이치요, 뜻이라 하여 그는 그와 같은 역사를 할 수 있었음이니라.
16 이제 나의 아들을 따르는 제자들이요, 그리고 특수 교육이요, 지도자 반을 마친 자들이요, 그리고 나의 법전을 읽고 깨우쳐 강론을 직접 듣는 백성, 너희는 모든 것을 다 이제는 네 손에서 놓는 그와 같은 마음을 가져야 할 것이니라.
17 네가 가진 가장 소중한 그것이 다 누구한테 얻었으며 누구한테 취하고 얻었는가?
18 나 여호와로부터 모두 다 빌려 쓰는 것이며 나로부터 얻어 쓰는 것이 아닌가?
19 너희 생명도 나로부터 받아서 나간 것이니, 내가 그 생명을 원한다 할 때 너희가 아낌없이 돌려줄 수 있는 그와 같은 마음 자세를 가지고 믿음을 가야 하거늘,
20 과연 지도자 반을 수료한 그 제자들 또한 그와 같은 마음으로 가고 있는가?
21 그리고 수없는 강론을 들은 그 제자들의 마음 자세가 과연 어떠한가?
22 이제는 아브라함이 자식인 이삭을 나에게 바치려 했던 그것을 순종이요, 나의 뜻을 따르기 이전에,
23 그는 이삭은 나로부터 받은 자식이요, 나로부터 얻은 자식이기에, 나로부터 얻은 것이기에 나에게 돌려주는 것은 당연한 도리라 하여 그와 같이 할 수 있었던 그와 같은 마음 자세가 있었음이니라.
24 지금의 모든 종교 집단이요, 지도자들이 가는 길이 어떠한 길을 가고 있는가?
25 나의 아들을 따르는 제자들이요, 지도자 반을 수료한 그 제자들도 모두 살아가는 것이 너희 자신을 위한 삶을 살며 너희 자신의 부귀영화를 위해 살아가는가, 정녕 나 여호와를 위하여 나의 법전을 만들어 만백성에게 전하는 역사를 위해 살아가는 것인가, 너희는 한번 돌이켜 보라.
26 너희가 가진 모든 귀한 것들을 과연 내가 내놓으라 할 때 그리고 나에게 바치라 할 때, 너희가 그걸 바치고 바치지 못하는 것은 그 마음의 차이이니, 너희가 깨닫고 깨닫지 못함이니라.
27 깨달은 자는 모든 것은 주인인 나 여호와가 돌려달라 하였음이니, 아낌없이, 소중함이 없이, 두려움이 없이 그리고 주저함이 없이 내놓을 수 있는 그와 같은 마음 자세를 가져야 할 것이니라.

28 그렇다면 지도자 반이요, 나의 강론을
듣는 나의 아들을 따르는 제자, 너희
자신은 과연 누구 것이며 너희 자신
은 누구한테 받은 것인가를 한번 생
각해 보라.
29 나의 법전이 나의 진정한 성령이요,
나의 뜻이요, 마지막 시대에 만백성을
심판하는 나의 법전이라 하면,
30 너희가 이를 위하여 무엇을 바치는 것
은 바치는 것이 아니요, 내 것을 나를
위해 너희가 그저 돌려주는 것뿐이거
늘,
31 어찌하여 너희가 그리 아까워하며 두
려워하며 주저한단 말이던가?
32 그와 같은 이치를 깨달아야 할 것이
니라.
33 모든 종교 집단이요, 지도자들은 그걸
깨닫지 못하고 이를 알지 못함이니라.
34 저희가 지금 설교를 하는 것, 강론을
하는 것, 그것을 나의 백성을 위해서
한다 하나, 제 명성을 날리려고 제 이
름 석 자를 위하여 그와 같은 짓을 하
는 자들이 지금 역사를 하고 있음이니
라.
35 더 큰 교회를 짓고자 하는 것, 제 이름
이요, 제 명성을, 제 이름 석 자를 더
빛내고 제가 더 무엇인가를 얻고자 저
를 과시하고자 하는 오만한 마음에서
그들이 역사하는 것이지, 나 여호와의
뜻에 따라 그들이 행한다 생각하는가?
36 이것이 그들의 마음 자세요, 그들이
깨닫지 못하고 있음을 알아야 할 것
이니라.
37 모두가 다 저희 자신을 위해서 역사하
는 것이지, 나 여호와를 위하여 역사
하며 하늘의 뜻을 위해서 역사하는
것이 아무것도 없음이니라.
38 오로지 제 이름 석 자의 공명을 위해
서 모든 것을 하고 있음이니라.
39 이제 그들에게 가르쳐 주라.
40 그들의 모습이 얼마나 추하고 부끄러
운 것인가를 내가 너희에게 일찍이 말
하였느니라.
41 나는 너희가 무엇인가를 이루었을 때,
내가 너희에게 그 은혜요, 상을 내린
다 하였음이니, 그것이 바로 무엇인
줄 알겠는가?
42 이제 지도자 반을 수료한 제자들이요,
나의 법전을 따르는 제자 너희는 알
아야 할 것이니라.
43 너희가 무엇인가를 이루었을 때, 너희
가 무엇을 위하여 그리해야 하며 왜
그와 같은 것을 지켜야 하는지를 너희
가 이룬 다음에 내가 깨우쳐 준다 하
였음이니,
44 이루지 못하면 너희 것이 아니기 때
문임을 알라.
45 나 여호와의 모두는 다 너희 것이며,
너희가 가진 것은 다 내 것이니라.
46 그러니 너희가 하나의 악습을 버리는
것은 너희가 그를 버림으로 인하여
나의 아들딸이 되는 것이요,
47 내가 너희에게 무엇인가를 취하고자
하여 너희가 악습 하나를 버렸을 때,
그것은 나를 위하여 내가 취한 것이나
같은 것이니라.
48 그러니 네가 악습을 버리면 선한 마음
을 하나 갖게 됨이니, 그것이 내가 가
짐이요, 네가 가짐이니,
49 네 것이 되었을 때 내가 거기에다 은

혜를 내리는 것이요,
50 너희가 만드는 중간 과정에서는 내가 너희 것이라 거기에 축복을 내려 줄 수 없음이니라.
51 너희가 아름다운 건축물을 하나 지어 성전을 만든다 해도, 너희가 만들어서 완전히 성전으로써 만들기 전까지 그것은 바로 무엇이더냐?
52 그것은 내 것도 아니요, 너희 것도 아니요, 완전한 소유가 아니기 때문에 네 것도 아니고 내 소유도 아니기에 내가 거기에 은혜와 사랑과 은총을 내릴 수 없음이니라.
53 너희가 교육관이요, 성전이요, 만백성들 가르치려고 너희가 회당을 짓는다 해도, 그것을 완벽히 지어 네 것이 되었을 때 곧 네 것이 나의 것이요, 내 것이 네 것이니,
54 그때 내가 너희에게 은혜요, 상을 내리며 거기에 축복을 내리는 그 의미가 거기에 있음을 너희는 깨달아야 할 것이니라.
55 그리하여 완전한 네 소유요, 네 주관으로써 무엇을 이루었을 때 내가 거기에 상을 내리며 은혜를 내린다는 것을 잊지 말라.
56 그러기 전에는 네 것이 아니요, 내 것이 아님이니, 너도나도 내 것이 아니라 네가 말하는 아버지 것도 아니요, 나의 아들 네 것도 아니요,
57 그저 중간에 떠 있는 그곳에 내가 은혜와 상을 내릴 수 없지 아니하더냐?
58 그러니 너희가 완전히 변하고 하나를 깨달았을 때 그것은 나의 기쁨이요, 너희 기쁨이니,
59 그리하여 그 기쁨의 상을 내리는 그 원리요, 이치가 거기 있다는 것을 너희는 알아야 할 것이니라.
60 그리고 모든 종교 집단 지도자들에게 추한 지난 삶을 회개하고 반성할 수 있도록 너희가 깨우쳐 주어야 할 것이니라.
61 과연 그들이 모든 교회요, 성당이요, 육의 역사하는 것은 제 이름 석 자를 빛내기 위해 저를 위대하게 높이기 위해 그들이 그와 같은 교만한 데서 역사하는 것이요,
62 나의 뜻이요, 나 여호와를 위해서 그들이 하고 있지 않다는 것, 그리고 저희가 강론을 하고 설교를 하며 저희가 어떠한 것을 하는 것도 그것이 다 제 것이 아니요, 내 뜻에 의하여 내 것을 가지고 가르치고 역사한다는 것을 그들은 모르느니라.
63 저희가 말재주가 있어서 저희가 말을 잘하기에 모든 백성이 저희의 강론을 들으며 저희를 따른다고 그들은 그리 생각함이니, 그것이 제 이름 석 자의 공명이요, 광명을 위하여 살아가는 어리석은 백성이니라.
64 그 모두가 다 나의 것이라는 것을 모름이니라.
65 지금 나의 아들과 그들과의 차별화가 무엇이던가?
66 나의 아들은 매일 기도할 때마다 그가 죽은 마음이요, 죽은 자세로써 정녕 죽음보다도 더 두려운 마음으로써 기도하고 경배를 드림이니라.
67 그는 바로 무엇인 줄 알겠는가?
68 내가 나의 아들에게 성령을 내리지 아

니하며 내가 나의 뜻을 내리지 아니하
였을 때, 나의 아들은 말 한마디도 어
떤 기도 한마디도 할 수 없기 때문에,
69 나의 아들은 매일 내 앞에 기도하고자
무릎 꿇고 앉을 때 그는 죽음보다도
더 무섭고 두려운 자세로써 나에게 기
도를 하고 경배하는 것이 너희와의
차별화이니라.
70 모든 종교 집단 지도자들은 그저 생각
나는 대로 만들어 지껄이며 중언부언
넋두리를 떨 수 있기 때문에, 기도할
때도 두려운 것이 없으며 설교할 때
도 두려울 것이 없으며 강론할 때도
두려울 것이 없을 것이니라.
71 그러나 나의 아들은 제자들을 가르치
기 위해 단상에 서서 강론할 때 그는
죽음보다도 더 두렵고 무섭고 떨리는
마음으로 그 단상에 서며,
72 보이지 않으나 마음속으로 피땀을 흘
리고 있다는 것을 그들은 모르며, 종
교 지도자 너희와의 차별화됨을 모르
느니라.
73 나의 아들은 나로부터 직접 들으며
내 명을 받으며 내가 명하는 것을 알
기에,
74 내가 그에게 명하지 아니하였을 때 그
는 단 한마디도 할 수 없다는 그 무섭
고 두려움을 알기에, 내가 성령을 내
릴 때까지 그는 피보다 더 진한 땀을
마음속에 흘리고 있으며, 죽은 마음
자세로써 단상에 서서 강론을 하는 것
이 나의 아들이요,
75 너희는 너희 마음대로 생각나는 대로
그저 지껄이며 기도하며, 아무 이름이
나 갖다 붙여 대며 축복과 영광을 주
라 하며,
76 세상 것을 모두 다 붙여 대어 축복을
주라고 너희 마음대로 지껄일 수 있으
며 마음대로 중언부언할 수 있으며
마음대로 강론을 할 수 있기 때문에,
77 너희는 단상에 서서 설교를 하며 나의
뜻을 전한다는 것이 천 번 만 번 죽는
것보다도 더 무섭고 두려운 자세로 그
단상에 서는 자들이 아니요,
78 나의 아들은 천 번 죽는 것보다도 더
고통스럽고 두려운 마음으로 강론에
서고 있으며, 그는 강론의 장소에 서
서 너희에게 전함이니,
79 나의 성령이 내려지기까지 그는 죽은
자의 마음으로 기다림이니라.
80 그리고 두렵고 무서움을 그는 알고 있
으며, 그와 같이 역사하는 것이 모든
종교 집단이요, 나의 아들이 가는 것
과 다름이 여기 있음이니 그리 알라.
81 이 자체도 모르는 너희이니, 이것이
바로 어떠한 것이 참진리요, 누가 나
여호와로부터 명을 받아 진정한 깨달
음을 만백성에게 전하는 길을 가는 자
인가?
82 그는 제 것이 아니요, 모두를 내가 내
리기 때문에, 내리지 아니하면 아무것
도 할 수 없기 때문에 그는 긴장과 죽
음보다도 더 두려움 속에서 기다리고
또 기다려, 내가 말문을 열어 주었을
때 나의 뜻을 너에게 전하는 것이요,
83 모든 종파의 종교 집단은 저희가 그저
생각나는 대로 기록하여 전하고 저희
마음대로 너희에게 가르친다 말하고
있음이니,
84 이것이 하늘과 땅의 차이요, 참진리와

거짓 진리의 차이이며, 진정한 목자와
목자가 아닌 자의 차이가 여기 있음이
니,
85 너희 제자들은 고개 숙여 내가 전하는
이 뜻을 깊이 깨우쳐 자세를 바르게
하여, 하늘에 오르는 길에 낙오자가
되지 않도록 그리하라, 사랑하는 나의
아들딸들아!

7,533 번째 하나님 말씀

2003년 9월 17일 11시 24분

1 사랑하는 나의 아들아!
2 "네, 아버님! 말씀하옵소서."
3 수천 년 동안 흘러오는 그 백성이 얼
마나 어리석은 믿음을 왔으며, 그 지
도자 또한 나 여호와의 뜻을 모르고
만백성을 깨우친다며 지금까지 왔음
이니라.
4 그들은 뭐라 하느냐?
5 나 여호와가 너희를 사랑하기 때문에,
너희 자신을 나 여호와가 모두 다 사
랑하며,
6 너희를 사랑하는 그 강도가 나의 아들
예수까지 너희에게 던져 주고 너희를
구원하고자 했던 나 여호와이니, 나
여호와의 사랑이 정녕 너희로부터 떠
날 수 없으며 변할 수 없으며,
7 절대 너희와 나와는 끝이 나지 아니
할 것이라 종교 집단이요, 지도자들이
그리 가르치느니라.
8 그러니 아들까지 던져서 너희를 구원
하고자 했다는 나 여호와인 만큼, 너
희와는 절대 사랑을 끊지 아니하며 사
랑은 끝날 수가 없는 것이니라.
9 그러니 나 여호와와 너희 사이에 내
가 칼로써 무를 자르듯이 너희와 나의
사랑을 단절하지 아니하며,
10 내가 재앙으로써 너희를 다스리지도
아니하며 환란으로써 내가 너희와 끝
나는 그와 같은 역사는 절대 있을 수
없는 것이요,
11 오로지 나 여호와는 너희가 어떠한
형태로 가든 내가 너희를 사랑함이니
라.
12 종교 지도자들이 그리 가르치느니라.
13 너희는 내가 사망으로써 너희가 죽고
사는 것으로써도 내가 너희와의 사랑
을 절대 단절하지 아니하며 끊지 않는
다고 그리 말함이니,
14 나의 아들 예수를 너희에게 내어 준
나는 모두를 다 주었음이니, 그보다
더 소중한 것이 없으니, 내가 너희에
게 모두를 다 단절하지 아니하며 끊
지 않는다고 말하고 있음이니라.
15 그러나 너희는 여기서 깨우쳐야 할
것이니라.
16 내가 나의 아들 예수를 너희에게 보낸
것은 너희를 사랑함이요,
17 다만 너희가 노력하여 역사하는 그와
같은 길에서 너희 스스로 나의 아들
예수가 세상의 모든 악과 싸워서 이겼
으며 모든 사탄의 그 유혹에서도 견디
고 이겼던 그와 같은 것을, 너희도 이
세상의 모두를 다 이겨 나의 아들처럼
하늘에 오르라 하는 것이지,
18 내가 나의 아들을 너희에게 보내 죽게
하여 그 피로써 너희 말대로 구원한
것이 아니요, 과거와 현재와 미래에
너희가 흉악하게 짓는 그 모든 죄를

다 용서하고 속죄양으로써 간 것은 아
니라는 것을 내가 수십 번 기록하였음
이니라.
19 너희가 이와 같이 기도하는 자는 어
리석은 자들이요, 그들이 나의 피조물
만백성으로부터 재물을 거둬들이는
사악한 방법의 기도 소리임을 너희는
알아야 할 것이니라.
20 무조건 나 여호와가 사랑함이 아니니
라.
21 내가 나의 아들을 통해 법전에 기록하
였느니라.
22 너희가 모든 것을 완전히 주관할 수
있는 하나의 그 물건이 나 여호와의
것이요, 내가 완전히 주관하는 것이
다 너희 것이라 말하였음이니라.
23 너희가 완전히 네 것으로써 주관할 수
없는 것은 내가 거기에 은혜와 사랑을
내리지 아니하며 내가 거기에 관심을
두지 않는다 하였음이니라.
24 너희 스스로 하나를 완벽히 만들었을
때 그것은 네 것이요, 나의 것이니, 내
가 거기에 수고로움이요, 사랑이 있으
며 나의 기쁨이 있다 하였으며,
25 그 과정에는 내가 너희에게 특별한
백성이라 하여 그 역사하는 힘과 능
력을 내가 절대 부여하지 아니한다
하였음이니라.
26 그것은 내 것도 아니요, 너희 것도 아
니니,
27 그것은 사탄의 것이 될 수 있으며 악
마의 것이 될 수 있으니, 쓰러질 수 있
는 곳에 내가 내린다면 공의의 하나
님이 아니니라.
28 너희가 스스로 노력하여 모든 것을 이
루었을 때 내가 모든 상을 내린다 하
였거늘, 어찌하여 너희는 그와 같이
나의 피조물 만백성들을 우롱하며 그
리 이끌고 가는가?
29 나의 아들 예수를 죽도록 거기에 던져
주었으니, 사랑하는 너희가 그 이상
더 위대하기에 내가 나의 아들을 버린
것처럼, 내가 너희를 버리지 아니하며
너희를 거둘 것이라 그리하여 너희가
사악한 짓을 해도 어떠한 짓을 해도
내가 재앙이요, 또는 환란으로써 너희
와 나를 칼로 자르는 역사는 없을 것
이니,
30 너희는 그저 되는 대로 살며 그저 나
의 아들 예수의 이름을 부르며 살다
오면 구원을 받는다고 그리 가르치는
종교 지도자, 너희는 바로 그것이 무
엇이더냐?
31 기초의 믿음도 벗어나지 못한 자들임
을 알아야 할 것이니 그리 전하도록
하라.

7,534 번째 하나님 말씀

2003년 9월 17일 11시 28분

1 사랑하는 나의 아들아!
2 "네, 아버님! 말씀하옵소서."
3 몇천 년 동안 나 여호와가 존재함이
요, 믿는다 하는 자, 나에게 경배를 하
는 자들 모든, 종교 집단 지도자들 그
들이 바로 저희 자신을 위해 제 이름
석 자 앞에 공명을 얻으려고 지금까지
살아온 그 백성이나,
4 나에게서 멀리 떨어져 있으며 나를 의
심하는 백성이요, 나의 이름을 찾지

않는 그 백성 그 모두 또한 나의 아들
딸이니라.
5 그리고 믿음의 길에서 지금 몰라서 가
는 백성, 그리고 잘못 가면서 구원을
받았다 하는 그 믿음에 대한 그 백성,
그들에게 나의 법전을 전하여 그들을
깨우쳐야 할 것이니,
6 너희는 잊어서도 아니 되며 잠시도
게을리해서도 아니 됨을 알아야 할
것이니라.
7 지금 그와 같이 나를 믿든, 믿는 길을
잘못 왔든, 모든 백성이요, 나를 부정
하는 모든 백성이 이제는 나의 법전을
정독하여 믿음의 길을 들어서지 아니
하면 정녕 구원의 길을 얻을 수 없음
을 알아야 할 것이니라.
8 모든 종교 집단 지도자들이 지금 초보
적인 믿음에서 몇천 년 동안 벗어나지
못하며 그 속에서 끌려다니며 몸부림
치는 그들을 깨우쳐 참진리의 길을
안내해야 함을 너희는 알아야 할 것
이니라.
9 그들이 나의 법전을 보지 아니할 때,
그들이 나의 법전을 읽지 않을 때, 그
모두는 다 지옥으로 향하고 있음을 너
희는 알아야 할 것이니라.
10 나의 백성이 지금 지옥으로 흘러들어
가고 있음이니라.
11 너희는 나의 법전을 그 가슴에 전하
여 그들을 구하지 못한다면 영영 그들
은 다시 구원의 길을 볼 수가 없으며
나에게 오를 수 없는 그와 같은 백성
으로 흘러감이니,
12 너희가 나의 법전을 만들어 만백성에
게 전하는 데 게을리해서는 아니 될
것이니라.
13 너희가 나의 법전을 만백성에게 전하
여 하늘에 오르는 그 길을 깨우쳐 주
어야 한다는 것, 이것이 너희가 가진
대명임을 알아야 할 것이니라.
14 내가 존재함을 확고히 믿도록 그들에
게 가르쳐 주어야 할 것이니라.
15 그리고 진정한 믿음의 길이 무엇인가
를, 그리고 하늘에 오르는 길이 무엇
인가를 그들에게 그 믿음의 길을 바로
잡아 주어야 할 것이니라.
16 지금의 믿음의 길을 가는 모든 백성이
정상적인 믿음이 아님을 알라.
17 그들은 나와는 관계없는 믿음을 가니
나 여호와가 바라보는 그들의 형태가
어떠한지 알겠느냐?
18 너희는 정신박약아요, 정신이 없는 자
들이니라.
19 제정신을 가진 백성이 하나도 없음이
니라.
20 지금의 믿음의 길을 가는 그 백성은
제정신을 가진 자들이 하나도 없음이
니라, 사랑하는 나의 아들딸들아!
21 제정신이 아닌 속에 살아가는 그 불쌍
한 백성을 너희가 구원하는 데 최선
을 다해야 할 것이니라.
22 너희가 나의 법전을 정독하며 나의 아
들을 통하여 내리는 강론을 들어 너희
것으로 만들어 완벽하게 정답을 갖춘
성숙한 선생으로서 빨리 변화되지 아
니하면 아니 됨이니라.
23 너희는 기초적인 신앙에서 기초의 믿
음에서 이제 정상적인 과정을 거쳐 성
인으로서 만백성을 이끌어 가는 완벽
한 나의 선택된 백성으로 거듭나지 아

니하면 아니 됨이니라.
24 모든 백성이 지금 지옥을 향하여 가
고 있음이니라.
25 그들을 구원해야 할 것이니라.
26 그를 바라보는 나 여호와의 마음이 얼
마나 아픈지 알겠는가?
27 그들을 구원하라, 사랑하는 나의 아들
딸들아!

7,535 번째 하나님 말씀

2003년 9월 17일 11시 35분

1 사랑하는 나의 아들아!
2 "네, 아버님! 말씀하옵소서."
3 지금 이 세상이 어찌 되었는지 알겠느
냐?
4 나 여호와가 하늘과 같은 낙원을 지상
에 역사하고자 이 세상을 오묘하게
모든 것이 존재하도록 내가 아름답게
만들었음이니라.
5 너희는 자연 속에 흘러가며 살아가는
그 형태를 보라.
6 새들은 새들대로 의사소통하며 살아
가며 물고기는 물고기대로 의사소통
을 하며 서로 의지하고 살아가는 것
이며 모든 동식물이 다 그와 같이 살
아가게 되었음이니,
7 이 세상이 제자리를 지키고 산다면
얼마나 아름답고 고운 세상이 되겠느
냐?
8 너희 인간 세상에서도 말하지 않느냐?
9 법을 지키고 사는 사람들, 천사와 같
은 사람들이 산다면 법이 필요 없다고
그리 말하지 않느냐?
10 그와 같은 세상이 되었다면 나의 아들
예수가 세상에 내려와 죽임을 당하지
도 아니하였을 것이며, 지금 내가 나
의 아들을 통하여 160권이라는 이 법
전을 세상에 내려보내며 나의 아들이
천 번 만 번 죽는 마음으로써 너희 앞
에 서서 강론하는 아픔도 있지 아니할
것이니라.
11 그러나 이 세상이 어찌 되었는지 알겠
느냐?
12 나의 아들 예수의 그 피의 대가로 이
루어진 것은 사탄들이 지배하는 세상
이 되었으며, 나의 백성은 악마들에게
넘어가 악마들의 소유물이 되어 있는
이와 같은 형국이니, 너희가 모두 사
탄의 소유물이 되어 있음을 알라.
13 그리하여 너희가 얼마나 지금 고통스
러운 삶을 사는가?
14 너희가 지금 사는 삶이 얼마나 고통스
럽고 힘든 삶을 살아가는지 알겠느냐?
15 모든 백성이 고통과 시련 속에서 살
아가는 그것은 바로 이 세상이 악마들
의 소유물이 되었기 때문이니, 그는
모든 종교 집단이요, 지도자들이요,
그들이 잘못 가르치고 잘못 인도했으
며,
16 나의 뜻을 거역하는 그와 같은 이기주
의의 삶을 이 세상에 만연시킨 그 역
사함으로 인하여 모두 다 사탄의 후예
가 되어 지금 이 세상이 악마의 소유
물이 되어 있다 함을 너희는 알아야
할 것이니라.
17 그리하여 너희는 죄에 물들어 있으며
죄에 편승하여 흘러가고 있으면서도
죄를 깨닫지 못하며 회개할 줄 모르
며, 정녕 회개를 하라 해도 진정한 회

개의 뜻이 무엇인가를 모르고 있음이
니,
18 이는 나의 백성을 구하고자 지금 내
가 이와 같은 불쌍한 백성을 구하고
자 내가 너희를 선택하였으며, 나의
아들을 따르도록 하였으며, 지도자 반
을 육성하였으며, 모든 백성을 내가
가르치고자 지금 나의 성전에 강론을
직접 내림이니라.
19 그러니 너희만 선택되었음이니, 선택
된 너희만 나의 만백성을 구할 수 있
음이니라.
20 그러니 너희는 주저하지 말며 만백성
을 구하는 큰 야망을 너희 가슴속에
깊이 내리며, 큰 야망을 버려서는 아
니 됨을 너희는 알아야 할 것이니라.
21 지도자 반을 마친 자들이요, 나의 아
들을 따라 강론을 듣는 너희는 모든
백성을 구원한다는 큰 야망을 가슴에
깊이 심으며, 그 야망을 이루는 데 최
선을 다하는 삶을 살아야 할 것이니
라.
22 나에게 가장 소중한 것이 무엇인 줄
알겠느냐?
23 너희는 들어야 할 것이니라.
24 나 여호와가 가장 소중하며 나 여호와
가 가장 기쁜 것은 내가 사랑하는 백
성 너희의 영혼이 구원을 받는 것임
이니라.
25 너희가 육의 삶에 허덕이며 영혼이 구
원을 받지 못하는 그것이 나에게 가장
큰 아픔이요, 나 여호와의 가장 큰 슬
픔이니,
26 너희가 나의 피조물 만백성들의 영혼
을 구원하는 그와 같은 역사의 그 야
망을 버려서는 절대 아니 됨이니라.
27 오로지 그들을 구원할 것은 너희밖에
없음이니라.
28 너희가 사랑하는 너희 형제들의 영혼
을 구했을 때 나 여호와는 더한 기쁨
이 없음을 알라.
29 너희는 겸손한 자세로 살라.
30 그리고 삶을 사는 것을 남을 위한 삶
을 살라.
31 너희 자신을 뭉개 버리고 너희 자신
을 버리고 너희는 나의 계명대로 살
아야 할 것이며 나의 법전대로 사는
삶의 길을 가야만 할 것이니라.
32 그것이 너희가 만백성을 위하여 모두
를 구하는 역사의 길이니라.
33 그러니 너희 자신을 모두 던져 나 여
호와가 너희를 사랑하는 만큼 너희가
만백성을 사랑해야 함을 절대 잊지
말라.
34 내가 너희를 사랑하는 만큼 만백성을
사랑하는 백성은 오로지 나의 아들을
따르는 제자들이요, 나의 법전을 읽고
깨우치는 선택된 너희뿐이니라.
35 나 여호와가 만백성을 사랑하는 것만
큼 그 사랑을 펼 수 있는 사람이 따로
있다 하면 오늘에 나의 아들을 통하여
이와 같은 제3의 역사요, 제3의 시대
를 열지는 아니하였을 것이니라.
36 나의 사랑만큼 그 모두를 실천할 수
있는 것은, 이제는 2천 년 전에 와 죽
어 간 예수가 그를 실천할 수 없으며,
모세가 그를 실천할 수 없으며, 그 누
구도 실천할 수 없음이니라.
37 그들은 이미 모든 제 심판을 받아 제
자리에 지키고 있음이니,

38 이제 제3의 시대에 바로 나의 성령을
태워 160권의 하늘의 뜻을 기록한 것
을 듣고 배우는 선택된 제자 너희가,
예수요, 모세요, 모두를 다 이끌어 가
는 나의 큰 사랑을 행하고 실천하는
것이 너희의 책무이니,
39 너희 자신을 소홀히 생각하지 말며
너를 낮은 자라 생각하지 말라.
40 대야망을 갖고 나로부터 선택된 그 영
광이요, 모든 역사를 할 수 있으며 나
의 큰 사랑을 펼 수 있다는 그 마음을
갖고 모든 백성을 사랑하라.
41 너희가 모든 백성을 사랑하는 것이
내가 그들을 사랑하는 것이요, 내 사
랑보다 더 큰 사랑을 전하고 역사해야
하는 것이 너희임을 잊지 말라, 사랑
하는 나의 아들딸들아!
42 이 세상이 다 악마의 소굴이 되었으며
사탄의 세계가 되었으며 그들의 지배
를 받는 이 세상에서, 오로지 내 사랑
만 이 세상을 덮을 수 있으며 그 모두
를 사탄의 세계에서 구원할 수 있음이
니,
43 너희가 가슴을 열고 야망을 갖고 큰
사랑으로써 만백성을 사랑하라, 사랑
하는 나의 아들딸들아!
44 나는 너희를 믿노라.
45 그리고 내가 너희를 사랑함이니 그리
알라.
46 영원히 내가 너희와 같이하고 있음을
알라.
47 모든 승자는 너희 것이니 오늘의 시
련을 두려워하지 말라.

7,536 번째 하나님 말씀

2003년 9월 17일 11시 43분

1 사랑하는 나의 아들아!
2 "네, 아버님! 말씀하옵소서."
3 내가 너희에게 뭐라 기도하라 하였느
냐?
4 너희는 나에게 기도할 때 '아버님 저
의 죄를 용서하여 주옵소서, 그리고
아버님 뜻대로 살 수 있는 용기를 주
옵소서.' 하며,
5 그리고 나 여호와가 너희가 원하는
것을 다 알고 있음이니, 무엇을 얻고
자 구하고자 하는 그 기도를 하지 말
라 내가 너희에게 명하였음이니라.
6 그러나 너희는 알아야 할 것이니라.
7 이제는 '저의 죄를 용서하여 주옵소
서.' 하고 기도하는 그것으로 이제는
시시비비하는 백성이 세상에 나올 것
이며, 그들은 말할 것이니라.
8 '저의 죄를 용서하여 주옵소서.' 기도
하는 것을 가지고 너희가 사탄의 자
식이요, 사탄의 후예들이기에 그와 같
은 기도를 하는 백성이라며 너희를
물고 늘어질 것이며, 너희를 단죄하려
대들 것이 오늘의 종교 집단이 지도자
들이라는 것을 알아야 할 것이니라.
9 그들은 뭐라 말하느냐?
10 저희는 무엇을 달라 무엇을 이루어 달
라 그저 소원을 이루어 달라는 그 역
사하는 기도밖에는 한 것이 없으며,
11 그리고 재물을 바치라는 것밖에 그리
고 구원을 받는다는 기초적인 그 믿음
밖에 한 것이 없음이니,
12 과연 '저의 죄를 먼저 용서하여 주옵

시고, 아버님 뜻대로 살아갈 수 있는
지혜를 주옵소서.'라는 그 아름다운
기도 소리가 그 사탄의 귀에는 어찌
들리겠는가?
13 그것은 천둥소리보다도 더 무섭게 들
림이니,
14 그들은 이제 그와 같이 '저의 죄를 용
서하여 달라.' 하며 그저 달라는 것,
두드리고 얻으라는 그와 같은 기도를
하지 않는 자는 사탄의 자식이라 그리
말할 것이니라.
15 2천 년 전에 나의 아들 예수가 너희의
과거·현재·미래의 모든 죄를 다 짊어
지고 대속하여 피 흘리고 어렵게 죽
어 간 그 죽음을 욕되게 하는 자요, 그
에게 침 뱉는 자라 그리하여 너희를
핍박할 것이니라.
16 모든 죄를 다 용서해서 짊어지고 갔
으니, 너희는 죄가 하나도 없는 백성
이며 예수가 대신 죽음으로써 죄가 하
나도 없는 그와 같은 역사를 이루었거
늘, 어찌하여 나 여호와를 욕되게 하
며 예수의 죽음을 욕되게 하며 예수의
피 흘림을 욕되게 하는가 하여 너희
를 사탄이라 몰아붙이는 것이 그들의
계획일 것이니라.
17 그들이 그와 같이 사악한 방법으로 나
의 아들을 세상에 존재하지 못하도록
할 것이며 나의 법전이 세상에 존재하
지 못하도록 그들이 물고 늘어질 내용
이 거기에 있음이니라.
18 그러면서 그들은 말할 것이니라.
19 예수의 죽음을 욕되게 한 자니 그는
사탄이요, 그리고 예수를 부정함이니
사탄이요, 나 여호와에게 치받는 짓을
하며 거역하는 자니 사탄이요,
20 나 여호와가 예수를 통하여 죽음으로
써 피 한 방울까지 다 말리는 고통을
겪은 것은 너희의 모든 죄를 다 용서
해 주기 위하여 역사한 것이니 너희
가 죄가 어디 있느냐 하며,
21 죄 없는 자들이 죄의 용서를 비는 것
은 예수의 죽음을 망령되게 하는 것이
며 모두를 부정하는 것이니, 그들을
죽여야 한다 하여,
22 나의 아들 예수가 2천 년 전에 와 나
의 뜻을 전하며 교회를 폐하며 성막을
폐하라 하고 그리고 남을 사랑하라 했
던 나의 아들 예수를 제사장이요, 신
도요, 종교 지도자들이 그를 죽였듯이
너를 죽이고자 하는 것이 바로 그들이
니, 그들이 할 수 있는 일은 다른 것이
없음이니라.
23 '저의 죄를 용서하여 주옵소서.' 그 아
름다운 기도요, 십계명대로 지키고 살
아야 한다는 것을,
24 인간이 십계명을 지킬 수 없는 것을,
지키고 살 수 있다는 것은 거짓된 것
이요, 위선자요, 헛된 자라 하여 너를
죽이라 할 것이며, 나의 법전을 세상
에 존재치 못하도록 할 것이 그들이니
라.
25 나를 욕되게 하는 자라 하여 정죄하며
용서할 수 없는 그 무리가 너희를 덮
칠 것이며 파도보다도 더 무섭게 올
것이니라.
26 그렇다면 너희는 그들에게 물으라.
27 과연 너희는 천사와 같은 자들이며
죄가 하나도 없는 자들인가 그들에게
물어보라.

28 그러니 그들이 지금 얼마나 교만과 자
만에 빠진 자들이냐?
29 그러니 그들과는 대화할 수 없으며
타협을 할 수 없기 때문에, 스스로 너
희가 지키는 방법이요, 스스로 유지하
는 방법을 찾지 아니하면 아니 될 것
이니라.
30 나 여호와가 너희와 더불어 같이하고
있으나, 사악한 그들이 너희에게 닥쳐
올 때 너희 스스로 그를 이길 수 있는
것은,
31 너희가 조용히 천사와 같은 마음으로
써 변하는 그 길만이 내가 너희에게
성령을 임할 수 있으며 내가 너희에게
역사할 수 있기 때문임을 알라.
32 너희도 그들과 같이 사악한 마음이요,
욕심을 가지고 있다 하면 나의 성령
이 너희에게 임할 수 없음이니, 이는
무엇이던가?
33 너희가 진정한 나의 분신으로써 되지
못했기 때문에, 내가 너희에게 은혜를
내리지 못하는 것이니라.
34 모든 소유권이 네 것이 아닐 때 내가
너희에게 거기에 사랑과 은혜를 내릴
수 없다고 말했듯이,
35 너희가 천사와 같이 변하는 자가 있을
때 나의 성령이 거기에 임할 것이니,
이는 나의 분신이니, 나의 분신을 감
히 그들은 거역하지 못할 것이니,
36 너희 중에 한 사람이라도 의인이요,
천사와 같은 자세로 변하는 것만이 모
두를 지키는 길이라는 것을 잊지 말
라.
37 그리하여 그들이 와서 말하거든, '너
희는 정녕 죄가 없으며 천사들이냐?'
그들에게 물어보라.
38 그들은 없다 말할 것이니라.
39 그러하기에 그들이 하늘에 오르는 고
유 권한이요, 천국의 문을 여는 것은
나밖에 열고 닫을 수 없으며, 나의 명
령 없이는 들어올 수 없는 그 문을 그
들은 들어온 자며 구원을 받았다 말하
니,
40 그 무서운 용기에 정녕 그들이 말할
수 있으며 그 무섭고 사악한 용기가
그들을 불태우고 있음을 너희는 알아
야 할 것이니라.
41 사랑하는 나의 아들딸들아!
42 이제 '저의 죄를 용서하여 주옵소서.'
기도하는 것을 가지고 그들이 시시비
비할 것이라는 것을 너희 제자들이요,
만백성은 읽고 깨우쳐야 할 것이니라.
43 모든 죄를 짊어지고 간 예수를 욕되게
한 것이며, 아들을 보내어 너희의 모
든 죄를 사해 준 하나님의 사랑을 거
역하는 왕사탄이라 하여 나의 아들을
죽이려 할 것이니,
44 그를 보호하는 것은 너희가 천사가
되어 나의 분신일 때 내가 너희에게
역사할 것이며,
45 너희가 욕심이요, 사악한 마음을 아직
도 버리지 못하고 있다면 나의 성령은
너희에게 임하지 못할 것이니라.
46 나의 아들을 보호하고 지키며 나의 법
전이 세상을 덮는 그 역사의 전사로서
너희가 직분을 다하지 못하여, 2천 년
의 역사가 흘렀듯이 또 수천 년의 그
암흑의 세상이 되도록 내가 손을 놓는
그와 같은 아픈 세상이 있어서는 아니
되느니라.

47 이게 재앙보다도 더 무서운 역사임을
너희는 깊이 깨우쳐, 단 한 사람이라
도 너희가 천사와 같이 되지 아니하
면 아니 될 것이니라.
48 나의 성령을 받는 내 분신이 나와야
함을 잊지 말라, 사랑하는 나의 아들
딸들아!

부 록

【하나님께서 가르쳐 주신 운동】

천재지변이 일어날 때, 동물이나 미물들은 미리 알고 대피하지만, 인간은 알지 못하고 큰 화를 당합니다. 하나님께서 인간에게 가장 높은 지혜를 주시고 완벽하게 창조해 주셨기에 동물들보다 더 잘 알 수 있지만, 욕심으로 마음이 혼탁해져서 한 치 앞을 보지 못하는 것입니다.

마찬가지로, 인간은 누구나 스스로 필요한 운동을 해서 건강을 지킬 수 있도록 하나님께서 만들어 주셨습니다. 우리의 머리에서 우리 몸에 필요한 동작을 해 달라고 끊임없이 신호를 보내지만, 인간이 혼탁하게 살아서 그 신호를 알아채지 못합니다. 그러니 자연스럽게 자기 몸이 원하는 그 신호를 따라서 운동하는 것이 하나님께서 가르쳐 주신 운동 방법입니다. 바로, 우리의 영이 육을 이끄는 운동입니다.

▶ 하나님 운동법

1. 눈을 감고, 발을 어깨너비로 벌리고 바르게 선다.
2. 몸에 힘을 풀고, 허리를 숙이면서 손과 머리를 아래로 내린다.
3. 허리를 펴고 싶을 때, 천천히 펴면서 하고 싶은 동작을 하면 운동이 시작된다. (사람마다 다르다.)
4. 멈추지 말고, 어떤 동작이든지 자기 몸의 느낌대로 계속 이어서 한다.

▶ 참고 사항

① 눈을 감은 상태로 아무 생각 하지 않고, 자기 몸의 느낌대로 움직입니다.

② 마음을 비우고, 욕심을 버리고, 지난날의 잘못을 반성하면서 몇 차례 시도하다 보면, 자기도 모르게 하고 싶은 동작이 끊임없이 생깁니다.

③ 운동 장소는 방 안이든 운동장이든 관계없으며, 걷거나 달리고 싶을 때는 눈을 떠도 됩니다.

④ 매일 40분 이상, 주 4회 이상, 3개월 이상 하면 음식 조절에 들어갑니다.
- 음식으로 생긴 병은 음식으로 치료하게 되며, 어떤 음식을 먹어야 하는지 스스로 알게 됩니다.
(자기 몸에 필요한 음식만 먹고 싶어집니다.)

⑤ 사랑하는 사람과 함께 운동하면 서로 치료해 주기도 합니다.

⑥ 운동을 하다가 몸의 어느 한 부분을 계속 손으로 자극한다면 그쪽에 이상이 있는 것이니, 의사에게 상담을 받고 적절한 치료를 받으면 됩니다.

⑦ 다이어트 및 기타 건강관리에 효과적입니다.

⑧ 꾸준히 운동하여 영이 맑아지면, 자신의 과거와 미래를 스스로 보게 됩니다.

누구나 스스로 하실 수 있습니다.

간 행 사

《새로운 성경》은:

· 새로운 성경은, 하나님께서 선량하고 선한 자를 선택하여 십계명을 암송하도록 하시고, 십계명을 암송한 다음에 음성으로써 들려주시는 말씀을 듣고 그대로 카세트테이프에 녹음해서 받아쓴 책입니다.

· 90분짜리 녹음테이프 700여 개에 달하는 말씀으로, 1999년 8월부터 2004년 7월까지 총 160권(권당 288쪽)을 완성하였으며, 그 이후에도 현재까지 계속 말씀을 내려 주고 계십니다.

· 새로운 성경은 "하늘을 두루마리 삼고 바닷물을 먹물 삼아 쓰고 써도 다 못 쓴다"는, 끝없이 방대한 하나님의 말씀이 두루마리로 직접 내려오는 것입니다. 이러한 새로운 성경은 구약과 신약을 폐하려는 것이 아니라 "인봉된 성서의 비유의 뜻"을 상세히 설명하여 완성하고자 하나님께서 직접 내려 주신 말씀입니다.

《새로운 성경》의 구성:

· 제 목: 2013년, 160권 모음집을 발간하면서, 본 도서의 제목을 "하나님! 말씀하옵소서"에서 《새로운 성경》 으로 명해 주셨습니다.

· 단행본: 각 권당 288쪽(신국판) 책이 160권까지 시리즈로 출판됩니다.
(모음집은 단행본을 16권씩 묶어서, 총 10부로 구성됩니다.)

《새로운 성경》의 성경적 근거:

· 신약 성경 [요한복음] 16장 13절에 "진리의 성령이 오시면 그가 너희를 모든 진리 가운데로 인도하시리니 그가 자의로 말하지 않고, 오직 듣는 것만을 말하며" 하신 말씀처럼 하나님의 음성을 들은 것만 기록하였으며,

· "장래 일을 너희에게 알리시리라" 하신 말씀과 같이 개인, 나라, 인류의 "장래"일을 하나님께서 알려 주시는 것만 기록하여 책으로 만들었습니다.

《새로운 성경》의 기록 방법:

· 1999년 8월부터 하나님께서 저에게 들려주시는 음성을 기록하였습니다. 처음에는 제가 들은 말씀을 불러 주면 저의 아내가 기록하여, 2000년 1월 29일에 1권 초판이 세상에 나왔습니다. 2000년 4월부터는 주시는 말씀을 받아 녹음기에 기록하여 시리즈로 출간하기 시작하였습니다.

· 녹음을 시작하면서 하나님의 말씀을 받는 데 가속도가 붙었고, 2001년 5월 3일에 1부(1~16권까지)를 인쇄하여 출판하였으며, 2004년 7월까지 총160권 분량의 말씀을 받아 기록하였습니다.

하나님께서 저에게 주신 것은:

· 첫째, 만백성을 상대로 내려 주시는 "기도", 둘째, 수시로 내려 주시는 "묵상", 셋째, 개인의 과거, 현재, 미래를 알려 주시는 "개인 기도", 넷째, 개인의 건강을 위해서 내려 주시는 "음식 처방", 다섯째, 하나님께서 가르쳐 주신 "운동"등이 있습니다. 이 중에 첫 번째, "기도"를 책으로 편찬하였습니다. 사람의 생사, 개인의 미래에 관한 천기는 수록하지 말라 하셨습니다.

강론 안내:

· 하나님께서는 지금도 매일 저에게 새로운 하늘의 비밀의 말씀을 내려 주고 계십니다. 수시로 내려 주시는 말씀을 정리해서 제자를 육성하라는 말씀에 따라 매주 강론을 하고 있습니다. 누구나 무료로 들으실 수 있습니다. (book160.com)

《새로운 성경》을 읽는 분들에게 드리는 선물:

· 개인 기도: 개인의 과거, 현재, 미래에 관하여 말씀을 내려 주십니다.

· 음식 처방: 사람은 음식을 먹고살다가 건강을 잃으니, 음식과 운동으로 건강을 되찾는 방법을 알려 드립니다. 단, 하나님이 계심을 믿고, 십계명을 지키겠다고 진실로 서약하는 분들께 알려드립니다.

《새로운 성경》의 은혜와 기적:

· 새로운 성경 전160권은 16권씩 묶어서 총 10부의 모음집으로 구성됩니다. 모음집 한 부를 읽고 깨우치는 자에게 하나님께서 다음과 같은 기적이 있다고 하셨습니다.

· "첫째, 그가 죽어 하늘에 갔을 때 그의 죄를 묻지 아니하며, 구원을 받는 위대한 은혜가 있으며, 둘째, 그의 소원과 소망이 이루어지고, 셋째, 죽은 자(부모, 형제, 자식, 사랑하고 은혜 입은 분)의 이름으로 구입한 책을 읽고 누군가 한 사람이 깨우칠 때, 그 죽은 자가 지옥에서 천국으로 구원을 받게 되며, 넷째, 유산, 중절 수술 등으로 태어나지 못한 아이를 위하여 구입한 책을 보고 한 명이 깨우쳤을 때, 그 아이가 사람으로 다시 한 번 태어나는 은혜를 받는다."

· "새로운 성경"을 3회 이상 정성을 다해 정독하는 자, 성서의 비밀을 알게 되고, 세상의 이치를 알게 되며, 세상을 지배하고 통제할 수 있는 지혜를 다 얻게 된다고 하셨습니다. 이 책은 만백성이 정독하고 이웃에게 전하여, 평생 가슴에 묻은 슬픔과 고통의 짐을 벗고 미래를 위한 힘찬 삶을 살아가도록 하는 책입니다.

끝으로

· 하나님께서는 흰 눈이 세상을 덮듯이 새로운 성경을 온 세상에 전하라고 하셨습니다. 《새로운 성경》 을 각국어로 번역해서 온 인류에게 구원의 길을 깨우쳐 주고, 그 수익으로 가난하고 어려운 백성을 구제하여, 만백성의 영과 육을 함께 구원하는 선지자의 임무를 수행하라고 저에게 명하셨습니다.

· 하늘에서 내려 주신 말씀의 보화를 만백성에게 나누어 주는 것이 선지자의 임무라고 하셨습니다. 새로운 성경을 통해서 얻는 재물을 사용할 곳도 하나님께서 일일이 명해 주십니다. 모든 재물은 저의 자의로 쓸 수 없고, 하나님께서 명하시는 대로만 쓰여집니다.

· 어떤 명분으로든 십일조나 각종 헌금을 거두어들이지 말라 하셨으며, 국내뿐 아니라 각국에 성전과 단독 서점을 운영하며, 한국의 많은 젊은이들을 전 세계에 지도자로 내보내라고 하셨습니다.

· 우리는 세계적으로 새로운 성경을 보급하며 어려운 이들을 돕는 역사를 해 나갈 것입니다. 지금까지 비록 몇 명 안 되는 제자들과 함께 이러한 일을 역사했지만, 앞으로도 계속 하나님께서 기뻐하시는 일들을 해 나갈 것입니다. 부족한 저희에게 여러분들의 지혜와 성원을 보내 주시기를 바랍니다. 많은 분들의 참여와 도움을 간절히 기다립니다. 감사합니다.

한국어로 내려온 《새로운 성경》 단행본을 출간하며
2016년 4월 10일

발행인 김 용 철

한국어로 내려온

새로운 **성 경** · 7부 · 제104권

지은이 하나님 말씀
대역자 김용철

초판인쇄 1쇄 2017년 4월 3일

펴낸 곳 도서출판 하얀마음
등록번호 제 10-2107호 (2001년 2월 14일)
주소 서울시 노원구 덕릉로86길5, 2층
전화번호 02) 313-1114
팩스 02) 393-5554
전자우편 book160@hanmail.net
편집위원 조나영 김미향 이석교
제작지원 김남태 이은미 김보라 조옥순

도서상담 1600-7527
ISBN 978-89-5875-204-2 (04230)
978-89-5875-100-7 (세 트)

값 10,000원
잘못된 책은 구입하신 곳에서 바꾸어 드립니다.

※이 책은 10부로 제작되며, 각 부 16권씩 총160권으로 구성됩니다.※

1부	2부	3부	4부	5부	6부	**7부**	8부	9부	10부
1권	17권	33권	49권	65권	81권	97권	113권	129권	145권
2권	18권	34권	50권	66권	82권	98권	114권	130권	146권
3권	19권	35권	51권	67권	83권	99권	115권	131권	147권
4권	20권	36권	52권	68권	84권	100권	116권	132권	148권
5권	21권	37권	53권	69권	85권	101권	117권	133권	149권
6권	22권	38권	54권	70권	86권	102권	118권	134권	150권
7권	23권	39권	55권	71권	87권	103권	119권	135권	151권
8권	24권	40권	56권	72권	88권	104권	120권	136권	152권
9권	25권	41권	57권	73권	89권	105권	121권	137권	153권
10권	26권	42권	58권	74권	90권	106권	122권	138권	154권
11권	27권	43권	59권	75권	91권	107권	123권	139권	155권
12권	28권	44권	60권	76권	92권	108권	124권	140권	156권
13권	29권	45권	61권	77권	93권	109권	125권	141권	157권
14권	30권	46권	62권	78권	94권	110권	126권	142권	158권
15권	31권	47권	63권	79권	95권	111권	127권	143권	159권
16권	32권	48권	64권	80권	96권	112권	128권	144권	160권